Aushöhlung der Individualrechte für fiskalische Zwecke

Europäische Hochschulschriften
Publications Universitaires Européennes
European University Studies

Reihe II
Rechtswissenschaft

Série II Series II
Droit
Law

Bd./Vol. 4479

PETER LANG
Frankfurt am Main · Berlin · Bern · Bruxelles · New York · Oxford · Wien

Simon Andreas Winkler

Aushöhlung der Individualrechte für fiskalische Zwecke

PETER LANG
Europäischer Verlag der Wissenschaften

Bibliografische Information der Deutschen Nationalbibliothek
Die Deutsche Nationalbibliothek verzeichnet diese Publikation in der Deutschen Nationalbibliografie; detaillierte bibliografische Daten sind im Internet über <http://www.d-nb.de> abrufbar.

Zugl.: Hannover, Univ., Diss., 2006

D 89
ISSN 0531-7312
ISBN 3-631-56042-7

www.peterlang.de

Meinen Eltern

Vorwort

Die vorliegende Arbeit wurde im Sommersemester 2006 von der Juristischen Fakultät der Universität Hannover als Dissertation angenommen. Sie ist im Januar 2006 abgeschlossen worden. An einigen Stellen konnte Literatur noch über diesen Zeitpunkt hinaus berücksichtigt werden.

Danken möchte ich zuallererst meinem Doktorvater, Herrn Prof. Dr. Hinrich Rüping. Er hat nicht nur die Themenwahl in hohem Maße beeinflusst, sondern auch die Entstehung dieser Arbeit durch wertvolle Hinweise und Ratschläge maßgeblich gefördert. Während meiner Tätigkeit an seinem Lehrstuhl hat er mir den notwendigen Freiraum für die Anfertigung dieser Arbeit gelassen und war gleichzeitig ein jederzeit interessierter und engagierter Ansprechpartner. Dank gebührt auch Herrn Prof. Dr. Bernd-Dieter Meier für die Übernahme und zügige Erstellung des Zweitgutachtens. Danken möchte ich weiterhin Defne Akça und Dr. Gunnar Formann für die kritische Durchsicht der Arbeit.

Vor allem danke ich jedoch meinen Eltern und meinen Brüdern, die jeder für sich und alle zusammen ihren Beitrag für die Entstehung dieser Arbeit geleistet haben.

Frankfurt am Main, im August 2006 *Simon Andreas Winkler*

Inhaltsverzeichnis

Abkürzungsverzeichnis

a.A.	anderer Ansicht
a.a.O.	am angegebenen Ort
a.E.	am Ende
a.F.	alte Fassung
ABlEG	Amtsblatt der Europäischen Gemeinschaften [Ab 11/1968: Ausgabe C: Mitteilungen und Bekanntmachungen; Ausgabe L: Rechtsvorschriften]
Abs.	Absatz
AEAO	Anwendungserlass zur Abgabenordnung
Amtl.Bull.	Amtliches Bulletin der Bundesversammlung (Schweiz; bis 1962 Sten.Bull.)
AnwBl	Anwaltsblatt (Zeitschrift)
AO	Abgabenordnung
AöR	Archiv des öffentlichen Rechts (Zeitschrift)
AO-StB	Der AO-Steuer-Berater (Zeitschrift)
Archiv PT	Archiv für Post und Telekommunikation (Zeitschrift)
ARHG	Auslieferungs- und Rechtshilfegesetz (Österreich)
ARHV	Verordnung über den Auslieferungsverkehr und den zwischenstaatlichen Rechtshilfeverkehr in Strafsachen
Art.	Artikel
AS	Amtliche Sammlung der Bundesgesetze und Verordnungen (Schweiz)
ASA	Archiv für Schweizerisches Abgaberecht (Zeitschrift)
Aufl.	Auflage
BAföG	Bundesausbildungsförderungsgesetz
BankG	Bundesgesetz über die Banken und Sparkassen (Schweiz)
BB	Der Betriebs-Berater
BBG	Bundesbeamtengesetz
BBl.	Bundesblatt (Schweiz)
BC	Bilanzbuchhalter und Controller (Zeitschrift)
Bd.	Band
BdBSt	Bundesratsbeschluss über die Erhebung einer direkten Bundessteuer (Schweiz)
BDSG	Bundesdatenschutzgesetz
Begr.	Begründung
BFH	Bundesfinanzhof
BFH/NV	Sammlung amtlich nicht veröffentlichter Entscheidungen des Bundesfinanzhofes
BGBl.	Bundesgesetzblatt
BGE	Entscheidungen des Schweizerischen Bundesgerichts
BGH	Bundesgerichtshof
BGHR	BGH-Rechtsprechung, hrsg. von den Richtern des BGH

BGHSt	Entscheidungen des Bundesgerichtshofes in Strafsachen
BJM	Basler Juristische Mitteilungen (Zeitschrift)
BKR	Zeitschrift für Bank- und Kapitalmarktrecht (Zeitschrift)
BMF	Bundesministerium der Finanzen
BRD	Bundesrepublik Deutschland
BR-Drs.	Drucksachen des Bundesrates
BRRG	Beamtenrechtsrahmengesetz
BStBI I-III	Bundessteuerblatt Teil I-III
BT	Deutscher Bundestag; Besonderer Teil
BT-Drs	Drucksachen des Deutschen Bundestages
BV	Bundesverfassung der Schweizerischen Eidgenossenschaft
BVerfG	Bundesverfassungsgericht
BVerfGE	Entscheidungen des Bundesverfassungsgerichts
BWG	Bankwesengesetz (Österreich)
bzgl.	bezüglich
bzw.	beziehungsweise
ca.	circa
CDU	Christlich Demokratische Union Deutschlands
CR	Computer und Recht (Zeitschrift)
CSU	Christlich-Soziale Union in Bayern
d.h.	das heißt
DB	Der Betrieb (Zeitschrift)
DBA	Doppelbesteuerungsabkommen
DBG	Bundesgesetz über die direkte Bundessteuer (Schweiz)
Diss.	Dissertation
DM	Deutsche Mark
Dok.	Dokument
DÖV	Die Öffentliche Verwaltung (Zeitschrift)
Drs.	Drucksache
DStR	Deutsches Steuerrecht (Zeitschrift)
DStZ	Deutsche Steuer-Zeitung (Zeitschrift)
DStZ/A	Deutsche Steuer-Zeitung Ausgabe A (Zeitschrift)
DStZ/B	Deutsche Steuer-Zeitung Ausgabe B (Zeitschrift)
DSWR	Datenverarbeitung Steuer Wirtschaft Recht (Zeitschrift)
DuD	Datenschutz und Datensicherheit (Zeitschrift)
DV	Datenverarbeitung
e.V.	eingetragener Verein
EAO	Entwurf einer Abgabenordnung 1974
ECOFIN	Economic and Financial Affairs Council
ECU	European Currency Unit
EDA	Eidgenössisches Departement für auswärtige Angelegenheiten
EDV	Elektronische Datenverarbeitung
EFG	Entscheidungen der Finanzgerichte

EG	Europäische Gemeinschaften
EG-AHG	EG-Amtshilfegesetz
EGBGB	Einführungsgesetz zum Bürgerlichen Gesetzbuch
EstG	Einkommensteuergesetz
EU	Europäische Union
EuAlÜbk	Europäisches Auslieferungsübereinkommen
EuGH	Gerichtshof der Europäischen Gemeinschaften
EuGHE	Sammlung der Rechtsprechung des Gerichtshofs der Europäischen Gemeinschaften
EuRhÜbk	Europäisches Übereinkommen über die Rechtshilfe in Strafsachen vom 20. April 1959
EU-RhÜbk	Übereinkommens über die Rechtshilfe in Strafsachen zwischen den Mitgliedstaaten der Europäischen Union
EuTerrÜbk	Europäisches Übereinkommen zur Bekämpfung des Terrorismus vom 27. Januar 1977
EuZW	Europäische Zeitschrift für Wirtschaftsrecht
EvBl.	Evidenzblatt der Rechtsmittelentscheidungen, veröffentlicht in der ÖJZ
EVD	Eidgenössisches Volkswirtschaftsdepartement
EWG	Europäische Wirtschaftsgemeinschaft
f./ff.	folgend(e)
FATF	Financial Action Task Force on Money Laundering
FAZ	Frankfurter Allgemeine Zeitung
FDP	Freie demokratische Partei in Deutschland
FG	Festgabe, Finanzgericht
FGO	Finanzgerichtsordnung
FinStrG	Finanzstrafgesetz (Österreich)
FMFG	Finanzmarktförderungsgesetz
Fn.	Fußnote
FS	Festschrift
FStR	IFF Forum für Steuerrecht (Zeitschrift)
GbR	Gesellschaft bürgerlichen Rechts
GDPdU	Grundsätze zum Datenzugriff und zur Prüfbarkeit digitaler Unterlagen
GG	Grundgesetz für die Bundesrepublik Deutschland
ggf.	gegebenenfalls
GMBl	Gemeinsames Ministerialblatt
GVG	Gerichtsverfassungsgesetz
GwG	Geldwäschegesetz
Hrsg.	Herausgeber
i.E.	im Ergebnis
i.S.d.	im Sinne des/der
i.V.m.	in Verbindung mit
IFSt	Institut „Finanzen und Steuern“

INF	Die Information über Steuer und Wirtschaft (Zeitschrift)
IRG	Gesetz über die internationale Rechtshilfe in Strafsachen
IRSG	Bundesgesetz über internationale Rechtshilfe in Strafsachen (Schweiz)
IRSV	Verordnung über internationale Rechtshilfe in Strafsachen (Schweiz)
IStR	Internationales Steuerrecht (Zeitschrift)
IT	Informationstechnik
IWB	Internationale Wirtschaftsbriefe (Zeitschrift)
Jamt	Das Jugendamt (Zeitschrift)
JbFSt	Jahrbuch der Fachanwälte für Steuerrecht
JBl	Juristische Blätter (Zeitschrift)
JuS	Juristische Schulung (Zeitschrift)
K&R	Kommunikation & Recht (Zeitschrift)
KÖSDI	Kölner Steuerdialog (Zeitschrift)
KritV	Kritische Vierteljahresschrift für Gesetzgebung und Rechtswissenschaft (Zeitschrift)
KWG	Kreditwesengesetz
lit.	litera (Buchstabe)
LSW	Lexikon des Steuer- und Wirtschaftsrechts
	Praxis des Steuerzahlers – Recht – Steuertechniken (Zeitschrift)
m.w.N.	mit weiteren Nachweisen
MdB	Mitglied des Deutschen Bundestages
MMR	MultiMedia und Recht (Zeitschrift)
n.F.	neue Fassung
NJW	Neue Juristische Wochenschrift (Zeitschrift)
NR	Nationalrat (Schweiz)
Nr.	Nummer
NStZ	Neue Zeitschrift für Strafrecht (Zeitschrift)
NWB	Neue Wirtschaftsbriefe für Steuer- und Wirtschaftsrecht (Zeitschrift)
NZZ	Neue Züricher Zeitung
ÖBA	Österreichisches Bankarchiv (Zeitschrift)
öBGBl.	Bundesgesetzblatt (Österreich)
OECD	Organization for Economic Cooperation and Development (Organisation für wirtschaftliche Zusammenarbeit und Entwicklung)
OECD-MA	OECD-Musterabkommen
OGH	Oberster Gerichtshof (Österreich)
ÖJZ	Österreichische Juristen-Zeitung (Zeitschrift)
OKVBG	Gesetz zur Verbesserung der Bekämpfung der Organisierten Kriminalität
öKWG	Kreditwesengesetz (Österreich)

OR	Bundesgesetz betreffend die Ergänzung des Schweizerischen Zivilgesetzbuches (Fünfter Teil: Obligationenrecht)
ÖStZ	Österreichische Steuer-Zeitung (Zeitschrift)
ÖStZB	Beilage zur Österreichischen Steuer-Zeitung (Zeitschrift)
pdf	Portable Document Format
PStR	Praxis Steuerstrafrecht (Zeitschrift)
RAO	Reichsabgabenordnung
RDV	Recht der Datenverarbeitung
RhVertr	Rechtshilfevertrag
RiBGH	Richter am Bundesgerichtshof
RIW	Recht der internationalen Wirtschaft (Zeitschrift)
RL	Richtlinie
Rn.	Randnummer
S.	Seite
s.o.	siehe oben
s.u.	siehe unten
SchwStGB	Strafgesetzbuch (Schweiz)
SchwZfStrR	Schweizerische Zeitschrift für Strafrecht (Zeitschrift)
SDÜ	Schengener Durchführungsübereinkommen
SEV	Sammlung der Europaratsverträge
SGB	Sozialgesetzbuch
SJZ	Schweizerische Juristen-Zeitung (Zeitschrift)
sog.	sogenannte
SPD	Sozialdemokratische Partei Deutschlands
SR	Ständerat (Schweiz); Sammlung der eidgenössischen Gesetze und systematische Sammlung des Bundesrechts (Systematische Rechtssammlung)
ST	Der Schweizer Treuhänder (Zeitschrift)
StB	Der Steuerberater (Zeitschrift)
StBAG	Steuerbeamtenausbildungsgesetz
Stbg	Die Steuerberatung (Zeitschrift)
Stbj	Steuerberater-Jahrbuch
StBp	Die steuerliche Betriebsprüfung (Zeitschrift)
Sten.Bull.	Stenographisches Bulletin der Bundesversammlung (Schweiz; ab 1963 Amtl.Bull.)
StGB	Strafgesetzbuch
StHG	Bundesgesetz über die Harmonisierung der direkten Steuern der Kantone und Gemeinden (Schweiz)
StR	Steuer-Revue (Zeitschrift)
StraBEG	Gesetz über die strafbefreiende Erklärung (Strafbefreiungserklärungsgesetz)
StraFo	Strafverteidiger Forum (Zeitschrift)
StSenkG	Steuersenkungsgesetz

StuB	Steuern und Bilanzen (Zeitschrift)
StuW	Steuer und Wirtschaft (Zeitschrift)
StV	Strafverteidiger (Zeitschrift)
StVBG	Steuerverkürzungsbekämpfungsgesetz
StVergAbG	Steuervergünstigungsabbaugesetz
StWa	Die Steuer-Warte (Zeitschrift)
SWI	Steuer & Wirtschaft International (Zeitschrift)
SZW	Schweizerische Zeitschrift für Wirtschaftsrecht (Zeitschrift)
TKG	Telekommunikationsgesetz
Tz.	Textzahl
u.	und
u.a.	und andere; unter anderem
USA	United States of America (Vereinigte Staaten von Amerika)
VA	Verwaltungsakt
VEB	Verwaltungsentscheide der Bundesbehörden (Schweiz, Zeitschrift)
VfGH	Verfassungsgerichtshof (Österreich)
vgl.	vergleiche
VStrR	Bundesgesetz über das Verwaltungsstrafrecht (Schweiz)
VwGH	Verwaltungsgerichtshof (Österreich)
wistra	Zeitschrift für Wirtschafts- und Steuerstrafrecht (Zeitschrift)
WM	Wertpapier-Mitteilungen (Zeitschrift)
WPg	Die Wirtschaftsprüfung (Zeitschrift)
WPK-Mitteilungen	Wirtschaftsprüferkammer Mitteilungen (Zeitschrift)
WStB	Wehrsteuerbeschluss (Schweiz)
ZBstG	Zinsbesteuerungsgesetz
ZGB	Schweizerisches Zivilgesetzbuch
ZgKW	Zeitschrift für das gesamte Kreditwesen (Zeitschrift)
ZGV	Zeitschrift für Gebühren und Verkehrsteuern (Zeitschrift)
Ziff.	Ziffer
ZPEuRhÜbk	Zusatzprotokoll zum Europäischen Übereinkommen über die Rechtshilfe in Strafsachen
ZRP	Zeitschrift für Rechtspolitik (Zeitschrift)
ZStW	Zeitschrift für die gesamte Strafrechtswissenschaft (Zeitschrift)

Einleitung

„Three things in life are certain: death, taxes and mankind's unrelenting effort to evade both."[1] Der Staat ist darauf angewiesen, den zur Erfüllung seiner Aufgaben erforderlichen Finanzbedarf im Wesentlichen durch Steuern zu decken. In Zeiten knapper Kassen besteht für den Staat die erhöhte Notwendigkeit, die Steuerpflichtigen zur korrekten Angabe aller Einkünfte zu bringen und hierdurch das Steueraufkommen zu sichern. Neben dieser Notwendigkeit besteht außerdem das Erfordernis, eine gleichmäßige Besteuerung zu gewährleisten. Nur dann kann das Steuersystem den Anforderungen des Grundgesetzes entsprechen. Um diese Ziele zu erreichen, können eine Reihe von Maßnahmen ergriffen werden, die sich sowohl auf nationaler als auch bilateraler und multilateraler Ebene bewegen.

Der nationale Gesetzgeber hat in den vergangenen Jahren einige Neuregelungen erlassen, die das Ziel haben, Steuerschlupflöcher zu schließen, Kontrollmechanismen zu stärken und darüber hinaus Steuerhinterzieher stärker zu kriminalisieren. Im Rahmen dieser Gesetzesinitiativen kommt es zu unterschiedlich intensiven Einschnitten in die individuellen Interessen der Steuerpflichtigen.

Vielfach sind die Neuregelungen das Ergebnis europäischer Vorgaben oder internationaler Übereinkommen. Teilweise sind sie von Regierung und Bundestag aus eigenem Antrieb initiiert. Eines haben jedoch viele dieser Regelungen gemein: Ein Verweis auf die Bekämpfung der organisierten Kriminalität – insbesondere der Geldwäsche – oder ein Verweis auf die Gefahren des internationalen Terrorismus ermöglicht massive Einschränkungen der individuellen Interessen. Eine Aufweichung des Datenschutzes oder eine Begrenzung der Rechtsschutzmöglichkeiten werden vom Gesetzgeber mit Hinweis auf die genannten Gefahren hingenommen. Das Resultat ist ein stärkerer Staat, der über mehr Informationen verfügt und Zugang zu mehr Informationen hat als je zuvor. In einem ersten Teil soll diese Entwicklung anhand von mehreren Neuregelungen nachvollzogen und bewertet werden.

Vor dem Hintergrund der besagten nationalen Gesetzgebung stellt sich für manchen Kapitalanleger die Frage nach den Möglichkeiten, die unfreiwillige Preisgabe zu vieler Daten zu vermeiden. Während unter anderem die Alpenrepubliken Österreich und Schweiz aufgrund ihres Bankgeheimnisses in früheren Jahren verlässlicher Rückzugsort für Steuerpflichtige, Steuerhinterzieher und Steuerbetrüger waren, ist aufgrund der Ausweitung der internationalen Rechts- und Amtshilfe auch in diesen Bereich Bewegung gekommen. Wie weit der Infor-

[1] *Klepper/Nagin*, The Criminal Deterrence Literature: Implications for Research on Taxpayer Compliance, in: *Roth/Scholz*, Taxpayer Compliance, 126.

mationsaustausch auf internationaler Ebene gehen kann, welche Möglichkeiten Steuerbehörden und Gerichte zur Sachverhaltsermittlung haben und welchen Schutz das jeweilige Bankgeheimnis Österreichs bzw. der Schweiz heute noch bieten, ist Schwerpunkt der Ausführungen im 2. Teil der Arbeit.

1. Teil: Individualrechte im Steuerverfahrensrecht und Steuerstrafrecht

Im Kampf gegen Geldwäsche, organisierte Kriminalität und Terrorismus wurden in der Vergangenheit einige Vorschriften im Steuerverfahrensrecht und im Steuerstrafrecht geändert. Weitere diesbezügliche Änderungen finden sich im Strafgesetzbuch (StGB), im Kreditwesengesetz (KWG) und in den Vorschriften des Geldwäschegesetzes (GwG).

Gezielt werden dabei Überwachungsinstrumente für die Finanzbehörden geschaffen. Aktuelles Beispiel für die zunehmende Überwachung durch die Finanzverwaltung bildet die Einführung des Kontenabrufverfahrens gemäß § 93 Abs. 7 und Abs. 8 AO zum 1. April 2005. Daneben werden durch Einführung des Verbrechenstatbestandes der gewerbsmäßigen oder bandenmäßigen Steuerhinterziehung gemäß § 370a AO in das Steuerstrafrecht weitgehende strafprozessuale Konsequenzen zugelassen.

Die neu geschaffenen Überwachungsmöglichkeiten können nicht nur im Hinblick auf Terrorismus und organisierte Kriminalität genutzt werden, sondern ebenso gezielt zur Ermittlung von Steuerdaten. Dabei kommt es zu Einschränkungen von Grundrechten – insbesondere des Rechts auf informationelle Selbstbestimmung.

Auch an anderer Stelle wird den Finanzbehörden ein weitgehender Datenzugriff gestattet. So treffen den steuerpflichtigen Unternehmer Aufzeichnungs- und Archivierungspflichten, die den Finanzbehörden mithilfe des digitalen Datenzugriffs gemäß §§ 146, 147 AO weitreichenden Zugriff auf unternehmerische Daten geben.

Im Folgenden werden die neu gefassten Vorschriften als solche beleuchtet und ihre Auswirkungen auf die Rechte des Einzelnen sowie ihre verfassungsrechtliche Rechtfertigung analysiert.

1. Kapitel: Gewerbs- oder bandenmäßige Steuerhinterziehung gemäß § 370a AO – Vortat im Sinne des § 261 StGB

Die Strafbarkeit der Geldwäsche – im deutschen Recht in § 261 StGB geregelt – hat ihre Quellen in einer Vielzahl völker- und europarechtlicher Vorgaben. So gab das UN-Suchtstoffübereinkommen von 1988[2] seinen Vertragsstaaten auf, Geldwäscheregelungen umzusetzen. Die erste Geldwäscherichtlinie der Europäischen Gemeinschaft[3] bildet den europarechtlichen Ursprung des § 261 StGB und des Geldwäschegesetzes (GwG). Auf dem G7-Gipfel in Paris 1989 wurde die Financial Action Task Force on money laundering (FATF) gegründet. Von ihr stammen die „40 Empfehlungen zum Kampf gegen die Geldwäsche“[4], welche den Mitgliedstaaten Vorgaben zur Bekämpfung der Geldwäsche machen.[5]

In Deutschland trat die erste Fassung des § 261 StGB 1992 in Kraft, im Folgejahr die erste Fassung des Geldwäschegesetzes. In den darauffolgenden Jahren verabschiedete der Gesetzgeber einige Änderungen des Geldwäschetatbestandes, die eine Ausweitung desselben zur Folge hatten. So wurden mit dem Verbrechensbekämpfungsgesetz vom 1.12.1994[6] auch die – jeweils bandenmäßige bzw. gewerbsmäßige – Unterschlagung (§ 246 StGB), der Betrug (§ 263 StGB), der Subventionsbetrug (§ 264 StGB), die Untreue (§ 266 StGB) und die Urkundenfälschung (§ 267 StGB) in den Vortatenkatalog des § 261 StGB aufgenommen. Aus den FATF-Empfehlungen fehlten lediglich noch die Aufnahme der Fiskaldelikte in diesen Vortatenkatalog sowie die Einführung eines Kontroll- und Überwachungssystems des Finanzwesens. Als Reaktion auf die Terroranschläge vom 11. September 2001 wurden auch diese Projekte vom Gesetzgeber angegangen und verwirklicht.

Durch das Gesetz zur Bekämpfung der Steuerverkürzungen bei der Umsatzsteuer und zur Änderung anderer Steuergesetze (Steuerverkürzungsbekämpfungsgesetz – StVBG) vom 19.12.2001[7] wurde § 370a in die AO neu eingefügt und gleichzeitig der Geldwäschetatbestand des § 261 StGB geändert. Bereits wenige Monate später wurde er durch das 5. Gesetz zur Änderung des Steuerbeamten-Ausbildungsgesetzes und zur Änderung von Steuergesetzen vom 23.07.2002[8] neu

---

[2] BGBl. II 1993, 1136.

[3] 91/308/EWG; ABlEG Nr. L 166 vom 28.06.1991, S. 77.

[4] Zuletzt überarbeitet 2003; abrufbar im Internet unter http://www.oecd.org/fatf/ 40Recs_en.htm.

[5] Vgl. zu den international und national ergriffenen Maßnahmen zur Bekämpfung der Organisierten Kriminalität und der Geldwäsche *Höche*, Bekämpfung von Geldwäsche und Terrorfinanzierung, S. 9ff.

[6] BGBl. I 1994, 3186.

[7] BGBl. I 2001, 3922.

[8] BGBl. I 2002, 2715.

gefasst. Vor der Einführung des § 370a AO hatte die gewerbsmäßige oder bandenmäßige Begehung einer Steuerhinterziehung nicht generell zu einer Strafschärfung geführt – lediglich bei Einfuhr- oder Ausfuhrabgabenhinterziehung war eine solche gemäß § 373 Abs. 1, Abs. 2 Nr. 3 AO vorgesehen.

A) Einführung des § 370a AO und Änderung des § 261 StGB

Im September 2001 legte die Bundesregierung den Entwurf eines „Gesetzes zur Bekämpfung von Steuerverkürzungen bei der Umsatzsteuer und anderen Steuern“[9] vor. Um den sog. Karussellgeschäften begegnen zu können, sollte das umsatzsteuerliche Kontroll- und Sicherungssystem verbessert werden. Eine Ausweitung von Straftatbeständen war ursprünglich noch nicht enthalten. Der Bundesrat begrüßte die Gesetzesinitiative und schlug in seiner Stellungnahme[10] ergänzend vor, das vorsätzliche Nichtentrichten der in einer Rechnung ausgewiesenen Umsatzsteuer unter Strafe zu stellen. Erst daraufhin stellten die Regierungsfraktionen im Bundestag den Antrag, eine Ausweitung bzw. Verschärfung der steuerstrafrechtlichen Tatbestände vorzunehmen. Die Vorschrift des § 370a AO war dann auf Grund einer Beschlussempfehlung des Finanzausschusses im Bundestag[11] in das Steuerverkürzungsbekämpfungsgesetz eingefügt worden. Am 27.11.2001 wurde das Gesetz im Bundestag mit den Stimmen der Regierungskoalitionen beschlossen.[12] In kürzester Zeit und ohne parlamentarische Debatte konnte somit MdB Prof. *Jürgen Meyer* als Initiator die qualifizierte Begehung der Steuerhinterziehung als Verbrechen und somit als taugliche Vortat der Geldwäsche ausgestalten. § 370a AO erhielt dabei folgende Fassung:

> Mit Freiheitsstrafe von einem Jahr bis zu zehn Jahren wird bestraft, wer gewerbsmäßig oder als Mitglied einer Bande, die sich zur fortgesetzten Begehung solcher Taten verbunden hat, Steuern verkürzt oder für sich oder einen anderen nicht gerechtfertigte Steuervorteile erlangt.

Mit der Einführung der gewerbs- oder bandenmäßigen Steuerhinterziehung als Straftatbestand verfolgte der Gesetzgeber das Ziel einer verbesserten Bekämpfung der Organisierten Kriminalität. Dies geht aus der Beschlussempfehlung des Finanzausschusses hervor:

„Die vorgesehene Neuregelung berücksichtigt, dass nicht jede Form der Steuerhinterziehung Teil Organisierter Kriminalität ist. Die Ergänzung der AO um eine

---

[9] BT-Drs. 14/6883.
[10] BT-Drs. 14/7085.
[11] BT-Drs. 14/7470.
[12] BR-Drs. 892/01.

neue Vorschrift des § 370a trägt jedoch der Tatsache Rechnung, dass Verdächtige und Täter, die der Organisierten Kriminalität zuzurechnen sind, in der Regel ihre steuerlichen Verpflichtungen in nicht ordnungsgemäßer Weise erfüllen.

Systematisch, d.h. gewerbsmäßig oder bandenmäßig betriebene Steuerhinterziehung gehört schon wegen des Entdeckungsrisikos bei kriminellen Aktivitäten zum Funktionsmodus der Organisierten Kriminalität. Steuerhinterziehung ist auch Konsequenz des besonders hemmungslosen Bereicherungsstrebens im Bereich der Organisierten Kriminalität. Die hinterzogenen Steuern erhöhen die Finanzmacht der Organisierten Kriminalität und vergrößern damit ihre ohnehin schon bestehende außerordentliche Gefährlichkeit.

Durch die vorgesehene Mindeststrafe von einem Jahr wird die Tat als Verbrechen eingestuft und unterfällt gemäß § 261 Abs. 1 Satz 2 Nr. 1 StGB ohne weiteres dem Vortatenkatalog der Geldwäsche.

Die Höchststrafe von 10 Jahren entspricht dem Strafmaß der möglichen Freiheitsstrafe in besonders schweren Fällen der Steuerhinterziehung gemäß § 370 Abs. 3 AO."[13]

Im Zusammenhang mit der Einführung des § 370a AO wurde außerdem eine Änderung des § 261 StGB vorgenommen. In der Literatur war eine Einbeziehung der Steuerhinterziehung in den Vortatenkatalog des § 261 StGB – insbesondere von *Hetzer*[14] – gefordert worden. Das Gesetz zur Verbesserung der Bekämpfung der Organisierten Kriminalität (OKVBG) vom 04.05.1998[15] hatte diese jedoch nicht in den Vortatenkatalog des § 261 StGB eingefügt, sondern lediglich den gewerbsmäßigen, gewaltsamen und bandenmäßigen Schmuggel gemäß § 373 AO sowie die gewerbsmäßige Steuerhehlerei gemäß § 374 AO. § 261 Abs. 1 Satz 3 StGB erhielt nun durch das StVBG folgenden Wortlaut:

> In den Fällen des Satzes 2 Nr. 3 sowie im Falle des § 370a der Abgabenordnung gilt Satz 1 auch für unrechtmäßig erlangte Steuer-

[13] BT-Drs. 14/7471, S. 9.

[14] *Hetzer*, Systemgrenzen der Geldwäschebekämpfung?, ZRP 1999, 245; *Hetzer*, Geldwäsche und Steuerhinterziehung, WM 1999, 1306; *Hetzer*, Vermögenseinziehung, Geldwäsche, Wohnraumüberwachung, wistra 1994, 176, 183; *Hetzer*, Der Geruch des Geldes – Ziel, Inhalt und Wirkung der Gesetze gegen Geldwäsche, NJW 1993, 3298, 3299; *Meyer/Hetzer*, Neue Gesetze gegen die Organisierte Kriminalität, NJW 1998, 1017, 1020; ähnlich auch *Hund*, Der Geldwäschetatbestand – mißglückt oder mißverstanden?, ZRP 1996, 163, 165; *Forthauser*, Geldwäscherei de lege lata et ferenda, 69f..

[15] BGBl. I 1998, 845.

vergütungen sowie für Vermögensbestandteile, hinsichtlich derer Abgaben hinterzogen worden sind.

Durch diese Änderung soll sichergestellt werden, dass auch die Vermögensbestandteile durch den Schutzbereich des Geldwäschetatbestandes erfasst werden, die zwar nicht aus der Steuerstraftat selbst hervorgegangen sind, die allerdings in einem klaren Zusammenhang mit ihr stehen.[16] Konsequenz der Aufnahme des § 370a AO in den Vortatenkatalog ist neben einer Ausweitung der Geldwäschestrafbarkeit auch eine Ausweitung der Mitteilungspflichten der Banken – denn nach § 11 Abs. 1 GwG müssen Banken Verdachtsfälle von Geldwäsche melden. Weiterhin dürfen die von den Kreditinstituten gefertigten Aufzeichnungen für Strafverfolgungszwecke gezielt auch hinsichtlich gewerbs- oder bandenmäßiger Steuerhinterziehung herangezogen werden.[17] Durch die Schaffung des § 370a AO und die entsprechende Änderung des § 261 StGB soll die Organisierte Kriminalität somit auch über das Steuerstrafrecht geschwächt werden.[18]

B) Kritik an § 370a AO und § 261 Abs. 1 Satz 3 StGB

Als wesentlicher Kritikpunkt an § 370a AO wurde gleich nach seiner Einführung angeführt, dass die gewerbsmäßige Steuerhinterziehung auch die Mehrzahl der „gewöhnlichen" Steuerhinterzieher betreffe und dies eine unangemessene Kriminalisierung solcher Taten mit sich brächte.[19] Inwieweit eine solche Tendenz zu befürchten steht, hängt insbesondere von der Interpretation des Tatbestandsmerkmales der Gewerbsmäßigkeit ab.

I) Tatbestandsmerkmal der Gewerbsmäßigkeit

Der Begriff der Gewerbsmäßigkeit wurde zuvor bereits in der AO in § 373 Abs. 1 sowie § 374 Abs. 1 verwendet. Dabei wurde dieses Tatbestandsmerkmal ebenso

---

[16] BT-Drs. 14/7471, S. 9.

[17] Vgl. *Stahl*, Gesetzeskorrektur der gewerbs- und bandenmäßigen Steuerhinterziehung und der Geldwäsche, KÖSDI 2002, 13390, 13395.

[18] *Burger*, Die Einführung der gewerbs- und bandenmäßigen Steuerhinterziehung, wistra 2002, 1, 2.

[19] *Harms*, Steuerliche Beratung im Dunstkreis des Steuerstrafrechts, Stbg 2005, 12, 17; *Burger*, Die Einführung der gewerbs- und bandenmäßigen Steuerhinterziehung, wistra 2002, 1, 2ff.; *Oberloskamp*, Geldwäsche durch Angehörige der rechts- und steuerberatenden Berufe in verfassungsrechtlicher Sicht, StV 2002, 611, 614; *Joecks*, Steuerstrafrechtliche Risiken in der Praxis, DStR 2001, 2184, 2187f.; *Schiffer*, Schwere Steuerhinterziehung (§ 370a AO): Reichweite und Konsequenzen, BB 2002, 1174; *Spatscheck/Wulf*, 'Gewerbsmäßige Steuerhinterziehung' als Vortat zur Geldwäsche, DB 2001, 2572; Pressemitteilungen der Bundessteuerberaterkammer vom 15.02.2002 und 13.05.2002.

wie im Rahmen des StGB definiert.[20] Gewerbsmäßigkeit eines Handelns setzt demnach voraus, dass der Täter die Absicht hat, sich durch wiederholte Tatbegehung eine nicht unbedeutende Einnahmequelle von einiger Dauer zu verschaffen.[21] Systematisch handelt es sich um ein subjektives Tatbestandsmerkmal. Dementsprechend kommt es allein auf eine entsprechende Absicht des Täters an, so dass bereits ein einzelne Handlung zur Feststellung der Gewerbsmäßigkeit ausreichen kann, sofern ein auf Wiederholung gerichteter Wille erkennbar ist.[22] Nicht erforderlich ist, dass der Täter plant, aus seinem Tun ein „kriminelles Gewerbe" zu machen.[23]

Für die gewerbsmäßige Steuerhinterziehung wäre es demnach ausreichend, wenn der Täter bewusst über mehrere Veranlagungszeiträume Einnahmen erzielte, die er nicht versteuert.[24] Aufgrund der periodischen Steuerveranlagung etwa der Einkommen-, Körperschaft- oder Umsatzsteuer erstreckt sich der Hinterziehungsvorsatz typischerweise stets auf eine wiederholte und fortlaufende Begehung.[25] Eine einmalige Hinterziehung kommt eher in den Fällen der Erbschaft- und Schenkungsteuer oder der Grunderwerbsteuer zum Tragen. Das Vergehen der einfachen Steuerhinterziehung nach § 370 AO würde so zum Ausnahmefall werden.[26]

Zur Vermeidung einer solch ausufernden Interpretation der gewerbsmäßigen Steuerhinterziehung wurden in der Literatur verschiedene Auslegungen diskutiert.[27] *Joecks* setzt hierzu am zeitlichen Moment der Gewerbsmäßigkeit an. Eine gewerbliche Tätigkeit setze eine häufigere Betätigung als einmal im Jahr voraus, weshalb die jährliche Abgabe der Steuererklärung das Merkmal der Gewerbsmäßigkeit nicht erfüllen könne.[28] *Wegner* will die „schwere Steuer-

---

[20] *Voß* in: *Franzen/Gast-de Haan/Joecks*, Steuerstrafrecht, § 373 AO Rn. 11ff..

[21] Vgl. BGHR, StGB § 243 Abs. 1 Satz 2 Nr. 3 Gewerbsmäßig 1; BGH, wistra 1995, 60; BGH, wistra 1999, 25; *Kühl*, Strafgesetzbuch, Vor § 52 StGB Rn. 20; *Stree* in: *Schönke/Schröder*, Strafgesetzbuch, Vorbem. §§ 52ff. StGB Rn. 95.

[22] *Bäckermann/van Helden*, Steuerstraftaten und Steuerordnungswidrigkeiten, S. 79.

[23] BGH, wistra 1995, 60; *Kühl*, Strafgesetzbuch, Vor § 52 StGB Rn. 20.

[24] *Spatscheck/Wulf*, 'Gewerbsmäßige Steuerhinterziehung' als Vortat zur Geldwäsche, DB 2001, 2572, 2575.

[25] Vgl. *Schiffer*, Schwere Steuerhinterziehung (§ 370a AO): Reichweite und Konsequenzen, BB 2002, 1174, 1175; *Reding*, Steuerhinterziehung und Geldwäsche als korrespondierende Delikte, in: FS Rose, 101, 105.

[26] *Spatscheck/Wulf*, 'Gewerbsmäßige Steuerhinterziehung' als Vortat zur Geldwäsche, DB 2001, 2572, 2575.

[27] Vgl. *Spatscheck/Wulf*, 'Schwere Steuerhinterziehung' und Geldwäsche, DB 2002, 392, 293f.; *Schiffer*, Schwere Steuerhinterziehung (§ 370a AO): Reichweite und Konsequenzen, BB 2002, 1174, 1176.

[28] *Joecks*, Steuerstrafrechtliche Risiken in der Praxis, DStR 2001, 2184, 2187; ähnlich auch *Ott*, Bandenmäßige und gewerbsmäßige Steuerhinterziehung, PStR 2002, 41, 42.; zustimmend *Heerspink*, Steuerhinterziehung als Geldwäschevortat, AO-StB 2002, 132, 134.

hinterziehung“ ausschließlich auf die Hinterziehung von Umsatzsteuer anwenden, da hierfür der Wille des Gesetzgebers spreche; die abweichende Formulierung des § 370a AO beruhe auf einem „Inhaltsirrtum“ des Gesetzgebers.[29] *Salditt* fordert für die Annahme des § 370a AO das gleichzeitige Vorliegen eines Regelbeispiels nach § 370 Abs. 3 AO.[30] Nach *Spatscheck/Wulf* sei die Vorschrift dahingehend zu verstehen, dass zur Gewerbsmäßigkeit die Absicht zur Erzielung von nachhaltigen Gewinnen in der Form eines durch die Tat verursachten Vermögenszuflusses erforderlich sei.[31] Die vielen Interpretationsversuche, die dem Wortlaut der Vorschrift größtenteils deutlich entgegenlaufen, zeigen die gesetzgeberische Unausgereiftheit des § 370a AO. Der im StGB und in §§ 373 Abs. 1, 374 Abs. 1 AO verwendete Begriff der Gewerbsmäßigkeit ist für eine Verknüpfung mit dem Tatbestand der Steuerhinterziehung gemäß § 370 AO per se ungeeignet. Er hätte nicht ohne weitere Einschränkungen in den § 370a AO eingehen dürfen.

II) Tatbestandsmerkmal der Bandenmäßigkeit

Die Tatbegehung im Rahmen einer Bandenmitgliedschaft war in der AO zuvor bereits in § 373 Abs. 2 Nr. 3 enthalten. Auch hier wird Bezug genommen auf die zum Bandendiebstahl oder zur Bandenhehlerei gemäß §§ 244, 260 StGB entwickelten Grundsätze.[32] Der BGH geht daher davon aus, dass das Tatbestandsmerkmal der bandenmäßigen Begehung auf der Grundlage der Rechtsprechung des BGH festgeschrieben und über § 369 AO auch im Steuerstrafrecht zu Grunde zu legen sei.[33] Entsprechend der neuen Rechtsprechung des BGH ist folglich der Zusammenschluss von mindestens drei Personen erforderlich, die sich „mit dem Willen verbunden haben, künftig für eine gewisse Dauer mehrere selbständige, im Einzelnen noch ungewisse Straftaten des im Gesetz genannten Deliktstyps zu begehen“.[34]

Das Tatbestandsmerkmal der bandenmäßigen Begehung in § 370a AO wird in der Literatur als nicht so problematisch angesehen wie das der Gewerbsmäßigkeit. Denn es besteht hierbei eine geringere Gefahr, dass ein größerer Personenkreis in den Normgehalt einbezogen wird, als vom Gesetzeszweck eigentlich vorgesehen.

---

[29] *Wegner*, Zum Anwendungsbereich des § 370a AO, wistra 2002, 205, 207.

[30] *Salditt*, Die Schlingen des neuen Steuerstrafrechts, StV 2002, 214, 217.

[31] *Spatscheck/Wulf*, 'Schwere Steuerhinterziehung' und Geldwäsche, DB 2002, 392, 394; *Spatscheck/Wulf*, 'Schwere Steuerhinterziehung' gemäß § 370a AO, NJW 2002, 2983, 2986; so auch *Schiffer*, Schwere Steuerhinterziehung (§ 370a AO): Reichweite und Konsequenzen, BB 2002, 1174, 1177.

[32] Vgl. *Voß* in: *Franzen/Gast-de Haan/Joecks*, Steuerstrafrecht, § 373 AO Rn. 33; *Hillmann-Stadtfeld*, Die strafrechtlichen Neuerungen nach dem Steuerverkürzungsbekämpfungsgesetz, NStZ 2002, 242.

[33] BGH Beschluss vom 22.07.2004 – 5 StR 85/04 – NJW 2004, 2990, 2991.

[34] BGHSt 46, 321, 325.

In der Praxis dürfte diese Problematik daher nur selten zum Tragen kommen. Teilweise wird jedoch auch hier für eine einschränkende Auslegung argumentiert, damit nicht bereits eine aus drei Gesellschaftern bestehende GbR unter den Verbrechenstatbestand des § 370a AO fällt. Nach *Wegner*[35] und *Schiffer*[36] sollen daher nur Unternehmer im Sinne des Umsatzsteuergesetzes sowie deren Mittäter und Gehilfen Mitglieder einer Bande sein können. Dies wird begründet mit dem Willen des Gesetzgebers, insbesondere die Erschleichung von Vorsteuererstattungen in Form sogenannter Umsatzsteuerkarussellgeschäfte bekämpfen zu wollen. Wortlaut und systematische Einordnung der Vorschrift in der Abgabenordnung widersprechen jedoch einer solchen eingrenzenden Auslegung.[37] Von *Spatscheck/Wulf* wird demgegenüber vorgeschlagen, die für eine Bande erforderlichen drei Personen nur bei Beteiligung von drei verschiedenen Steuerpflichtigen anzunehmen.[38] Diese Einschränkung führt zu einer sachgerechten Lösung, als insbesondere das Zusammenwirken mehrerer Steuerpflichtiger die Gefahr einer Umgehung gesetzlicher Kontrollmechanismen birgt. Zu Recht wird hiergegen eingewandt[39], die „einfache" Steuerhinterziehung sei gerade kein Sonderdelikt, da der Täter einer Steuerhinterziehung nicht Steuerpflichtiger sein müsse. Auch könnten die Täter bei einer derartigen Einschränkung eine Strafbarkeit umgehen, indem sie eine GmbH gründeten. Dies hätte zur Folge, dass dann nur ein steuerpflichtiges Unternehmen tätig würde und eine Bandenmäßigkeit ausscheiden müsste. Letztlich ist auch die Ansicht von *Spatscheck/Wulf* nicht mit dem Wortlaut der Vorschrift vereinbar – eine entsprechende Einschränkung ist weder dem Gesetzeswortlaut noch dem Gesetzgebungsverfahren zu entnehmen. Aus denselben Erwägungen muss es abgelehnt werden, als Hauptzweck des Zusammenschlusses die Begehung von Steuerhinterziehungen zu fordern.[40] Ohnehin dürfte hierdurch in der Praxis kaum eine wirksame Einschränkung des Tatbestandsmerkmals zu erreichen sein. Es verbleibt somit bei der uneingeschränkten Anwendung der vom BGH entwickelten Grundsätze zur bandenmäßigen Begehung.

---

[35] *Wegner*, Zum Anwendungsbereich des § 370a AO, wistra 2002, 205, 208.

[36] *Schiffer*, Schwere Steuerhinterziehung (§ 370a AO): Reichweite und Konsequenzen, BB 2002, 1174, 1178.

[37] So auch *Joecks*, Strafvorschriften im Steuerverkürzungsbekämpfungsgesetz, wistra 2002, 201, 203 Fn. 22; ebenso *Hunsmann*, Die Tatbestandsmerkmale des § 370a AO, DStR 2004, 1154, 1159.

[38] *Spatscheck/Wulf*, 'Schwere Steuerhinterziehung' und Geldwäsche, DB 2002, 392, 394; *Spatscheck/Wulf*, 'Schwere Steuerhinterziehung' gemäß § 370a AO, NJW 2002, 2983, 2986.

[39] Vgl. *Müller*, Die Neuregelung der gewerbsmäßigen oder bandenmäßigen Steuerhinterziehung, DStR 2002, 1641, 1645.

[40] So aber *Müller*, Die Neuregelung der gewerbsmäßigen oder bandenmäßigen Steuerhinterziehung, DStR 2002, 1641, 1645.

III) Der Verbrechenstatbestand des § 370a AO im Vortatenkatalog des § 261 StGB

Als Verbrechenstatbestand wurde § 370a AO automatisch taugliche Vortat im Sinne des § 261 Abs. 1 S. 1 Nr. 1 StGB.[41] Von den Befürwortern dieser Regelung wurde diese Folge als „Quantensprung in der Geldwäschebekämpfung“[42] gefeiert. Jedoch zieht diese Folge weitreichende Konsequenzen in vielen Rechtsbereichen nach sich.

1) Konsequenzen für die Rechtsberatung

Die Aufnahme der Steuerhinterziehung in den Vortatenkatalog hat deutliche Einschränkungen hinsichtlich der Rechtsberatung in Steuer- und Steuerstrafsachen zur Folge.[43] Nach der Rechtsprechung des BGH – welche erst durch das BVerfG eine Restriktion erfahren hat (s.u.) – sind die Regelungen des § 261 StGB auch auf die Tätigkeit von Strafverteidigern und Rechtsanwälten anzuwenden.[44] Folge hiervon könnte sein, dass ein Rechtsanwalt einen Auftrag in einem Steuerstrafverfahren nicht übernehmen kann, da ihm die Entgegennahme des Honorars bei Strafandrohung verboten wäre. Für ihn bestünde nur die Möglichkeit, vom Gericht als Pflichtverteidiger bestellt zu werden[45] oder sich das Honorar von einem unbeteiligten Dritten bezahlen zu lassen.[46] Dann stellt sich freilich die Frage der Herkunft der Gelder bei dem Dritten. Darüber hinaus kann auch die Beschäftigung mit solchen Geldern – also durch Mitwirkung an finanziellen Transaktionen – mittelbar oder unmittelbar die Tatvarianten der Geldwäsche erfüllen.[47] Dies verursacht letztlich ein hohes Risiko für den

---

[41] Zur Kritik hieran vgl. insbesondere *Spatscheck/Wulf*, 'Gewerbsmäßige Steuerhinterziehung' als Vortat zur Geldwäsche, DB 2001, 2572, 2573f..

[42] *Hetzer*, Quantensprung in der Geldwäschebekämpfung, DStZ 2002, 175; der Jubel kommt jedoch nicht von ungefähr – *Hetzer* war schließlich wissenschaftlicher Mitarbeiter der SPD-Bundestagsfraktion, später Referatsleiter im Bundeskanzleramt zuständig für die Aufsicht über den BND in den Bereichen Organisierte Kriminalität, Geldwäsche, Nichtverbreitung von Massenvernichtungswaffen und strategische Telekommunikationsüberwachung.

[43] Vgl. *Oberloskamp*, Geldwäsche durch Angehörige der rechts- und steuerberatenden Berufe in verfassungsrechtlicher Sicht, StV 2002, 611, 612f..

[44] BGHSt 47, 68; hierzu auch *Salditt*, Geldwäsche durch Strafverteidigung, StraFo 2002, 181; *Gotzens/Schneider*, Geldwäsche durch Annahme von Strafverteidigerhonoraren?, wistra 2002, 121.

[45] *Oberloskamp*, Geldwäsche durch Angehörige der rechts- und steuerberatenden Berufe in verfassungsrechtlicher Sicht, StV 2002, 611, 612; *Spatscheck/Wulf*, 'Gewerbsmäßige Steuerhinterziehung' als Vortat zur Geldwäsche, DB 2001, 2572, 2574.

[46] *Stahl*, Steuerverkürzungsbekämpfungsgesetz: Umsatzsteuerhaftung, Nachschau, Steuerhinterziehung als Verbrechenstatbestand, KÖSDI 2002, 13204, 13212; *Hunsmann*, Die Auswirkung des § 370a AO auf die Ermittlungs- und Beratungspraxis, Stbg 2004, 409, 413.

[47] Vgl. *Burmeister/Uwer*, Auswirkungen des Geldwäschebekämpfungsgesetzes auf die wirtschaftsanwaltliche Beratung, AnwBl 2004, 199, 205.

Rechtsanwalt, der deswegen weniger geneigt sein wird, entsprechende Mandate zu übernehmen. Die Folge hieraus sind Einschnitte in den Rechtsschutz des Betroffenen.

Um dieser Konsequenz entgegenzuwirken, hat das BVerfG den Anwendungsbereich des § 261 Abs. 2 Nr. 1 StGB bzgl. der Annahme des anwaltlichen Honorars mittlerweile auf die Fälle beschränkt, in denen Verteidiger „zum Zeitpunkt der Annahme ihres Honorars sichere Kenntnis von dessen Herkunft haben".[48] Insofern hat das BVerfG die subjektiven Voraussetzungen des Tatbestandes zugunsten des Adressatenkreises der Strafverteidiger eingeengt.[49] Die Anwendung des § 261 Abs. 5 StGB, der Leichtfertigkeit genügen lässt, wird damit ausgeschlossen. Das sichere Wissen des Verteidigers könne sich dabei aus einer entsprechenden Auskunft des Mandanten ergeben oder auf anderen Quellen beruhen. Zu Nachforschungen über die legalen oder illegalen Einnahmequellen des Mandanten ist der Strafverteidiger jedoch nicht verpflichtet.[50] Der Verteidiger steht dann vor der Wahl, das Mandat abzulehnen oder sich als Pflichtverteidiger beiordnen zu lassen. Letztere Alternative begründet jedoch insbesondere bei offensichtlich vermögenden Mandanten ein Indiz dafür, dass eine entsprechende Katalogtat tatsächlich begangen wurde. Hierdurch würde der Verteidiger zugleich seinen eigenen Mandanten belasten. Mit der speziellen Problematik des § 370a AO hat sich das BVerfG in seiner Entscheidung allerdings nicht auseinandergesetzt. Der Verteidiger – so *Galen* – müsse darauf vertrauen, dass die in § 261 Abs. 1 Satz 3 StGB vorgesehene Konstruktion verfassungswidrig sei.[51] Diese ungewisse Deutung *Galens* hilft dem betroffenen Verteidiger in der Praxis nicht, da dieser eben nicht mit Sicherheit von seiner Straflosigkeit ausgehen kann. Dies hat zwangsläufig Einschnitte in die Rechtsberatung zur Folge, als der Verteidiger sich im Zweifelsfall gegen die Annahme eines entsprechenden Mandates entscheiden wird.

2) Konsequenzen im Bankbereich

Weitere Probleme betreffen den Bankbereich. Die Einbeziehung des § 370a AO in den Vortatenkatalog des § 261 StGB hat zur Folge, dass die Banken zu Verdachtsanzeigen nach § 11 Abs. 1 GwG verpflichtet sind. Diese Verpflichtung hat die Bundesanstalt für Finanzdienstleistungsaufsicht in einem Rundschreiben

---

[48] BVerfGE 110, 226; hierzu auch *Barton*, Verteidigerhonorar und Geldwäsche, JuS 2004, 1033.
[49] *Ranft*, Verteidigerhonorar und Geldwäsche, Jura 2004, 759, 764, hält diese Einengung für strafrechtsdogmatisch unhaltbar.
[50] BVerfGE 110, 226, 266.
[51] Vgl. *Galen*, Die reduzierte Anwendung des Geldwäschetatbestands auf die Entgegennahme von Strafverteidigerhonorar, NJW 2004, 3304, 3307.

vom 15. November 2002[52] konkretisiert. Die Bundesanstalt für Finanzdienstleistungsaufsicht verwendet solche Rundschreiben im Rahmen der ihr übertragenen Aufgaben gemäß § 6 KWG.[53] Soweit sie dabei im Rahmen ihrer Befugnisse handelt, sind derartige Schreiben bzw. Rundschreiben verbindlich.[54] Da der Bundesanstalt in § 16 Nr. 2 GwG ausdrücklich Aufsichtsbefugnisse zugesprochen werden, ist sie zur Überwachung des GWG hinsichtlich der Kreditinstitute befugt und kann folglich ihr Aufsichtsrecht gegenüber den Kreditinstituten durch verschiedene Maßnahmen ausüben. Zu diesen Maßnahmen sind auch Rundschreiben als schlicht-hoheitliches Verwaltungshandeln zu zählen.[55]

Entsprechend dem oben genannten Rundschreiben ist „für das Vorliegen eines meldepflichtigen Verdachts ausreichend, dass objektiv erkennbare Anhaltspunkte für das Vorliegen einer Transaktion sprechen, mit der illegale Gelder dem Zugriff der Strafverfolgungsbehörden entzogen oder mit der die Herkunft illegaler Gelder verdeckt werden soll und ein krimineller Hintergrund im Sinne des § 261 StGB nicht ausgeschlossen werden kann." Der Verdacht muss somit zwar eine Tatsache als konkreten Anhaltspunkt haben, bloße Vermutungen ohne jeden realen Hintergrund reichen nicht aus.[56] Der Begriff der „Tatsache" soll hierbei aber weit auszulegen sein und alle Auffälligkeiten bei der Abwicklung von Finanztransaktionen bzw. alle Abweichungen vom gewöhnlichen Geschäftsgebaren der Wirtschaftsbeteiligten umfassen, sofern ein Bezug zu Geldwäscheaktivitäten erkennbar wird.[57] Ein sog. „doppelter Anfangsverdacht" im strafprozessualen Sinne ist gerade nicht erforderlich.[58]

Eine sehr weite Auslegung des Verdachtsbegriffs in diesem Zusammenhang wird auch durch die Klarstellung der Bundesanstalt nahegelegt, dass „ein Sachverhalt auch dann der Anzeigepflicht gemäß § 11 Abs. 1 GwG unterliegt, wenn nicht mit Gewissheit ausgeschlossen werden kann, dass ausschließlich Anhaltspunkte für eine einfache Steuerhinterziehung im Sinne des § 370 AO vorliegen."[59] Wann ein Bankmitarbeiter das Vorliegen solcher Anhaltspunkte mit Gewissheit aus-

---

[52] Rundschreiben 26/2002 (Q), http://www.bafin.de/rundschreiben/92_2002/021115_2.htm.
[53] Vgl. *Fülbier* in: *Boos/Fischer/Schulte-Mattler*, Kreditwesengesetz, § 6 KWG Rn. 22.
[54] So auch *Tormann*, Die Anordnungsbefugnisse des Bundesaufsichtsamtes gegenüber den Kreditinstituten, ZgKW 1977, 375, 376.
[55] Vgl. *Pitschas*, Grenzen der Bindungswirkung von Verlautbarungen des Bundesaufsichtsamtes für das Kreditwesen, WM 2000, 1121, 1126.
[56] Vgl. auch Gesetzesbegründung zum GwG in BR-Drs. 220/92, S. 36.
[57] Gesetzesbegründung zum GwG in BR-Drs. 220/92, S. 36.
[58] Vgl. *Hoyer/Klos*, Regelungen zur Bekämpfung der Geldwäsche, S. 266.
[59] Rundschreiben 26/2002 (Q), http://www.bafin.de/rundschreiben/92_2002/021115_2.htm mit Bezugnahme auf ein Rundschreiben vom 21. Februar 2000.

schließen können soll, bleibt dabei unklar. Im Zweifel wird es daher stets zur Meldung des entsprechenden Verdachts kommen.

Den Bankmitarbeiter trifft im Übrigen unter Berücksichtigung seines eigenen Strafbarkeitsrisikos gemäß §§ 370a AO, 27 StGB und 261 StGB eine größere Verpflichtung zur Meldung entsprechender Verdachte – den Kontoinhaber als logische Konsequenz hieraus ein umso größeres Risiko, als „Verdachtsfall" gemeldet zu werden.

3) Prozessuale Konsequenzen

a) Strafbefreiende Selbstanzeige

Nach überwiegender Meinung entfällt bei Eingreifen des § 370a AO die Möglichkeit einer strafbefreienden Selbstanzeige nach § 371 AO.[60] *Hellmann* hingegen hält § 371 AO auch in Bezug auf § 370a AO für anwendbar.[61] Dies begründet er damit, dass § 370a AO eine Qualifikation der „einfachen" Steuerhinterziehung sei und daher sämtliche Merkmale des § 370 AO erfüllt sein müssen. Entsprechend der Anwendung eines strafbefreienden Rücktritts gemäß § 24 StGB auf den erfolgsqualifizierten Versuch müsse im Falle des § 370a AO von der Möglichkeit einer strafbefreienden Selbstanzeige auszugehen sein. Trete nämlich der Täter vom Versuch des Grunddelikts zurück, so entfalle der erforderliche Anknüpfungspunkt für die Qualifikation.

Der Meinung *Hellmanns* steht jedoch zunächst der Wortlaut des § 371 AO entgegen, welcher sich ausschließlich auf § 370 AO bezieht. Eine Ausweitung der Wirkung des § 371 AO auf andere Steuerstraftaten – wie den Bannbruch (§ 372), den qualifizierten Schmuggel (§ 373) oder der Steuerhehlerei (§ 374) – scheidet dementsprechend aus.[62]

Nunmehr spricht auch der neugefasste Wortlaut des § 370a AO[63] gegen die Auffassung *Hellmanns*. Wäre der Gesetzgeber von einer Geltung der strafbefreienden Selbstanzeige für den § 370a AO ausgegangen, hätte er nicht bei der

---

[60] *Burger*, Die Einführung der gewerbs- und bandenmäßigen Steuerhinterziehung, wistra 2002, 1, 3; *Hentschel*, Neue und erweiterte Befugnisse der Finanzämter durch das Steuerverkürzungsbekämpfungsgesetz, NJW 2002, 1703; *Burmeister/Uwer*, Auswirkungen des Geldwäschebekämpfungsgesetzes auf die wirtschaftsanwaltliche Beratung, AnwBl 2004, 199, 205; *Heerspink*, Selbstanzeige – Neues und Künftiges, BB 2002, 910, erwägt daher analoge Anwendung des § 371 AO auf § 370a AO; siehe hierzu aber S. 41.

[61] *Hellmann* in: *Hübschmann/Hepp/Spitaler*, Abgabenordnung, § 370a AO Rn. 34ff..

[62] Vgl. *Bender*, Das Zoll- und Verbrauchssteuerstrafrecht, Tz. 35 unter 4b; *Rüping* in: *Hübschmann/Hepp/Spitaler*, Abgabenordnung, § 371 AO Rn. 32.

[63] Siehe hierzu unten C) Neufassung des § 370a AO, S. 38.

Neufassung des § 370a AO einen minder schweren Fall in dessen Satz 3 aufgenommen, der insbesondere dann vorliegt, „wenn die Voraussetzungen des § 371 erfüllt sind". Aus denselben Gründen muss eine analoge Anwendung von § 371 AO auf § 370a AO ausscheiden. Es fehlt bereits an einer planwidrigen Regelungslücke. Eine strafbefreiende Selbstanzeige ist im Fall des § 370a AO folglich nicht möglich.

b) Weitere prozessuale Konsequenzen

Konsequenz des Eingreifens von § 370a AO ist weiterhin, dass eine Einstellung gegen Geldauflagen (§ 153a StPO) ebenso wenig möglich ist wie die Erledigung des Verfahrens durch einen Strafbefehl.[64] Diese Wege kommen sämtlich nur bei Vergehen – nicht aber bei Verbrechen – in Betracht. Der Ausschluss der Einstellungsmöglichkeit hat wiederum zur Folge, dass die Finanzbehörden im Sinne des § 386 Abs. 1 S. 2 AO keine selbständige Ermittlungszuständigkeit besitzen, sondern vielmehr eine ausschließliche Zuständigkeit der Staatsanwaltschaft gemäß § 400 Abs. 2 AO i.V.m. § 407 StPO gegeben ist.[65] Weitere weitreichende vor allem prozessuale Konsequenzen sind die Zuständigkeitsverlagerung vom Strafrichter auf das Schöffengericht (§ 25 GVG), die stets notwendige Verteidigung (§ 140 StPO) sowie der Einsatz verdeckter Ermittler (§ 110a StPO).[66] Durch die Aufnahme in den Vortatenkatalog der Geldwäsche ist auch die Überwachung der Telekommunikation nach § 100a StPO sowie das Abhören und Aufzeichnen des in einer Wohnung nichtöffentlich gesprochenen Wortes nach § 100c Abs. 1 Nr. 3 StPO möglich.[67] Weiterhin verlängert sich die strafrechtliche

---

[64] *Joecks*, Steuerstrafrechtliche Risiken in der Praxis, DStR 2001, 2184, 2188; *Müller*, Die Neuregelung der gewerbsmäßigen oder bandenmäßigen Steuerhinterziehung, DStR 2002, 1641, 1647; *Hentschel*, Neue und erweiterte Befugnisse der Finanzämter durch das Steuerverkürzungsbekämpfungsgesetz, NJW 2002, 1703; *Spatscheck/Wulf*, 'Gewerbsmäßige Steuerhinterziehung' als Vortat zur Geldwäsche, DB 2001, 2572, 2575.

[65] *Hentschel*, Neue und erweiterte Befugnisse der Finanzämter durch das Steuerverkürzungsbekämpfungsgesetz, NJW 2002, 1703, 1704f.; *Reiß*, Gutachten zur Gesetzgebung zum Umsatzsteuerbetrug, Stbg 2004, 113, 114.

[66] Vgl. *Burger*, Die Einführung der gewerbs- und bandenmäßigen Steuerhinterziehung, wistra 2002, 1, 6; *Spatscheck/Wulf*, 'Gewerbsmäßige Steuerhinterziehung' als Vortat zur Geldwäsche, DB 2001, 2572, 2575; *Hellmann* in: *Hübschmann/Hepp/Spitaler*, Abgabenordnung, § 370a AO Rn. 40; *Reiß*, Gutachten zur Gesetzgebung zum Umsatzsteuerbetrug, Stbg 2004, 113, 114.

[67] Vgl. *Burger*, Die Einführung der gewerbs- und bandenmäßigen Steuerhinterziehung, wistra 2002, 1, 6; *Heerspink*, Änderungen durch das Steuerverkürzungsbekämpfungsgesetz, AO-StB 2002, 88, 91; *Müller*, Die Neuregelung der gewerbsmäßigen oder bandenmäßigen Steuerhinterziehung, DStR 2002, 1641, 1647; *Hellmann* in: *Hübschmann/Hepp/Spitaler*, Abgabenordnung, § 370a AO Rn. 40; *Hunsmann*, Die Auswirkung des § 370a AO auf die Ermittlungs- und Beratungspraxis, Stbg 2004, 409, 410. Eine Einschränkung bzgl. der Telefonüberwachung erfolgte aber durch die Entscheidung des BGH vom 26.02.2003 zum Schmuggel; BGHSt 28, 240. Hiernach ist eine Telefonüberwachung über die Katalogtat der Geldwäsche nur zulässig,

Verjährungsfrist von 5 auf 10 Jahre gemäß § 78 Abs. 3 Nr. 3, Abs. 5 StGB.[68]

4) Kontaminierung des gesamten Vermögens

Bzgl. des Geldwäschetatbestandes war in § 261 Abs. 1 S. 3 StGB unklar, was die Formulierung „Vermögensbestandteile, hinsichtlich derer Abgaben hinterzogen worden sind“ aussagen sollte.[69] Nach der Begründung des Finanzausschusses sollte nicht nur die Steuerersparnis dem Geldwäschetatbestand unterfallen. Es sollten vielmehr „auch die Vermögensbestandteile erfasst werden, die zwar nicht aus der Steuerstraftat selbst hervorgegangen sind, jedoch in einem klaren Zusammenhang mit dieser stehen“.[70] Durch diese Formulierung ist letztlich nicht viel gewonnen. Der Gesetzesinitiator MdB Prof. *Jürgen Meyer* verweist daher – wenig überzeugend – darauf, „dass im Wege der Auslegung des § 261 StGB eine vernünftige Abgrenzung zwischen infiziertem und nicht infiziertem Vermögen gefunden“ werden solle.[71] Teilweise wird davon ausgegangen, dass nur das Vermögen in Höhe der hinterzogenen Steuern bemakelt ist.[72]

Richtig muss jedoch davon ausgegangen werden, dass die Vorschrift in § 261 Abs. 1 S. 3 StGB letztlich zur Kontaminierung des Gesamtvermögens führt, da eine Steuerhinterziehung kaum einzeln unterscheidbare Teile betrifft.[73] Eine andere Abgrenzung der Vermögensbestandteile, hinsichtlich derer Abgaben hinterzogen worden sind, ist vor allem im Hinblick auf die Entscheidung des

---

wenn wegen dieser Tat auch eine spätere Bestrafung in Betracht kommt. Da § 261 Abs. 9 S. 2 StGB eine Bestrafung wegen Geldwäsche ausschließt, wenn der Täter wegen Beteiligung an der Vortat strafbar ist, entfallen für eine Vielzahl der Taten die Voraussetzungen der Telefonüberwachung. So auch dann, wenn der Täter bereits gemäß § 370a AO strafbar ist; vgl. hierzu *Harms*, Steuerliche Beratung im Dunstkreis des Steuerstrafrechts, Stbg 2005, 12, 19.

[68] Vgl. *Reiß*, Gutachten zur Gesetzgebung zum Umsatzsteuerbetrug, Stbg 2004, 113, 114.

[69] Vgl. *Hellmann* in: *Hübschmann/Hepp/Spitaler*, Abgabenordnung, § 370a AO Rn. 10; a.A. *Kruhl*, Reichen die Maßnahmen des Steuerverkürzungsbekämpfungsgesetzes zur Betrugsbekämpfung aus?, BB 2002, 1018, 1021, demzufolge „der Teil des Vermögens, auf den sich die Steuerhinterziehung bezieht, genau beschrieben und sachgerecht eingegrenzt“ werde.

[70] BT-Drs. 14/7471, S. 9.

[71] Vgl. *Hund/Johnigk/Wollburg*, Die Problematik der neuen Regelung zur gewerbsmäßigen Steuerhinterziehung nach § 370a AO – Interview mit Herrn Prof. Dr. Jürgen Meyer, DStR 2002, 879, 884.

[72] So *Stahl*, Steuerverkürzungsbekämpfungsgesetz: Umsatzsteuerhaftung, Nachschau, Steuerhinterziehung als Verbrechenstatbestand, KÖSDI 2002, 13204, 13211.

[73] Vgl. *Rüping*, Der Steuerberater als 'Organ der Steuerrechtspflege' im System staatlicher Kontrollen, in: FS Kohlmann, 499, 509; *Ott*, Bandenmäßige und gewerbsmäßige Steuerhinterziehung, PStR 2002, 41, 44; ähnlich *Spatscheck/Wulf*, 'Gewerbsmäßige Steuerhinterziehung' als Vortat zur Geldwäsche, DB 2001, 2572, 2574; a.A. *Burger*, Die Einführung der gewerbs- und bandenmäßigen Steuerhinterziehung, wistra 2002, 1, 5; *Hellmann* in: *Hübschmann/Hepp/Spitaler*, Abgabenordnung, § 370a AO Rn. 10; *Heerspink*, Steuerhinterziehung als Geldwäschevortat, AO-StB 2002, 132, 135.

BGH[74] zu § 257 StGB schwierig. Darin hat der BGH zur Auslegung des Straftatbestandes der Begünstigung gemäß § 257 StGB entschieden, dass sich der Vorteil einer Vortat im Falle der Steuerhinterziehung im gesamten Vermögen des betroffenen Steuerpflichtigen darstellt, wenn sich darin untrennbar die nicht abgeführte Steuerlast befindet.[75] Jeder, der Geld von einem Täter des § 370a AO annimmt, würde im Ergebnis den objektiven Tatbestand der Geldwäsche erfüllen.[76] Die Rechtsfolge der Kontaminierung des Gesamtvermögens ist als unverhältnismäßig anzusehen und verstößt gegen die Eigentumsgarantie des Art. 14 GG.

IV) Ergebnis

Zusammenfassend ist festzuhalten, dass die Ausgestaltung des § 370a AO eine Reihe von Problemen mit sich brachte. Insbesondere hinsichtlich des Tatbestandsmerkmals der Gewerbsmäßigkeit war die erste Fassung des § 370a AO zu unbestimmt. Darüber hinaus sind die Konsequenzen, die sich aus der Verbrechensqualität des § 370a AO und seiner Aufnahme in den Vortatenkatalog der Geldwäsche ergeben, als zu weitreichend anzusehen.

C) Neufassung des § 370a AO

Die bemerkenswert einhellig vorgetragene Kritik von Steuerberatern, Rechtsanwälten und deren Berufsverbänden an der Regelung des § 370a AO sowie die einhelligen Voten der Finanz- und Justizminister im Mai bzw. Juni 2002 führten dazu, dass die Reformbedürftigkeit der Norm vom Gesetzgeber erkannt und eine Neufassung bald in Angriff genommen wurde. Im Rahmen des 5. Gesetzes zur Änderung des Steuerbeamten-Ausbildungsgesetzes und zur Änderung von Steuergesetzen vom 23. Juli 2002[77] wurde § 370a AO neu gefasst.

Forderungen der Opposition nach einer Streichung des Merkmals der Gewerbsmäßigkeit[78] konnten sich dabei jedoch ebenso wenig durchsetzen wie die komplette Streichung der Vorschrift unter gleichzeitiger Ausgestaltung der bandenmäßigen Steuerhinterziehung als besonders schwerer Fall der Steuerhinter-

---

[74] BGH, wistra 1999, 103.

[75] BGH, wistra 1999, 103; vgl. auch *Schiffer*, Schwere Steuerhinterziehung (§ 370a AO): Reichweite und Konsequenzen, BB 2002, 1174, 1175.

[76] Vgl. *Ott*, Bandenmäßige und gewerbsmäßige Steuerhinterziehung, PStR 2002, 41, 44; *Schiffer*, Schwere Steuerhinterziehung (§ 370a AO): Reichweite und Konsequenzen, BB 2002, 1174, 1175.

[77] BGBl. I 2002, 2715.

[78] Antrag der CDU/CSU-Fraktion, vgl. BT-Drs. 14/8887, S. 24.

ziehung[79]. Auch die Möglichkeit der Strafbefreiung durch Selbstanzeige – wie vom Bundesrat ursprünglich gefordert[80] – hat der Gesetzgeber nicht geschaffen.

Auf Vorschlag des Vermittlungsausschusses beschlossen Bundestag und Bundesrat eine Ergänzung des § 370a AO. Danach wird der objektive Tatbestand der Verbrechensvorschrift dahingehend beschränkt, dass der Täter „in großem Ausmaß“ Steuern verkürzt oder ungerechtfertigte Steuervorteile erlangt haben muss. Durch den neuen Satz 2 der Vorschrift wird außerdem ein „minder schwerer Fall“ eingeführt, in dem die Freiheitsstrafe von drei Monaten bis zu fünf Jahren beträgt – anstelle des sonst vorgesehenen Strafrahmens von einem Jahr bis zu zehn Jahren. Nach dem neuen Satz 3 liegt ein minder schwerer Fall insbesondere dann vor, wenn die Voraussetzungen des § 371 AO erfüllt sind. Damit wird zwar eine Selbstanzeige ermöglicht, die jedoch nur strafmildernd wirkt.[81]

Zudem schlug der Vermittlungsausschuss eine Neufassung des § 261 Abs. 1 S. 3 StGB vor.[82] Durch diese sollten die Teile des Vermögens, auf die sich die Steuerhinterziehung bezieht, genauer beschrieben und sachgerechter eingegrenzt werden. Es gelten nur noch die „durch die Steuerhinterziehung ersparten Aufwendungen und unrechtmäßig erlangten Steuererstattungen und -vergütungen“ als tauglicher Gegenstand der Geldwäsche. Das übrige Vermögen des Steuerpflichtigen ist somit nicht mehr kontaminiert.[83] Der Bundestag nahm die Änderungen am 28.06.2002 an.[84]

D) Verfassungsmäßigkeit des § 370a AO n.F.

Auch die neu gefasste Vorschrift des § 370a AO sieht sich erheblicher Kritik in Literatur und Rechtsprechung ausgesetzt. Diese Kritik bezieht sich sowohl auf die formelle als auch auf die materielle Verfassungsmäßigkeit des Gesetzes.

---

79 Antrag der FDP-Fraktion, vgl. BT-Drs. 14/8887, S. 24.

80 BR-Drs. 351/02 (Beschluss vom 31.5.2002).

81 Kritisch hierzu *Bender*, Das Zoll- und Verbrauchssteuerstrafrecht, Tz. 35 unter 4; *Hunsmann*, Minder schwere Fälle und Selbstanzeige im Kontext des § 370a AO, DStR 2005, 318ff; *Oberloskamp*, Verfassungswidrigkeit des § 370a AO, AO-StB 2004, 114, 116; *Rüping*, Das Verbrechen der Steuerhinterziehung – Zur Reform des reformbedürftigen § 370a AO n.F., DStR 2002, 1417, 1418f.; kritisch zu den Folgen für die Rechtsberatung zur Frage der Selbstanzeige *Harms*, Steuerliche Beratung im Dunstkreis des Steuerstrafrechts, Stbg 2005, 12, 18.

82 § 261 Abs. 1 S. 3 StGB lautet nunmehr: „Satz 1 gilt in den Fällen der gewerbsmäßigen oder bandenmäßigen Steuerhinterziehung nach § 370a der Abgabenordnung für die durch die Steuerhinterziehung ersparten Aufwendungen und unrechtmäßig erlangten Steuererstattungen und -vergütungen sowie in den Fällen des Satzes 2 Nr. 3 auch für einen Gegenstand, hinsichtlich dessen Abgaben hinterzogen worden sind.“

83 Wie eine solche Ersparnis vom restlichen Vermögen abzugrenzen ist, bleibt allerdings problematisch.

84 BR-Drs. 607/02.

Inwiefern der Gesetzgeber durch die Neufassung des § 370a AO die oben aufgezeigten Bedenken ausräumen konnte und welche neuen Kritikpunkte sich nunmehr ergeben, soll im Folgenden erörtert werden.

I) Formelle Verfassungsmäßigkeit

Teilweise wird das Zustandekommen des § 370a AO n.F. als formell verfassungswidrig angesehen.[85] Es erscheint zumindest zweifelhaft, ob die Entstehung der Neufassung durch die Tätigkeit des Vermittlungsausschusses und die Behandlung durch die beteiligten Gesetzgebungsorgane den formellen Anforderungen des Art. 77 GG entsprechen.

Der von der Bundesregierung eingebrachte Entwurf des 5. Gesetzes zur Änderung des Steuerbeamten-Ausbildungsgesetzes[86] enthielt keine Änderung der Abgabenordnung. Der Finanzausschuss beriet in mehreren Sitzungen über das Gesetz und empfahl schließlich mehrere Änderungen und Ergänzungen des Entwurfs – darunter auch Änderungen der Abgabenordnung, nicht aber des § 370a AO.[87] Er empfahl daher, den Gesetzentwurf als „Entwurf eines Fünften Gesetzes zur Änderung des Steuerbeamten-Ausbildungsgesetzes und zur Änderung von Steuergesetzen“ zu bezeichnen. Der Bundestag beschloss das Gesetz am 26.04.2002.[88]

In seiner Sitzung am 31.05.2002 beschloss der Bundesrat, gemäß Art. 77 Abs. 2 GG die Einberufung des Vermittlungsausschusses zu verlangen. In der Begründung heißt es unter anderem:[89]

„Zu Artikel 1f (§ 370a und § 371 AO)
Durch eine gesetzliche Regelung sind
- die Anwendung des § 370a AO im Falle der Gewerbsmäßigkeit auf besonders schwere Fälle zu beschränken und
- eine strafbefreiende Selbstanzeige nach § 371 AO zu ermöglichen.“

[85] Vgl. hierzu insbesondere *Gast-de Haan*, Formelle Verfassungswidrigkeit des § 370a AO n.F., DStR 2003, 12ff.; sowie *Oberloskamp*, Verfassungswidrigkeit des § 370a AO, AO-StB 2004, 114f.; *Harms*, § 370a AO – Optimierung des steuerstrafrechtlichen Sanktionensystems oder gesetzgeberischer Fehlgriff?, in: FS Kohlmann, 413, 419; a.A. *Wisser*, Zu den Kompetenzen des Vermittlungsausschusses in der Prüfung der Verfassungswidrigkeit des § 370a AO, DStR 2003, 1191, 1195.

[86] BT-Drs. 14/8286.

[87] Vgl. BT-Drs. 14/8887.

[88] BR-Drs. 351/02.

[89] BT-Drs. 14/9343, S. 2.

Die Beschlussempfehlung des Vermittlungsausschusses vom 27.06.2002[90] enthielt die schließlich vom Bundestag am 28.06.2002[91] angenommene neue Fassung des § 370a AO. *Gast-de Haan* hält die Neuregelung daher für formell verfassungswidrig.[92] Weder nach dem Entwurf der Bundesregierung oder den ersten Beratungen des Bundestages noch der Beschlussempfehlung des Finanzausschusses sollten §§ 370a, 371 AO geändert oder ergänzt werden. Nach dem BVerfG ist der Vermittlungsausschuss jedoch an den Rahmen gebunden, der nach den bisherigen Beratungen im Bundestag inhaltlich und formal vorgezeichnet ist.[93] Dabei bleibt zweifelhaft, ob Beratungen im Finanzausschuss ausreichend sind, um darauf aufbauend eine entsprechende Beschlussempfehlung des Vermittlungsausschusses zuzulassen.[94] Von der Beurteilung dieser Frage, die hier nicht abschließend entschieden werden soll, hängt im Ergebnis auch die formelle Verfassungsmäßigkeit des § 370a AO n.F. ab.

II) Materielle Verfassungsmäßigkeit

Der 5. Strafsenat des BGH hat in seinem Beschluss vom 22.07.2004[95] und in seinem Urteil vom 28.10.2004[96] auf die mögliche Verfassungswidrigkeit des § 370a AO n.F. hingewiesen. Dabei schließt sich der BGH der in der Literatur geäußerten Kritik bzgl. der Tatbestandsmerkmale der Gewerbsmäßigkeit und der bandenmäßigen Begehung an. Aufgrund der im Steuerrecht vorgegebenen regelmäßigen Erklärungspflichten sei eine serielle Begehungsweise als typisch anzunehmen und im Übrigen stets auf Wiederholung ausgelegt. Ebenso regelmäßig seien mehrere Personen in ein komplexes Hinterziehungsgeschehen eingebunden.[97]

[90] BT-Drs. 14/9631.
[91] BR-Drs. 607/02.
[92] *Gast-de Haan*, Formelle Verfassungswidrigkeit des § 370a AO n.F., DStR 2003, 12ff..
[93] BVerfGE 101, 297.
[94] Vgl. *Gast-de Haan*, Formelle Verfassungswidrigkeit des § 370a AO n.F., DStR 2003, 12, 13, derzufolge der Vorschlag aus dem Vermittlungsausschuss eine Gesetzesinitiative darstellt und damit über die dem Vermittlungsausschuss eingeräumten verfassungsrechtlichen Grenzen hinausgeht; ähnlich auch *Hild/Albrecht*, Zur verfassungsrechtlichen Problematik der Anwendung und Auslegung des § 370a AO, NJW 2005, 336, 337; a.A. *Wisser*, Zu den Kompetenzen des Vermittlungsausschusses in der Prüfung der Verfassungswidrigkeit des § 370a AO, DStR 2003, 1191, 1195, demzufolge die Kompromisssuche zwischen Bundestag und Bundesrat zu sehr eingeengt würde, wenn im Vermittlungsausschuss nur Kompromisse über solche Vorschriften herbeigeführt werden könne, über die zuvor im Plenum des Bundestages gesprochen wurde.
[95] BGH Beschluss vom 22.07.2004 – 5 StR 85/04 – NJW 2004, 2990.
[96] BGH Urteil vom 28.10.2004 – 5 StR 276/04 – NJW 2005, 374.
[97] BGH NJW 2004, 2990, 2991.

Insbesondere stellt der BGH in Frage, ob der Tatbestand der gewerbsmäßigen oder bandenmäßigen Steuerhinterziehung, der eine Steuerverkürzung oder die Erlangung nicht gerechtfertigter Steuervorteile „in großem Ausmaß“ verlangt, dem verfassungsrechtlichen Bestimmtheitsgebot entspricht. Der BGH hält das Merkmal des großen Ausmaßes in § 370a AO n.F. im Ergebnis für nicht ausreichend bestimmt, da sich nicht erkennen lasse, unter welchen Voraussetzungen dieses Tatbestandsmerkmal erfüllt sei, welche Anknüpfungspunkte maßgeblich sein sollen und ob es auf den jeweiligen Einzelfall ankomme oder ob bei einer Vielzahl von Hinterziehungstaten eine Gesamtbetrachtung des Tatbildes entscheidend sein solle. Es sei nicht ersichtlich, wie der dem Gesetz unterworfene Steuerbürger Tragweite und Anwendungsbereich des Verbrechenstatbestandes ermitteln und konkretisieren solle.[98] In bemerkenswerter – und in dieser Weise wohl einmaligen – Deutlichkeit stellt die Vorsitzende Richterin am BGH *Harms* ihre Bedenken an der Verfassungsmäßigkeit des § 370a AO darüber hinaus auch literarisch dar.[99] Im Ergebnis fordert sie sogar die Instanzgerichte zur Vorlage an das BVerfG auf. Je eher das BVerfG Gelegenheit erhalte, über § 370a AO zu entscheiden, desto besser wäre es für die Rechtsanwendung und alle Verfahrensbeteiligten.[100]

Ob das BVerfG die Norm des § 370a AO tatsächlich für zu unbestimmt und damit für verfassungswidrig halten wird, ist vor dem Hintergrund der bisherigen Rechtsprechung des BVerfG zu Art. 103 Abs. 2 GG nicht absehbar. Nach der Rechtsprechung des BVerfG muss der Normadressat zwar am konkreten Wortsinn des Gesetzes erkennen können, ob sein Verhalten rechtswidrig ist oder nicht, und in welchem Ausmaß er bei welchen konkreten Tathandlungen unter den gesetzlichen Straftatbestand fällt.[101] Insbesondere muss eine Strafnorm umso präziser sein, je schwerer die angedrohte Strafe ist.[102] Die Legislative ist im Übrigen von Verfassungs wegen verpflichtet, die Grenzen der Strafbarkeit selbst zu bestimmen und darf diese Entscheidung nicht anderen Gewalten – etwa der Strafjustiz – überlassen.[103]

---

[98] BGH NJW 2005, 374, 375.

[99] *Harms*, § 370a AO – Optimierung des steuerstrafrechtlichen Sanktionensystems oder gesetzgeberischer Fehlgriff?, in: FS Kohlmann, 413; *Harms*, Steuerliche Beratung im Dunstkreis des Steuerstrafrechts, Stbg 2005, 12.

[100] *Harms*, § 370a AO – Optimierung des steuerstrafrechtlichen Sanktionensystems oder gesetzgeberischer Fehlgriff?, in: FS Kohlmann, 413, 426.

[101] BVerfGE 55, 144, 152; 73, 206, 234f.; zum Bestimmtheitsgebot des Art. 103 Abs. 2 GG vgl. *Kunig* in: *Münch/Kunig*, Grundgesetz-Kommentar, Band 3, Art. 103 GG Rn. 21ff.; *Schulze-Fielitz* in: *Dreier*, Grundgesetz-Kommentar, Band 3, Art. 103 II GG Rn. 33ff.; *Rüping* in: *Dolzer/Vogel/Graßhof*, Bonner Kommentar, Art. 103 Abs. 2 GG Rn. 19ff.; *Brockmeyer* in: *Schmidt-Bleibtreu/Klein*, Kommentar zum Grundgesetz, Art. 103 GG Rn. 7.

[102] BVerfGE 14, 245, 251; 75, 329, 342f.; 86, 288, 311.

[103] BVerfGE 105, 135, 153.

Jedoch nimmt das BVerfG auch unbestimmte Gesetzesbegriffe und Generalklauseln im Strafrecht hin, wenn die Norm mit Hilfe der üblichen Auslegungsmethoden eine zuverlässige Grundlage für ihre Auslegung und Anwendung bietet oder wenn sie eine gefestigte Rechtsprechung übernimmt und daraus hinreichende Bestimmtheit gewinnt.[104] Dabei überlässt das BVerfG dem Gesetzgeber einen sehr weiten Spielraum, da wegen der „Vielgestaltigkeit des Lebens"[105] auch solche allgemeinen Begriffe verwendet werden dürfen, „die nicht eindeutig allgemeingültig umschrieben werden können und die in besonderem Maße der Auslegung der Richter bedürfen".[106] *Kunig* zieht hieraus den zutreffenden Schluss, dass die allgemeinen Formeln der Rechtsprechung des BVerfG in ihrer Elastizität dem Gesetzgeber „praktisch keine wirkliche Schranke errichten".[107] Gestützt wird diese These im Übrigen durch die Tatsache, dass das BVerfG nur in einer von 41 in der Amtlichen Sammlung des BVerfG veröffentlichten Senatsentscheidungen zu Art. 103 Abs. 2 GG eine Strafnorm wegen inhaltlicher Unbestimmtheit der Tatbestandsvoraussetzungen für verfassungswidrig erklärt hat.[108] Die verfassungsmäßige Voraussetzung der gesetzlichen Bestimmtheit ist weitgehend dem Postulat einer reinen Bestimmbarkeit gewichen. Bedenklich ist weiterhin das Abstellen auf das Vorhandensein einer gefestigten Rechtsprechung zur Konkretisierung einer unbestimmten Strafnorm.[109] Einer größtmöglichen Erkennbarkeit des Umfangs strafrechtlich sanktionierten Verhaltens wird eine Strafnorm gerade nicht gerecht, wenn sich ihr Regelungsgehalt nur vor dem Hintergrund der einschlägigen Judikatur erschließt.

Fraglich ist, ob das neu eingeführte Tatbestandsmerkmal „großes Ausmaß" – gemessen am verfassungsrechtlichen Maßstab des Art. 103 Abs. 2 GG – hinreichend bestimmt bzw. bestimmbar ist. Teilweise wird in der Literatur darauf hingewiesen, dass der Begriff des großen Ausmaßes in gleicher Weise zu bestimmen sei wie in § 370 Abs. 3 S. 2 Nr. 1 AO,[110] der einen besonders schweren Fall der Steuerhinterziehung bei einer Steuerverkürzung aus grobem Eigennutz in großem Ausmaß vorsieht. Dies ist jedoch allein schon deshalb zweifelhaft, weil die Fassung des § 370 Abs. 3 S. 2 Nr. 1 AO abweichend von der Formulierung

---

104 BVerfGE 45, 363, 371f.; 48, 48, 56f.; 86, 288, 311; 96, 68, 97f..
105 BVerfGE 4, 352, 357f..
106 BVerfGE 55, 144, 152.
107 *Kunig* in: *Münch/Kunig*, Grundgesetz-Kommentar, Band 3, Art. 103 GG Rn. 29.
108 Vgl. *Rüping*, Zur Verfassungsmäßigkeit des § 370a AO, AO-StB 2004, 376, 377.
109 So BVerfGE 28, 175, 183; 45, 363, 372.
110 *Hellmann* in: *Hübschmann/Hepp/Spitaler*, Abgabenordnung, § 370a AO Rn. 28; *Müller*, Die Neuregelung der gewerbsmäßigen oder bandenmäßigen Steuerhinterziehung, DStR 2002, 1641, 1643.

des § 370a AO n.F. zusätzlich ein Handeln aus „grobem Eigennutz“ fordert.[111] Darüber hinaus sind an die Bestimmtheit der Tatbestandsmerkmale bzgl. § 370a AO n.F. höhere Anforderungen zu stellen, da diese einen Verbrechenstatbestand begründen.[112] Sie sind außerdem – im Gegensatz zu den Strafzumessungsregeln des § 370 Abs. 3 S. 2 Nr. 1 AO – keiner Gesamtwürdigung zugänglich.[113] Im Strafzumessungsrecht steht dem Richter schließlich ein weiter Spielraum zur Verfügung, in dessen Rahmen er eine Gesamtwürdigung aller die Tat prägenden und begleitenden Umstände vornehmen kann. Diese Unbestimmtheit bei Rechtsfolgenvorschriften – für die das verfassungsrechtliche Bestimmtheitsgebot des Art. 103 Abs. 2 GG grundsätzlich gleichermaßen gilt[114] – ist noch als vertretbar anzusehen.[115] An ein Tatbestandsmerkmal, welches die maßgebliche Schwelle vom Vergehen zum Verbrechen darstellen soll, sind jedoch höhere Anforderungen hinsichtlich seiner Bestimmtheit zu stellen.

Die Festlegung eines bestimmten Geldbetrages, ab dem ein großes Ausmaß erreicht sein soll, gestaltet sich im Übrigen als schwierig. Zu den allgemeinen Vermögensdelikten hat der BGH die Festlegung einer bestimmten Summe abgelehnt und stattdessen die Gesamtwürdigung aller Umstände des jeweiligen Einzelfalls verlangt.[116] Teilweise werden in der Literatur Beträge von mindestens 500.000 Euro[117] gefordert, teilweise von mindestens 1.000.000 Euro[118] oder sogar von mehreren Millionen Euro[119]. Der Gesetzesinitiator MdB Prof. *Jürgen Meyer*

---

[111] Vgl. *Rüping*, Zur Verfassungswidrigkeit des § 370a AO, DStR 2004, 1780, 1781; *Rüping*, Das Verbrechen der Steuerhinterziehung – Zur Reform des reformbedürftigen § 370a AO n.F., DStR 2002, 1417, 1418; ähnlich *Langrock*, Das 'große Ausmaß' der schweren Steuerhinterziehung, wistra 2004, 241, 242, der darauf hinweist, dass das Merkmal des „großen Ausmaßes“ im Rahmen des § 370 Abs. 3 S. 2 Nr. 1 AO qualitativ zu verstehen sei, bei § 370a AO jedoch ausschließlich quantitativ.

[112] *Harms*, Steuerliche Beratung im Dunstkreis des Steuerstrafrechts, Stbg 2005, 12, 18; *Park*, Die Vereinbarkeit des § 370a AO n.F. mit dem Bestimmtheitsgebot des Art. 103 Abs. 2 GG, wistra 2003, 328, 331; *Rüping*, Zur Verfassungswidrigkeit des § 370a AO, DStR 2004, 1780, 1781.

[113] *Park*, Die Vereinbarkeit des § 370a AO n.F. mit dem Bestimmtheitsgebot des Art. 103 Abs. 2 GG, wistra 2003, 328, 331; a.A. *Bittmann*, Die gewerbs- oder bandenmäßige Steuerhinterziehung, wistra 2003, 161 1, 164 und 169 der auf eine „Gesamtschau aller Umstände des jeweiligen Einzelfalls“ abstellt.

[114] BVerfGE 105, 135, 152ff..

[115] Vgl. BGHSt 48, 360 zum „großen Ausmaß“ bei § 263 Abs. 3 S. 2 Nr. 2 StGB.

[116] Vgl. BGH, NJW 2001, 2485f..

[117] *Joecks* in: *Franzen/Gast-de Haan/Joecks*, Steuerstrafrecht, § 370a AO Rn. 15ff.; *Rüping*, Das Verbrechen der Steuerhinterziehung – Zur Reform des reformbedürftigen § 370a AO n.F., DStR 2002, 1417, 1418.

[118] *Vogelberg*, Der minder schwere Fall gemäß § 370a AO, PStR 2002, 227, 229.

[119] *Oberloskamp*, Verfassungswidrigkeit des § 370a AO, AO-StB 2004, 114, 116.

hält hingegen offenbar bereits 50.000 Euro für ausreichend.[120] Teilweise wird darauf hingewiesen, dass die Festlegung einer definitiven Grenze überhaupt nicht möglich sei.[121] Dagegen sind nur vereinzelt Stimmen wahrzunehmen, die das „große Ausmaß" für genügend bestimmbar und § 370a AO n.F. dementsprechend für verfassungsgemäß halten.[122]

Aufgrund des oben Gesagten ist im Ergebnis dem BGH in seiner Einschätzung zuzustimmen. Die Bestimmtheit der Vorschrift ist hinsichtlich der Tatbestandsmerkmalen der Gewerbsmäßigkeit, Bandenmäßigkeit und des großen Ausmaßes nicht hinreichend gegeben. Ob sich das BVerfG dieser Ansicht anschließen wird, lässt sich anhand seiner Rechtsprechung zu Art. 103 Abs. 2 GG nicht voraussagen.

E) Ergebnis zum 1. Kapitel

Bezeichnend ist die Einschätzung *Stahls*, der den Hauptzweck der Vorschrift „weniger in der Bekämpfung der organisierten Steuerkriminalität" sieht, sondern vielmehr „in der Verunsicherung der Masse der kleineren und mittleren Steuerhinterzieher. Es soll der verbreiteten Vorstellung entgegengetreten werden, dass Steuerhinterziehung ein Kavaliersdelikt sei."[123] Der Gesetzgeber hat durch die Einführung und Neufassung des § 370a AO sowie durch die Änderungen des § 261 StGB massive Änderungen im System des Steuerstrafrechts vorgenommen. Diese bedeuten auch nach der gesetzlichen Überarbeitung erhebliche Einschränkungen hinsichtlich der Möglichkeit einer strafbefreienden Selbstanzeige. Weiterhin ziehen die neuen Vorschriften – wie in den Abschnitten B)III)1) bis B)III)4) ausgeführt – weitreichende Konsequenzen im Strafprozessrecht zulasten des betroffenen Steuerpflichtigen nach sich.

Es ist kaum anzunehmen, dass der Gesetzgeber diese Folgen in ihrer gesamten Tragweite überblickt, geschweige denn beabsichtigt hat. Die Verhältnismäßigkeit

---

[120] Vgl. *Hund/Johnigk/Wollburg*, Die Problematik der neuen Regelung zur gewerbsmäßigen Steuerhinterziehung nach § 370a AO – Interview mit Herrn Prof. Dr. Jürgen Meyer, DStR 2002, 879, 881.

[121] *Oberloskamp*, Verfassungswidrigkeit des § 370a AO, AO-StB 2004, 114, 115; *Reiß*, Gutachten zur Gesetzgebung zum Umsatzsteuerbetrug, Stbg 2004, 113, 117; *Langrock*, Das 'große Ausmaß' der schweren Steuerhinterziehung, wistra 2004, 241ff..

[122] *Hunsmann*, § 370a AO – verfassungsrechtlich bedenklich? Anm. zu BGH, 22.7.2004 – 5 StR 85/04, NStZ 2005, 72ff., der sich insbesondere auf die zu § 370 Abs. 3 S. 2 Nr. 1 AO entwickelten Maßstäbe bezieht; *Hunsmann*, Die Tatbestandsmerkmale des § 370a AO, DStR 2004, 1154, 1155; vgl. auch *Hellmann* in: *Hübschmann/Hepp/Spitaler*, Abgabenordnung, § 370a AO Rn. 27f..

[123] *Stahl*, Gesetzeskorrektur der gewerbs- und bandenmäßigen Steuerhinterziehung und der Geldwäsche, KÖSDI 2002, 13390, 13395.

dieser Konsequenzen ist keinesfalls gegeben. Insgesamt handelt es sich daher um eine gesetzgeberische Fehlleistung. Diese wurde zurecht schon kurze Zeit später korrigiert – jedoch ist auch die Neufassung weder hinreichend bestimmt noch betreffend das Ausmaß ihrer Folgewirkungen angemessen.

2. Kapitel: Einschränkung des Steuergeheimnisses durch das Kontenabrufverfahren

Weitere Regelungen zur Bekämpfung der Geldwäsche in Form des „Vierten Finanzmarktförderungsgesetzes" und des „Gesetzes zur Förderung der Steuerehrlichkeit" betreffen das Steuergeheimnis bzw. das Bankgeheimnis. Zunächst sollen daher das Steuergeheimnis und das Bankgeheimnis im Rechtssystem Deutschlands dargestellt werden, um anschließend die diesbezüglichen Änderungen analysieren zu können.

A) Das Steuergeheimnis in Deutschland

I) Historische Entwicklung des Steuergeheimnisses[124]

Wie aus § 32 des preußischen Gesetzes betreffend die Einführung einer Klassen- und klassifizierten Einkommensteuer[125] hervorgeht, waren die Beamten und Mitglieder der Einkommensschätzungskommission bereits zur Geheimhaltung der Vermögens- und Einkommensverhältnisse des Steuerpflichtigen verpflichtet. Die Vorschrift kannte allerdings noch keine strafrechtliche Sanktion.[126] § 22 Abs. 3 des Einkommensteuergesetzes verbot den Behörden jedoch jedes Eindringen in die Verhältnisse des Steuerpflichtigen. Ermittlungsbefugnisse hatten die damaligen Finanzbehörden nicht; der Steuerpflichtige war zudem nicht verpflichtet, an der Sachaufklärung mitzuwirken.[127] Da das preußische Einkommensteuergesetz von 1891 dann die Steuerpflichtigen zur Abgabe von Steuererklärungen verpflichtete und außerdem eine möglichst vollständige Erfassung der Besitz-, Vermögens- und Einkommensverhältnisse anordnete, wurde der Schutz des Steuergeheimnisses weiter verstärkt.[128]

Mit der Verkündung der Reichsabgabenordnung wurde 1919 das Steuergeheimnis in § 10 RAO kodifiziert und damit erstmals reichseinheitlich geregelt. Da auf der einen Seite die Finanzbehörden erweiterte Ermittlungs- und Aufsichtsbefugnisse erhielten, verstärkte der Gesetzgeber im Gegenzug durch die Regelungen der §§ 10, 376 RAO den Schutz des Steuergeheimnisses. Der Bruch des Steuergeheimnisses wurde gemäß § 376 RAO mit Geld- und Freiheitsstrafe bewehrt.[129]

---

[124] Vgl. hierzu ausführlich *Ruegenberg*, Das nationale und internationale Steuergeheimnis, S. 5ff..

[125] Preußische Gesetzsammlung 1851, 193.

[126] Vgl. *Kruse*, Über das Steuergeheimnis, BB 1998, 2133, 2134; *Kruse*, Lehrbuch des Steuerrechts (Bd. 1), S. 344.

[127] *Kruse*, Über das Steuergeheimnis, BB 1998, 2133, 2134.

[128] *Kruse*, Lehrbuch des Steuerrechts (Bd. 1), S. 344f..

[129] *Kruse*, Lehrbuch des Steuerrechts (Bd. 1), S. 345.

Durch Notverordnungen aus den Jahren 1930 und 1931 wurde der Wortlaut der Vorschrift geändert und in § 22 RAO verschoben, welcher als Vorläufer des heutigen § 30 AO anzusehen ist.[130] Die Formulierung des § 22 Abs. 1 RAO „Das Steuergeheimnis ist unverletzlich" hatte vereinzelt zu der Schlussfolgerung geführt, dem Steuergeheimnis der damaligen Rechtslage komme „grundgesetzähnliche Bedeutung" zu.[131] Die neue Formulierung des § 30 AO vermeidet hingegen den Widerspruch zwischen der Unverletzlichkeit des Steuergeheimnisses einerseits (§ 22 Abs. 1 RAO) und der anschließenden Aufzählung zahlreicher Ausnahmen andererseits.[132] Die Formulierung „Amtsträger haben das Steuergeheimnis zu wahren" soll im Übrigen die Bedeutung des Steuergeheimnisses nicht mindern.[133]

§ 30 AO wurde in der Folgezeit mehrfach ergänzt und erweitert. Außerdem wurde § 30a AO zum Schutz von Bankkunden[134] und § 31a AO mit der Erlaubnis zu Mitteilungen zur Bekämpfung der illegalen Beschäftigung und des Leistungsmissbrauchs[135] eingeführt. § 31b AO ermöglicht Mitteilungen zur Bekämpfung der Geldwäsche[136] und ergänzt damit die Offenbarungstatbestände des § 30 AO.

II) Gegenstand des Steuergeheimnisses

Gegenstand des Steuergeheimnisses sind alle „Verhältnisse eines anderen". Der Begriff „Verhältnisse" umfasst dabei alles, was das Finanzamt über eine Person weiß.[137] Hierin sind nicht nur die rein steuerlichen Verhältnisse, wie die Höhe der festgesetzten Steuer oder etwaige Steuerrückstände, sondern insbesondere auch die Familienverhältnisse, sowie die beruflichen und betrieblichen Verhältnisse eingeschlossen.[138] Auch die bloße Existenz des jeweiligen Steuerpflichtigen ist hiervon betroffen, insbesondere die steuerliche Erfassung oder Beteiligung an einem Verwaltungsverfahren.[139]

---

[130] *Koch* in: *Koch/Scholtz*, Abgabenordnung, § 30 AO Rn. 1; *Pfaff*, Das Steuergeheimnis nach der neuen Abgabenordnung, DStZ/A 1976, 355.
[131] *Leise*, Das Steuergeheimnis, S. 5; *Höppner*, Steuergeheimnis, Gesetzmäßigkeit der Besteuerung und Legalitätsprinzip, StuW 1969, 193, 210ff..
[132] *Pfaff*, Das Steuergeheimnis nach der neuen Abgabenordnung, DStZ/A 1976, 355, 356.
[133] Vgl. die Begründung zu § 5 EAO 1974, BT-Drs. VI/1982, S. 100.
[134] BGBl. I 1988, 1093.
[135] BGBl. I 1981, 1390.
[136] BGBl. I 2002, 2010.
[137] *Alber* in: *Hübschmann/Hepp/Spitaler*, Abgabenordnung, § 30 AO Rn. 32ff.; *Rüsken* in: *Klein*, Abgabenordnung, § 30 AO Rn. 43.
[138] *Alber* in: *Hübschmann/Hepp/Spitaler*, Abgabenordnung, § 30 AO Rn. 33ff.; *Kruse*, Lehrbuch des Steuerrechts (Bd. 1), S. 346.
[139] *Rüsken* in: *Klein*, Abgabenordnung, § 30 AO Rn. 43.

Wie aus der Formulierung des Gesetzestextes hervorgeht, sind nicht nur die Verhältnisse des Steuerpflichtigen selbst durch das Steuergeheimnis geschützt. Vielmehr bezieht sich dieses auf alle anderen Personen. Ein anderer ist dabei jeder außer dem geheimhaltungspflichtigen Amtsträger oder sonstigen Informationsempfänger selbst.[140] Im Gegensatz hierzu stellte § 22 RAO ausschließlich auf die „Verhältnisse eines Steuerpflichtigen" ab. Die Erweiterung der Regelung wurde damit begründet, dass zum geschützten Personenkreis nicht nur der Steuerpflichtige selbst, sondern auch andere Personen, wie auskunftspflichtige Dritte, gehören sollten.[141]

III) Zweck des Steuergeheimnisses

1) Schutz des Steuerpflichtigen

Das Steuergeheimnis dient zum einen dem privaten Geheimhaltungsinteresse des Steuerpflichtigen. Den umfangreichen und einschneidenden steuerlichen Offenbarungs- und Mitwirkungspflichten des Steuerpflichtigen wird in § 30 AO eine spezialgesetzliche Ausgestaltung des Datenschutzes im Steuerrecht gegenübergestellt.[142] Das Bundesverfassungsgericht betonte im Flick-Ausschuss-Urteil, dass § 30 AO das Steuergeheimnis als Gegenstück zu den weitgehenden Offenbarungspflichten des Steuerrechts schützt.[143] Es soll den Steuerpflichtigen davor schützen, dass Verhältnisse, die er zur Erfüllung steuerlicher Auskunftsverpflichtungen der Finanzverwaltung offenbart hat, außerhalb des Besteuerungsverfahrens bekannt werden oder zu anderen als steuerlichen Zwecken ausgewertet werden.[144] Daher ist das unbefugte Offenbaren oder Verwerten der dienstlich erlangten Informationen nach § 355 StGB strafbar.

Dem Steuergeheimnis kommt allerdings kein grundrechtlicher Status zu. Es gehört auch nicht zu den notwendigen Einrichtungen eines demokratischen Rechtsstaates. Dies zeigen auch die Regelungen Schwedens, wo Steuerlisten offengelegt werden.[145] Das BVerfG stellt hierzu im Flick-Ausschuss-Urteil weiterhin fest: „Das Recht auf Wahrung des in § 30 AO gesetzlich umschriebenen Steuergeheimnisses ist als solches kein Grundrecht. Die Geheimhaltung bestimmter steuerlicher Angaben und Verhältnisse, deren Weitergabe einen

---

[140] *Alber* in: *Hübschmann/Hepp/Spitaler*, Abgabenordnung, § 30 AO Rn. 39; *Rüsken* in: *Klein*, Abgabenordnung, § 30 AO Rn. 44.

[141] BT-Drs. VI/1982, 100.

[142] Vgl. BFH BStBl. II 1994, 552; *Koch* in: *Koch/Scholtz*, Abgabenordnung, § 30 AO Rn. 2.

[143] BVerfGE 67, 100, 139.

[144] *Alber* in: *Hübschmann/Hepp/Spitaler*, Abgabenordnung, § 30 AO Rn. 6; *Koch* in: *Koch/Scholtz*, Abgabenordnung, § 30 AO Rn. 2.

[145] Vgl. *Tipke*, Die Steuerrechtsordnung, S. 216 u. 221ff..

Bezug auf den Steuerpflichtigen oder private Dritte erkennbar werden lässt, kann indessen durch eine Reihe grundrechtlicher Verbürgungen, insbesondere durch Art. 2 Abs. 1 in Verbindung mit Art. 1 Abs. 1 und Art. 14 GG, gegebenenfalls in Verbindung mit Art. 19 Abs. 3 geboten sein."[146]

Das Bundesverfassungsgericht hat dem Steuergeheimnis damit zwar keinen grundrechtlichen Status eingeräumt. Es hat allerdings aus dem allgemeinen Persönlichkeitsrecht aus Art. 2 Abs. 1 und Art. 1 Abs. 1 GG das Recht auf informationelle Selbstbestimmung abgeleitet. Im Rahmen der Freiheitsrechte, welche sich in Art. 2 GG der freien Entfaltung der Persönlichkeit, dem Recht auf Leben, körperliche Unversehrtheit und Freiheit der Person widmen, spielt das in Art. 2 Abs. 1 enthaltene Recht auf freie Entfaltung der Persönlichkeit eine überragende Rolle. Aus diesem Recht hat das BVerfG im Volkszählungsurteil vom 15. Dezember 1983 das Recht auf informationelle Selbstbestimmung entwickelt. Es gewährleistet die Befugnis des einzelnen, selbst über die Preisgabe und Verwendung seiner persönlichen Daten zu bestimmen. Zur Begründung hat das BVerfG ausgeführt: „Wer nicht mit hinreichender Sicherheit überschauen kann, welche ihn betreffende Informationen in bestimmten Bereichen seiner sozialen Umwelt bekannt sind, und wer das Wissen möglicher Kommunikationspartner nicht einigermaßen abzuschätzen vermag, kann in seiner Freiheit wesentlich gehemmt werden, aus eigener Selbstbestimmung zu planen oder zu entscheiden."[147]

Ein unbegrenztes Eindringen in den Persönlichkeitsbereich des einzelnen ist dem Staat untersagt.[148] Das Recht auf informationelle Selbstbestimmung gewährt damit den Bürgern den Schutz gegen die unbegrenzte Erhebung, Speicherung, Verwendung und Weitergabe der auf sie bezogenen, individualisierten oder individualisierbaren Daten.[149] Der einzelne muss nur solche Eingriffe dulden, bei denen die Geheimhaltung des Erklärten gewährleistet ist.[150] Das BVerfG hat die Zulässigkeit der Einschränkung an eine Reihe von Voraussetzungen geknüpft. Nur „im überwiegenden Allgemeininteresse" darf das Recht auf informationelle

---

[146] BVerfGE 67, 100, 142; vgl. hierzu auch *Kirchhof*, Steueranspruch und Informationseingriff, in: FS Tipke, 27, 39.

[147] BVerfGE 65, 1, 43; kritisch zum Konzept der autonomen Selbstdarstellung *Duttge*, Recht auf Datenschutz?, Der Staat 36 (1997), 281, 303: der einzelne könne „schon faktisch sein in der Mitwelt entstehendes Persönlichkeitsbild nicht vollständig beherrschen"; ähnlich *Gusy*, Informationelle Selbstbestimmung und Datenschutz, KritV 83 (2000), 52, 62, demzufolge es eine „ganz unrealistische Vorstellung [sei], aus der Rechtsordnung lasse sich für den Grundrechtsträger erkennen, 'wer was wann bei welcher Gelegenheit über ihn weiß'".

[148] *Kruse*, Über das Steuergeheimnis, BB 1998, 2133, 2134.

[149] BVerfGE 65, 1, 41ff..

[150] *Kruse*, Über das Steuergeheimnis, BB 1998, 2133, 2134.

Selbstbestimmung durch Gesetz oder auf Grund eines Gesetzes eingeschränkt werden.[151] Eine Einschränkung des Rechts auf informationelle Selbstbestimmung kann dabei nur auf Grund eines verfassungsgemäß zustande gekommenen Gesetzes erfolgen.[152] Dem Gesetz müssen weiterhin gemäß Art. 2 Abs. 1 GG die Voraussetzungen und der Umfang der Beschränkung zu entnehmen sein.[153] Die Regelung muss dem rechtsstaatlichen Gebot der Normenklarheit entsprechen – Voraussetzung und Umfang der Beschränkungen müssen also für den Bürger klar erkennbar sein.[154] Weiterhin hat der Gesetzgeber den Grundsatz der Verhältnismäßigkeit zu beachten, so dass der Eingriff und die Beschränkung des Grundrechts geeignet zur Erreichung der öffentlichen Interessen und zusätzlich das mildeste zur Verfügung stehende Mittel sein muss. Das Rechtsstaatsprinzip verlangt im Übrigen, dass behördliche Eingriffe messbar und die Folgen für den Betroffenen absehbar sind – dies ist nicht der Fall, wenn das den Finanzbehörden Offenbarte für beliebige Zwecke verwertet werden dürfte.[155] Der Gesetzgeber muss außerdem organisatorische und verfahrensrechtliche Vorkehrungen treffen, die der Gefahr einer Verletzung des Persönlichkeitsrechts entgegen wirken.[156]

Das in Art. 2 Abs. 1 i.V.m. Art. 1 Abs. 1 GG begründete Persönlichkeitsrecht auf informationelle Selbstbestimmung ist somit die verfassungsrechtliche Grundlage des Steuergeheimnisses.[157] Im Umkehrschluss konkretisiert § 30 AO für den Bereich des Steuerrechts einfachgesetzlich die Schutzgarantie des Rechts auf informationelle Selbstbestimmung.[158]

2) Öffentliches Interesse

Neben dem privaten Geheimhaltungsinteresse dient das Steuergeheimnis auch dem öffentlichen Interesse. Ursprünglich wurde es aus fiskalischen Gründen eingeführt.[159] Es verfolgt das Ziel, das Vertrauen des Bürgers in die Amtsverschwiegenheit (vgl. § 39 BRRG, § 61 BBG und die entsprechenden Landesgesetze) zu stärken und dadurch die Bereitschaft zur Offenlegung steuerrechtlicher Sachverhalte zu fördern.[160] Insbesondere soll der Steuerpflichtige keinen Grund haben, aus Furcht vor Strafen oder

---

[151] BVerfGE 65, 1, 44.
[152] BVerfGE 65, 1, 44; 78, 77, 85.
[153] BVerfGE 65, 1, 44.
[154] BVerfGE, 45, 400, 420.
[155] *Lang* in: *Tipke/Lang*, Steuerrecht, § 4 Rn. 205.
[156] BVerfGE 53, 30, 65; 65, 1, 44.
[157] *Fehrenbacher*, Steuerrecht, § 8 Rn. 94; *Lang* in: *Tipke/Lang*, Steuerrecht, § 4 Rn. 205.
[158] *Drüen* in: *Tipke/Kruse*, Abgabenordnung, § 30 AO Rn. 6.
[159] Vgl. *Lang* in: *Tipke/Lang*, Steuerrecht, § 4 Rn. 208.
[160] *Rüsken* in: *Klein*, Abgabenordnung, § 30 AO Rn. 4.

außersteuerlichen Vermögensnachteilen steuerrechtlich relevante Verhältnisse zu verschweigen.[161] Hierdurch soll das Steuerverfahren erleichtert werden, die Steuerquellen vollständig erfasst und eine gesetzmäßige, gleichmäßige Besteuerung sichergestellt werden.[162] Obwohl die Gleichmäßigkeit der Besteuerung nur formaler Grundsatz ist – dessen tatsächliche Umsetzung angesichts der Defizite des geltenden Steuerrechts mehr als zweifelhaft bleibt – bezweckt das Steuergeheimnis im Ergebnis jedenfalls auch die Sicherung des Steueraufkommens.[163]

IV) Die Offenbarungstatbestände des § 30 AO

Dem Steuergeheimnis stehen eine Reihe von Offenbarungstatbeständen gegenüber, gemäß denen eine Offenbarung der in § 30 Abs. 2 AO genannten Verhältnisse zulässig ist. Das Steuergeheimnis wird nur dann verletzt, wenn die Offenbarung, Verwertung oder der Datenabruf unbefugt ist. Zwar hat das Steuergeheimnis – wie bereits dargestellt – keinen Verfassungsrang. Dennoch ist eine Einschränkung desselben wegen seiner Ableitung aus den Grundrechten nur unter dem strengen rechtsstaatlichen Gebot der Beachtung des Grundsatzes der Verhältnismäßigkeit und nur zum Schutz schwerwiegender Interessen der Allgemeinheit durch Gesetz oder aufgrund eines Gesetzes zulässig.[164]

Eine Offenbarung ist gemäß § 30 Abs. 4 AO zulässig, wenn dies durch Gesetz ausdrücklich bestimmt ist (Nr. 2) oder mit Zustimmung des Betroffenen (Nr. 3). Außerdem ist sie generell für die Durchführung eines steuerlichen Verfahrens zulässig (Nr. 1). Für Strafverfahren ist eine Offenbarung unter den einschränkenden Voraussetzungen des Abs. 4 Nr. 4 möglich.

Im Übrigen ist eine Offenbarung gemäß § 30 Abs. 4 Nr. 5 AO zulässig bei Vorliegen eines „zwingenden öffentlichen Interesses". Was unter einem „zwingenden öffentlichen Interesse" zu verstehen ist, ist jedoch nicht abschließend geregelt. In Abs. 4 Nr. 5a bis c finden sich lediglich drei Fallgruppen, in denen ein solches zwingendes öffentliches Interesse „namentlich" besteht. Die in Abs. 4 Nr. 5 bestimmten Fälle sind – wie sich aus dem Wort „namentlich" ergibt – nur als Beispiele und somit nicht abschließend zu

---

161 Vgl. *Lang* in: *Tipke/Lang*, Steuerrecht, § 4 Rn. 208.

162 BVerfGE 67, 100, 140; BFH BStBl. II 1994, 552; BStBl. III 1967, 572.

163 *Koch* in: *Koch/Scholtz*, Abgabenordnung, § 30 AO Rn. 2.

164 BVerfGE 65, 1, 44; 84, 239, 279f.; *Alber* in: *Hübschmann/Hepp/Spitaler*, Abgabenordnung, § 30 AO Rn. 12; *Drüen* in: *Tipke/Kruse*, Abgabenordnung, § 30 AO Rn. 6; *Eilers*, Das Steuergeheimnis als Grenze des internationalen Auskunftsverkehrs, S. 48.

verstehen.[165] Rechtsprechung und Literatur haben versucht, die einzelnen Fallvarianten des § 30 Abs. 4 Nr. 5 AO einzugrenzen.[166] Fallkonstellationen, die über die in § 30 Abs. 4 Nr. 5a bis c AO genannten Beispiele hinausgehen, müssen sich an diesen Fallgruppen messen lassen.[167]

Dem Gesetzgeber der AO 1977 gelang damit zwar eine weitreichende Konkretisierung der Durchbrechungstatbestände des Steuergeheimnisses. Von einer abschließenden Regelung kann jedoch wegen des § 30 Abs. 4 Nr. 5 AO nicht gesprochen werden. Demnach soll nämlich auch ein „zwingendes öffentliches Interesse" eine Durchbrechung des Steuergeheimnisses rechtfertigen. Da das Gesetz diesen Begriff jedoch nicht definiert, wird diese Vorschrift auch als „Achillesferse"[168] des Steuergeheimnisses bezeichnet. Je nachdem, wie das „zwingende öffentliche Interesse" definiert wird, kann das Steuergeheimnis stark, schwach oder praktisch gar nicht aufrecht erhalten werden.[169]

Im Ergebnis ist festzuhalten, dass im Rahmen der Abwägung zwischen einem Offenbarungs- und einem Geheimhaltungsinteresse insbesondere die grundrechtlichen Vorgaben zu beachten sind.[170] Es ist entsprechend dem Grundsatz möglichster Grundrechtseffektivität derjenigen Auslegungsmöglichkeit der Vorzug zu geben, bei welcher das Steuergeheimnis am ehesten gewahrt bleibt.[171] Durchbrechungen des Steuergeheimnisses können von Verfassungs wegen nur als ultima ratio in Betracht kommen.[172] Eine Offenbarung muss also die eng begrenzte Ausnahme von der Regel sein.[173]

---

[165] *Alber* in: *Hübschmann/Hepp/Spitaler*, Abgabenordnung, § 30 AO Rn. 191; a.A. *Benda*, Steuergeheimnis: Kann der Bürger noch darauf vertrauen?, DStR 1984, 351, 355, demzufolge das den Weg in die Generalklausel eröffnende Wort „namentlich" keinen verfassungsrechtlich erlaubten Regelungsinhalt hat. Nur die in § 30 Abs. 4 AO ausdrücklich aufgeführten Ausnahmeregelungen sollen demnach zulässig sein.

[166] Vgl. hierzu *Drüen* in: *Tipke/Kruse*, Abgabenordnung, § 30 AO Rn. 119ff.; *Goll*, Steuergeheimnis und abgabenrechtliche Offenbarungsbefugnis, NJW 1979, 90, 93; *Krause/Steinbach*, Steuer- und Sozialgeheimnis im Gewerberecht, DÖV 1985, 549.

[167] *Krause/Steinbach*, Steuer- und Sozialgeheimnis im Gewerberecht, DÖV 1985, 549, 553f..

[168] *Drüen* in: *Tipke/Kruse*, Abgabenordnung, § 30 AO Rn. 119.

[169] *Kruse*, Lehrbuch des Steuerrechts (Bd. 1) S. 350.

[170] Vgl. *Friauf*, Das Steuergeheimnis aus verfassungsrechtlicher Sicht, JbFSt 1984/85, 95, 109.

[171] *Friauf*, Das Steuergeheimnis aus verfassungsrechtlicher Sicht, JbFSt 1984/85, 95, 109.

[172] *Friauf*, Das Steuergeheimnis aus verfassungsrechtlicher Sicht, JbFSt 1984/85, 95, 110.

[173] *Stern*, Die Kompetenz der Untersuchungsausschüsse nach Art. 44 GG im Verhältnis zur Exekutive, AöR 109 (1984), 199, 257f.; daher sollte man ein „zwingendes öffentliches Interesse" nur mit gewisser Zurückhaltung annehmen, so *Ehlers*, Das Steuergeheimnis nach der AO 1977, BB 1977, 1361, 1365.

B) Das Bankgeheimnis in Deutschland

Die Regelung des § 30a AO geht auf den „Bankenerlass" der Verwaltung für Finanzen des vereinigten Wirtschaftsgebiets vom 02.08.1949[174] zurück. Der Erlass von 1949 verpflichtete die Finanzbehörden zu großer Zurückhaltung bei der Kontrolle von Bankkunden über die Bank. Hintergrund war die Absicht, das Vertrauensverhältnis zwischen Bank und Bankkunde nicht zu beeinträchtigen sowie den Sparwillen der Bevölkerung nicht zu schmälern.

An die Stelle des „Bankenerlasses" trat das Schreiben des BMF vom 31.08.1979[175] betreffend Ermittlungen bei Kreditinstituten. Dabei ist die Rechtsnatur von derartigen BMF-Schreiben unklar.[176] Nach Antworten der Bundesregierung auf die Anfragen der FDP-Fraktion stellen die Schreiben allgemeine Weisungen im Sinne der Art. 108 Abs. 3 S. 2, 85 Abs. 3 GG dar und sind von der Steuerverwaltung im Vollzug zu beachten.[177] Sie seien für die Steuervollzugsbehörden verbindlich, nicht dagegen für die Gerichte.[178] Das Schreiben vom 31.08.1979 fügte dem Bankenerlass hinzu, dass „für den Regelfall davon ausgegangen werden [kann], dass die Angaben in der Steuererklärung vollständig und richtig sind". Dieses Versprechen, auch Kontrollbedürftiges nicht wirklich zu kontrollieren,[179] hatte zur Folge, dass nur in sehr begrenztem Ausmaß Steuern auf Zinseinnahmen gezahlt wurden.

Durch das Steuerreformgesetz 1990 vom 25.07.1988[180] wurde § 30a AO eingeführt, der den Bankenerlass legalisierte und damit den Schutz des Bankkunden auf eine gesetzliche Grundlage stellte. Gleichzeitig war eine 10%ige Kapitalertragsteuer auf Zinsen eingeführt worden. Um einem größeren Kapitalabfluss in das Ausland entgegenzuwirken, wurde den Anlegern eine möglichst große Anonymität der Bankkonten garantiert. Da dennoch eine massive Kapitalflucht einsetzte, wurde die Kapitalertragsteuer wieder aufgehoben; § 30a AO blieb unverändert.

Nach § 30a Abs. 1 AO haben die Finanzbehörden bei der Ermittlung des Sachverhalts auf das Vertrauensverhältnis zwischen den Kreditinstituten und deren Kunden besondere Rücksicht zu nehmen. Zum Zwecke der allgemeinen

---

[174] Abgedruckt in: DStZ/B 1949, 242.

[175] BStBl. I 1979, 590.

[176] Vgl. *Manke*, BMF-Schreiben = allgemeine Weisungen; basta?, DStZ 2002, 70ff.; *Wachter*, Verfassungsmäßigkeit des Haushaltsbegleitgesetzes 2004, DB 2004, 780ff..

[177] BT-Drs. 14/6716.

[178] BT-Drs. 14/6716, Nr. 16.

[179] So *Tipke* in: *Tipke/Kruse*, Abgabenordnung, § 30a AO Rn. 2.

[180] BGBl. I 1988, 1093.

Überwachung dürfen die Finanzbehörden von den Kreditinstituten keine einmaligen oder periodischen Mitteilungen von Konten bestimmter Art oder bestimmter Höhe verlangen (§ 30a Abs. 2 AO). Auch anlässlich einer Außenprüfung bei einem Kreditinstitut dürfen nach § 30a Abs. 3 AO keine Guthabenkonten oder Depots zur Nachprüfung der ordnungsgemäßen Versteuerung festgestellt oder abgeschrieben werden. Wichtig zu erwähnen ist die Regelung des § 30a Abs. 4 AO, demzufolge in den Vordrucken für Steuererklärungen keine Angabe der Nummern von Konten und Depots, die der Steuerpflichtige bei Kreditinstituten unterhält, verlangt werden soll. Hiervon soll nur dann eine Ausnahme gemacht werden, wenn der Steuerpflichtige steuermindernde Ausgaben oder Vergünstigungen geltend macht, oder die Abwicklung des Zahlungsverkehrs mit dem Finanzamt dies erfordert. Für Auskunftsersuchen an Kreditinstitute verweist § 30a Abs. 5 AO schließlich auf die Regelung des § 93 AO. Wenn die Person des Steuerpflichtigen bekannt und gegen ihn kein Verfahren wegen einer Steuerstraftat oder einer Steuerordnungswidrigkeit eingeleitet ist, soll auch im Verfahren nach § 208 Abs. 1 S. 1 AO ein Kreditinstitut erst dann um Auskunft und Vorlage von Urkunden gebeten werden, wenn ein Auskunftsersuchen an den Steuerpflichtigen nicht zum Ziele führt oder keinen Erfolg verspricht. Die Erhebung von Daten über Konten oder Depots ist somit nach dem Wortlaut des § 30a AO deutlich eingeschränkt.

Streitig ist jedoch, inwieweit § 30a AO lediglich eine deklaratorische Bedeutung zukommen soll, oder ob die Vorschrift konstitutiv wirkt. Der BFH spricht der Vorschrift im Wesentlichen nur einen rechtsbestätigenden Charakter zu.[181] So verbiete § 30a Abs. 2 AO nur das, was auch ohne diese Regelung nicht erlaubt sei.[182] Bereits 1990 hatte sich der BFH auf den Standpunkt gestellt, dass die Finanzbehörden gemäß § 93 Abs. 1 S. 1 AO 1977 dann von einem Kreditinstitut Auskünfte einholen können, wenn sie dies nach pflichtgemäßer Prüfung zur Ermittlung eines Sachverhalts für erforderlich halten. Die Anforderung von Auskünften setze nicht voraus, dass bereits eine lückenhafte oder zu Zweifeln Anlass gebende Steuererklärung vorliege. Lediglich Auskunftsverlangen im Rahmen von Rasterfahndungen oder ähnlicher Ermittlungen seien unzulässig; „ins Blaue hinein“ dürfe die Finanzbehörde Auskunftsverlangen nicht stellen.[183] Letztlich würde dies bedeuten, dass § 30a AO die Berechtigung des Finanzamtes,

[181] BFH, BStBl. II 1997, 499.
[182] BFH, BStBl. II 1997, 499, 504.
[183] BFH, BStBl. II 1991, 277.

vom Kreditinstitut Auskunft über einen Steuerpflichtigen zu verlangen, der über nicht erklärte Guthabenzinsen verfügt, nicht einschränkt.[184]

Nach Ansicht von *Hellwig* schränkt § 30a Abs. 2 AO hingegen die allgemeinen Ermittlungsbefugnisse der Finanzbehörden ein und wirkt daher konstitutiv.[185] Die Vorschrift unterbindet nach *Tipke* entgegen dem BFH mehr als nur das „Überwachen ins Blaue hinein".[186] Sammelauskunftsersuchen werden durch § 30a Abs. 2 AO unterbunden – dass dies bei „hinreichendem Anlass" anders sein solle, könne der Vorschrift nicht entnommen werden.[187] Die Vorschrift des § 30 AO ist gerade nicht als allgemeiner Grundsatz formuliert, der Ausnahmen zulässt. Daher ist dieser Ansicht im Ergebnis zuzustimmen.

Das BVerfG sah im Beschluss vom 27.6.1991[188] durch § 30a AO „ein Hindernis für die Gewährung von Gleichheit im steuerlichen Belastungserfolg verfestigt", da der Besteuerungsanspruch (aus dem damaligen § 20 Abs. 1 Nr. 8 EStG) nicht durchgesetzt werden könne. Das BVerfG gab dem Gesetzgeber daher auf, die Verfassungsmäßigkeit herzustellen.[189] § 30a AO wurde jedoch keineswegs abgeschafft oder geändert – vielmehr wurde versucht, die vom BVerfG geforderte Gleichmäßigkeit der Besteuerung durch Einführung einer Zinsabschlagsteuer und Verzehnfachung des Sparerfreibetrages auf 6000 DM zu erreichen.

Es gab Bestrebungen, § 30a AO gänzlich zu streichen.[190] Statt dessen waren in §§ 23a, 45d EStG Kontrollmitteilungen vorgesehen; darüber hinaus sollten bei Außenprüfungen gewonnen Kenntnisse noch weitgehender – als bislang in § 194 Abs. 3 AO vorgesehen – ausgewertet werden. Erst im Vermittlungsausschuss wurden diese Änderungen abgelehnt.

---

184 So *Flore*, Steuerfahndungsmaßnahmen bei Banken, in: *Flore/Dörn/Gillmeister*: Steuerfahndung und Steuerstrafverfahren, 141, 162; bei hinreichendem Anlass sollen auch Sammelauskunftsersuchen (Auskunftsersuchen, die sich auf eine Vielzahl von Einzelfällen beziehen) zulässig sein, vgl. AEAO zu § 30a Nr. 2 mit Hinweis auf BFH BStBl. 1990, 198.

185 *Hellwig* in: *Hübschmann/Hepp/Spitaler*, Abgabenordnung, § 30a AO Rn. 20; i.E. ebenso *Tipke* in: *Tipke/Kruse*, Abgabenordnung, § 30a AO Rn. 11.

186 *Tipke* in: *Tipke/Kruse*, Abgabenordnung, § 30a AO Rn. 11, demzufolge die Vorschrift auch „Sammelauskunftsersuchen über Bestände von Konten einschließlich Depotkonten sowie über Gutschriften von Kapitalerträgen und Spekulationseinkünften oder die Abbuchung von Schenkungen" sowie die „systematische Kontrolle ganzer Gruppen von Steuerpflichtigen nach Verdachtsrastern und Ausforschungsdurchsuchungen" unterbindet.

187 Vgl. aber AEAO zu § 30a Nr. 2 (Fn. 184).

188 BVerfGE 84, 239.

189 Zur Diskussion über die Verfassungswidrigkeit des § 30a AO vgl. *Hellwig* in: *Hübschmann/Hepp/Spitaler*, Abgabenordnung, § 30a AO Rn. 7ff. m.w.N..

190 Vgl. Entwurf eines Gesetzes zum Abbau von Steuervergünstigungen und Ausnahmeregelungen (Steuervergünstigungsabbaugesetz – StVergAbG), BT-Drs. 15/119, Art. 9.

Wie auch immer die Bedeutung von § 30a AO interpretiert werden mag – nach dem Willen des Gesetzgebers ist § 30a AO die Vorschrift, die „die Vorgänge innerhalb der Bank gegen staatliches – fiskalisches – Beobachten und Nachfragen abschirmen sollte und damit jedermann die Sicherheit gab, in der Normalität dem Finanzamt nicht Auskunft geben und entsprechende Kontrollen und Korrekturen erwarten zu müssen."[191] Und auch der BFH billigt der Vorschrift dann doch eine gewisse Bedeutung zu, als einem Beschluss vom 28.10.1997[192] zufolge „wenigstens ein Kernbestand des Bankgeheimnisses gewahrt bleiben" muss, solange § 30a AO Bestand hat.

C) Viertes Finanzmarktförderungsgesetz – § 24c KWG

Durch das Vierte Finanzmarktförderungsgesetz (4. FMFG) vom 21.06.2002[193] wurde § 24c mit Wirkung zum 01.04.2003 in das KWG eingefügt. Das 4. FMFG wurde vor dem Hintergrund und unter dem Eindruck der Terroranschläge vom 09.11.2001 beschlossen.[194] Ziel des Gesetzes ist die Steigerung der internationalen Wettbewerbsfähigkeit des deutschen Finanzplatzes und die Verbesserung des Anlegerschutzes. Die Transparenz des Kapitalmarktes soll gestärkt und die rechtlichen Rahmenbedingungen auf den Kapitalmärkten modernisiert und angepasst werden.[195] Gleichzeitig enthält das Gesetz Maßnahmen, die der effektiven Bekämpfung der Organisierten Kriminalität sowie der Bekämpfung der Geldwäsche und des Terrorismus dienen sollen. So führt es neben dem Kontenabrufverfahren des § 24c KWG das sogenannte Konten-Screening in § 25a Abs. 1 Nr. 4 KWG ein.[196] Die Finanzinstitute müssen demzufolge über angemessene, geschäfts- und kundenbezogene Sicherungssysteme gegen die Geldwäsche verfügen. Sie müssen im Rahmen des Geldwäschemonitoring aktiv und systematisch ihre Kunden und Konten auf mögliche Geldwäschefälle zu durchforschen.[197] Darüber hinaus verpflichtet der neu in die Abgabenordnung eingefügte § 31b AO die Finanzbehörden, Anhaltspunkte für Geldwäsche-

---

[191] *Kirchhof*, Grundlinien des Steuerverfassungsrechts in der Rspr. des BVerfG, StbJb 1994/95, 5, 15.

[192] BFH/NV 1998, 424.

[193] BGBl. I 2002, 2010.

[194] Vgl. *Fenchel*, Das Vierte Finanzmarktförderungsgesetz, DStR 2002, 1355; *Escher*, Bankenaufsichtsrechtliche Änderungen im KWG, BKR 2002, 652; *Detjen*, Nach den Anschlägen in den USA werden in Berlin Sicherheitspakete auf den Weg der Gesetzgebung gebracht, ZRP 2001, 532; *Höche*, Bekämpfung von Geldwäsche und Terrorfinanzierung, S. 37.

[195] Vgl. Regierungsentwurf 4. FMFG, BR-Drs. 936/01.

[196] Vgl. hierzu *Escher*, Bankenaufsichtsrechtliche Änderungen im KWG, BKR 2002, 652, 660ff.; *Braun* in: *Boos/Fischer/Schulte-Mattler*, Kreditwesengesetz, § 25a KWG Rn. 161ff..

[197] Dies entspricht dem „know your customer"-Prinzip der Baseler Aufsichtsgrundsätze, vgl. *Braun* in: *Boos/Fischer/Schulte-Mattler*, Kreditwesengesetz, § 25a KWG Rn. 825f; *Jahn*, Verschärfte Finanzkontrollen nach Terroranschlägen, ZRP 2002, 109, 110.

handlungen i.S.d. § 261 StGB oder entsprechende Hinweise auf Katalogtaten den Strafverfolgungsbehörden anzuzeigen. Hierdurch wird eine weitere Durchbrechung des Steuergeheimnisses gesetzlich verankert.[198]

Die Vorschrift des § 24c KWG ist daher im gesetzgeberischen Zusammenhang mit diesen Verschärfungen weiterer Bestimmungen gegen Geldwäsche und zur Bekämpfung der Finanzierung terroristischer Gruppen und ihrer Mitglieder zu sehen. So soll das durch § 24c KWG geschaffene automatisierte Abrufverfahren die Bundesanstalt für Finanzdienstleistungsaufsicht in die Lage versetzen, die Geldwäsche, das illegale Schattenbankenwesen und das unerlaubte Betreiben von Bank- und Finanzdienstleistungsgeschäften besser durch zentral durchgeführte Recherchearbeiten zu bekämpfen.[199] Auch Transaktionen im Zahlungsverkehr, die der Logistik des Terrorismus dienen und damit Verbindungen zur Geldwäsche aufweisen, sollen durch das Abrufsystem des § 24c KWG erkannt werden.

§ 24c KWG erweitert danach die in § 44 Abs. 1 KWG festgelegten Auskunfts- und Vorlagerechte der Bundesanstalt für Finanzdienstleistungsaufsicht gegenüber den Kreditinstituten. Bereits nach dieser Vorschrift stehen der Bundesanstalt für Finanzdienstleistungsaufsicht Sachverhaltsermittlungsrechte über alle Geschäftsangelegenheiten zu, die auch Informationen über Kontoinhaber, Verfügungsberechtigte und Kontenübersichten umfassen.[200] Jedoch ist im Rahmen dieser Vorschrift ein Auskunftsersuchen erforderlich, welches bis zur Entsprechung durch die Verpflichteten einige Zeit in Anspruch nehmen kann.[201] Nun kann die Bundesanstalt für Finanzdienstleistungsaufsicht – nach dem gem. § 24c KWG erfolgten Datenabruf – in einem zweiten Schritt aufgrund der daraus gewonnenen Informationen bei den kontoführenden Kreditinstituten die einzelnen Umsätze betreffende Nachfragen gemäß § 44 Abs. 1 KWG stellen.[202]

Hinsichtlich des Verfahrens erleichtert der automatisierte Abruf nach § 24c KWG daher die Nachforschungen der Bundesanstalt für Finanzdienstleistungsaufsicht.

---

[198] Vgl. *Höche*, Bekämpfung von Geldwäsche und Terrorfinanzierung, S. 39; *Leitner*, Eine Dekade der Geldwäschegesetzgebung, AnwBl 2003, 675, 678. Indem nunmehr auch die Finanzverwaltung zu Verdachtsanzeigen im Rahmen der Geldwäschebekämpfung gesetzlich verpflichtet ist, ist für *Marx* die Instrumentalisierung des Steuerrechts für nichtfiskalische Zwecke vollendet, vgl. *Marx*, Paradigmenwechsel beim Steuergeheimnis? – Die Einführung eines § 31b AO, DStR 2002, 1467ff..

[199] Vgl. Regierungsbegründung 4. FMFG, BT-Drs. 14/8017, S. 122.

[200] Vgl. *Szagunn/Haug/Ergenzinger*, Gesetz über das Kreditwesen, § 44 KWG Rn. 2.

[201] Über die Zeit, innerhalb deren dem Ersuchen zu entsprechen ist, sagt das Gesetz nicht. § 56 Abs. 1 Nr. 1 KWG sieht Sanktionen u.a. lediglich dann vor, wenn die Auskunft „nicht rechtzeitig" erteilt wird; vgl. *Szagunn/Haug/Ergenzinger*, Gesetz über das Kreditwesen, § 44 KWG Rn. 9.

[202] Vgl. Regierungsbegründung 4. FMFG, BT-Drs. 14/8017, S. 123.

Sie kann nun auf einen Blick feststellen, bei welchen Instituten eine bestimmte Person oder ein bestimmtes Unternehmen Konten unterhält. Mit der automatisierten Abfrage soll daher – so die Regierungsbegründung – ein erheblicher Effizienzgewinn erreicht werden, da nun nicht mehr Auskunftsersuchen einzeln an ca. 2900 Institute in Deutschland gerichtet werden müssten. Bei dem bisherigen Verfahren sei wertvolle Zeit bezüglich der von Banken zu treffenden Sicherheitsmaßnahmen verloren gegangen; im Übrigen wäre dadurch die Chance geringer gewesen, Gelder von Verdächtigen sicherzustellen oder einfrieren zu können. Teilweise wären solche Auskunftsersuchen sogar ganz unterblieben und illegalen Aktivitäten hätte nicht nachgegangen werden können.[203] Inwieweit diese Einschätzung der Bundesregierung zutreffend ist, muss dahingestellt bleiben. Der durch die Einführung des § 24c KWG erzielte Effizienzgewinn geht jedenfalls auf Kosten der Individualrechte und ist – wie zu zeigen sein wird – als verfassungswidrig zu beurteilen.

I) Gesetzgebungsverfahren

In Folge der Terroranschläge vom 11. September 2001 war zunächst in einem Maßnahmenpaket der Bundesregierung „Finanzierungsströme des Terrorismus austrocknen – Stabilität der Finanzmärkte sichern“ vorgesehen, bei der Bundesanstalt für Finanzdienstleistungsaufsicht eine zentrale Datei mit allen von Kreditinstituten in Deutschland geführten Konten und Depots einzurichten.[204] Dies hätte zu einer umfangreichen Erfassung der ganz überwiegenden Mehrzahl unbescholtener Bürger geführt, die offensichtlich dem Verhältnismäßigkeitsprinzip widersprochen hätte,[205] und damit zweifellos verfassungswidrig gewesen wäre.

Im Gesetzgebungsverfahren legte der Bundesfinanzminister daher am 14.11.2001 eine Neufassung des Gesetzentwurfs für § 24c KWG[206] vor, in dem das Vorhaben einer Kontenevidenz-Zentrale durch den automatisierten Abruf von Kontoinformationen durch die Bundesanstalt für Finanzdienstleistungsaufsicht bei den Kreditinstituten ersetzt wurde. Der Bundesrat kritisierte hierzu unter anderem, dass Steuerstraftaten ohne Grund privilegiert seien, da in § 24c Abs. 3 S. 1 Nr. 2 KWG des Regierungsentwurfs nur die „... für die Verfolgung und Ahndung von Straftaten mit Ausnahme von Steuerstraftaten zuständigen Strafverfolgungs-

---

[203] Vgl. Regierungsbegründung 4. FMFG, BT-Drs. 14/8017, S. 122f..

[204] Vgl. *Kokemoor*, Der Automatisierte Abruf von Kontoinformationen nach § 24c KWG, BKR 2004, 135, 136; *Müller*, Staatliche Überwachung privater Konten, DuD 2002, 601; *Jahn*, Verschärfte Finanzkontrollen nach Terroranschlägen, ZRP 2002, 109, 110; *Escher*, Bankenaufsichtsrechtliche Änderungen im KWG, BKR 2002, 652, 658.

[205] So auch *Zezschwitz*, Überwachungsexzess im neuen Steuerrecht, RDV 2002, 117, 120.

[206] BR-Drs. 936/01 (neu), S. 123; Begründung hierzu S. 344-348.

behörden…" berechtigt seien, die Bundesanstalt für Finanzdienstleistungsaufsicht um Auskünfte aus der Kontendatei zu ersuchen.[207] Gleichzeitig schlug der Bundesrat vor, die Kosten der Bundesanstalt für Finanzdienstleistungsaufsicht, die durch den Vollzug des § 24c KWG entstehen, von der Umlage nach § 51 KWG auszunehmen, da die Abrufe aus den Dateien der Kreditinstitute der inneren Sicherheit und Ordnung sowie der Strafverfolgung dienen, welches staatliche, vornehmlich aus Steuermitteln zu finanzierende Aufgaben seien.[208] Die Erweiterung auch auf Steuerstraftaten wurde in das Gesetz aufgenommen, die Kosten wurden von der Bundesregierung jedoch als umlagefähig eingestuft, da § 24c KWG „primär bankaufsichtsrechtlichen Zwecken" diene.[209]

Im Vermittlungsausschuss wurde zumindest eine teilweise Erleichterung für die Kreditwirtschaft erzielt, da auf die Einstellung des Geburtsortes eines Kontoinhabers in die Kontendatei verzichtet wurde.[210] Weil die Identifizierungs- und Feststellungsvorschriften nach § 154 Abs. 2 AO sowie § 1 Abs. 5 und § 8 Abs. 1 GwG den Geburtsort nicht als zu erhebendes Merkmal vorsehen, hätte die verpflichtende Aufnahme des Geburtsorts in die Datei zusätzliche, viel Zeit in Anspruch nehmende Erhebungen notwendig gemacht und erhebliche Kosten verursacht.[211]

II) Inhalt der Vorschrift

1) Die Datenbereitstellung

Die Vorschrift des § 24c KWG begründet ein Datenabrufsystem im Online-Verfahren. Demnach haben Kreditinstitute eine Datei mit Kontostammdaten vorzuhalten. Diese Daten umfassen:

- Konto- bzw. Depotnummer
- Tag der Errichtung
- Tag der Auflösung
- Name sowie bei natürlichen Personen Tag der Geburt des Inhabers und der Verfügungsberechtigten, sowie Name und Anschrift abweichender wirtschaftlich Berechtigter.

[207] Stellungnahme des Bundesrats, BT-Drs. 14/8017, S. 169, Nr. 57.
[208] Stellungnahme des Bundesrats, BT-Drs. 14/8017, S. 170, Nr. 60.
[209] Gegenäußerung der Bundesregierung zu der Stellungnahme des Bundesrates, BT-Drs. 14/8017, S. 184, zu Nr. 60. Vgl. hierzu noch unten, C)III)2) Überwälzung der Kosten auf die Kreditwirtschaft, S. 67.
[210] BT-Drs. 14/9096.
[211] Vgl. Stellungnahme des Bundesrats, BT-Drs. 14/8017, S. 169 Nr. 56.

Die Kreditinstitute haben zu gewährleisten, dass die Bundesanstalt für Finanzdienstleistungsaufsicht die Daten jederzeit automatisiert abrufen kann. Bei jeder Änderung einer der Angaben in der Datei ist unverzüglich ein neuer Datensatz anzulegen (§ 24c Abs. 1 S. 2 KWG). Die Datensätze sind drei Jahre nach Auflösung des Kontos bzw. Depots zu löschen.

Nach § 24c Abs. 1 S. 5 KWG haben die Kreditinstitute zu gewährleisten, dass die Bundesanstalt für Finanzdienstleistungsaufsicht jederzeit Daten aus der nach Abs. 1 S. 1 einzurichtenden Datei abrufen kann. Dies wird damit begründet, dass eine Gefahrenabwehr auch im Eilfall möglich sein soll. Dies bedeutet, dass stets – auch außerhalb der üblichen Dienst- und Geschäftszeiten, insbesondere zu Nachtzeiten, an Wochenenden und an gesetzlichen Feiertagen – die Daten abrufbar sein müssen. Aus dem Rundschreiben der Bundesanstalt für Finanzdienstleistungsaufsicht geht hervor, dass auch während der Aktualisierungsvorgänge ein Zugriff möglich sein muss und weiterhin die Verfügbarkeit jährlich mindestens 99% betragen muss.[212] Dies entspricht einer maximalen Ausfallzeit von 3,65 Tagen im Jahr.

Die zu erhebenden Daten sind außerdem „unverzüglich" in der Datei nach § 24c Abs. 1 S. 1 KWG einzustellen. Das Wort „unverzüglich" ist dabei i.S.d. § 121 Abs. 1 S. 1 BGB zu verstehen und bedeutet folglich „ohne schuldhaftes Zögern".[213] Die Bundesanstalt für Finanzdienstleistungsaufsicht verlangt, dass die geänderten Kontoinformationen spätestens im Anschluss an die „End-of-day"-Datenverarbeitung der Banksysteme in der Abfragekomponente bereitzustellen sind – in begründeten Ausnahmefällen bis um 24 Uhr am Tag nach der Änderung.[214]

Weiterhin müssen die Bankinstitute gemäß § 24c Abs. 1 S. 6 KWG durch technische und organisatorische Maßnahmen sicherstellen, dass ihnen die Abrufe der Bundesanstalt für Finanzdienstleistungsaufsicht nicht zur Kenntnis gelangen. Weder das Bankinstitut noch der Bankkunde erfahren folglich, ob und wann ein solcher Abruf stattgefunden hat.

[212] Rundschreiben 17/2002 der Bundesanstalt für Finanzdienstleistungsaufsicht vom 26.09.2002, http://www.bundesbank.de/download/presse/rundschreiben/2002/20020926_rs _07.pdf, Tz. 7.4.
[213] Vgl. *Kokemoor*, Der Automatisierte Abruf von Kontoinformationen nach § 24c KWG, BKR 2004, 135, 139.
[214] Rundschreiben 17/2002 der Bundesanstalt für Finanzdienstleistungsaufsicht vom 26.09.2002, Tz. 7.3 Abs. 1.

2) Abruf der Daten

a) Für eigene Zwecke

Die Bundesanstalt für Finanzdienstleistungsaufsicht darf nach § 24c Abs. 2 KWG, welcher dem § 90 TKG nachgebildet wurde, „einzelne Daten" aus der Datei abrufen. Es ist der Bundesanstalt für Finanzdienstleistungsaufsicht also zumindest nicht gestattet, die Kontendatei insgesamt oder in wesentlichen Teilen abzufragen.[215] Was konkret unter „einzelnen Daten" zu verstehen sein soll, ist letztlich jedoch unklar. Kann es sich überhaupt noch um einzelne Daten handeln, wenn über eine bestimmte Person alle Kontendaten deutschlandweit bei allen Kreditinstituten abgefragt werden? Oder ist „einzelne Daten" so eng zu interpretieren, dass bzgl. eines Steuerpflichtigen nur geprüft werden darf, ob er bei einem bestimmten Kreditinstitut ein Konto besitzt? Letztere Interpretationsmöglichkeit dürfte der Gesetzgeber bei der Einführung des § 24c KWG wohl nicht im Sinn gehabt haben, denn diese Information kann die Bundesanstalt für Finanzdienstleistungsaufsicht bereits durch ein gezieltes Auskunftsersuchen an das jeweilige Kreditinstitut erhalten.

Der Abruf ist durch die Bundesanstalt für Finanzdienstleistungsaufsicht im Übrigen nur dann zulässig, soweit dies zur Erfüllung ihrer aufsichtlichen Aufgaben nach dem KWG oder dem GwG erforderlich ist und kumulativ auch eine besondere Eilbedürftigkeit im Einzelfall vorliegt. Als mögliche aufsichtliche Aufgaben zählt das Gesetz beispielhaft – und somit nicht abschließend – solche auf, die unerlaubte Bankgeschäfte oder Finanzdienstleistungen und den Missbrauch von Instituten durch Geldwäsche oder betrügerische Handlungen zu Lasten der Institute berühren.

Ein Abruf von Kontoinformationen nach § 24c Abs. 2 KWG setzt weiterhin eine „besondere Eilbedürftigkeit" voraus. Es ist folglich davon auszugehen, dass ein besonders hohes Maß an Dringlichkeit oder aber Unaufschiebbarkeit erforderlich ist. Der Gesetzgeber hat hiermit eine Teilaspekt des stets zu beachtenden Grundsatzes der Verhältnismäßigkeit besonders konkretisiert.[216]

b) Für fremde Zwecke

Auf Ersuchen anderer Stellen ist ein Abruf und die Erteilung von Auskünften über das Ergebnis nach § 24c Abs. 3 KWG möglich. Die Bundesanstalt für

[215] Vgl. zu § 90 TKG *Ehmer* in: *Büchner/Ehmer/Geppert/Kerkhoff u.a.*, Beck'scher TKG-Kommentar, § 90 TKG Rn. 21.
[216] Vgl. auch *Kokemoor*, Der Automatisierte Abruf von Kontoinformationen nach § 24c KWG, BKR 2004, 135, 141.

Finanzdienstleistungsaufsicht erteilt demnach aus der Datei Auskunft an die Aufsichtsbehörden nach § 9 Abs. 1 S. 3 Nr. 4 KWG[217], an die für die Strafverfolgung und Ahndung sowie für die Leistung der internationalen Rechtshilfe zuständigen Behörden und Gerichte, sowie an die für die Beschränkungen des Kapital- und Zahlungsverkehrs nach dem Außenwirtschaftsgesetz zuständigen nationalen Behörden. Bemerkenswert ist an dieser Stelle, dass eine Auskunftserteilung in Steuerstrafverfahren nach der Gesetzesbegründung zwar ausgenommen sein soll,[218] dies jedoch im Gesetzestext nicht zum Ausdruck kommt.

Die Befugnis zu einem Auskunftsersuchen ergibt sich dabei nicht aus § 24c KWG selbst, sondern aus den für diese Stellen einschlägigen Rechtsvorschriften. Die Verantwortlichkeit für die Zulässigkeit der Übermittlung der Daten trägt die ersuchende Stelle; die Bundesanstalt für Finanzdienstleistungsaufsicht prüft die Zulässigkeit nur in Zweifelsfällen.[219] Im Übrigen ist den in § 24c Abs. 3 S. 1 KWG genannten Stellen ein unmittelbarer Abruf bei den Instituten versagt.

Bemerkenswert bzgl. des Abrufs für andere Stellen ist unter anderem, dass sich hier keine Beschränkung auf „einzelne Dateien" wiederfindet. Eine Bezugnahme auf diese Beschränkung hat der Gesetzgeber entweder nicht gewollt oder nicht bedacht – jedenfalls nach dem Wortlaut des § 24c Abs. 3 KWG wäre es durchaus denkbar, die Durchführung von Rasterfahndungen mithilfe des Abrufs durch andere Stellen für zulässig zu halten. Darüber hinaus ist die Einschränkung der „besonderen Eilbedürftigkeit", die ein Abruf gemäß § 24c Abs. 2 voraussetzt, in Absatz 3 nicht zu finden.

3) Datenschutz und Datensicherheit

Die Absätze 4, 5 und 6 enthalten detaillierte Vorgaben zur Sicherstellung des Datenschutzes und der Datensicherheit.

Über jede Abfrage hat die Bundesanstalt für Finanzdienstleistungsaufsicht ein Protokoll anzulegen, welches den Zeitpunkt des Abrufs, die beim Abruf verwendeten sowie die abgerufenen Daten, die den Abruf tätigende Person, das Aktenzeichen, ggf. die ersuchende Stelle und deren Aktenzeichen, enthalten muss. Über einen Zeitraum von mindestens 18 Monaten und höchstens zwei Jahren sind diese Protokolldaten aufzubewahren. Die Protokolldaten dürfen

---

217 „... 2. kraft Gesetzes oder im öffentlichen Auftrag mit der Überwachung von Instituten, Investmentgesellschaften, Finanzunternehmen, Versicherungsunternehmen, der Finanzmärkte oder des Zahlungsverkehrs betraute Stellen sowie von diesen beauftragte Personen."

218 Vgl. Regierungsbegründung 4. FMFG, BT-Drs. 14/8017, S. 124.

219 *Stein* in: *Boos/Fischer/Schulte-Mattler*, Kreditwesengesetz, § 24c KWG Rn. 10.

gemäß § 24 Abs. 4 S. 2 KWG ausschließlich für die Zwecke der Datenschutzkontrolle verwendet werden.[220]

Die Kreditinstitute und die Bundesanstalt für Finanzdienstleistungsaufsicht haben Maßnahmen zur Sicherstellung des Datenschutzes zu treffen, die sich auf dem neuesten Stand der Technik befinden sollen. Was hierbei als „neuester Stand" der Technik zu verstehen sein soll, stellt die Bundesanstalt für Finanzdienstleistungsaufsicht im Einvernehmen mit dem Bundesamt für Sicherheit und Informationstechnik fest.

III) Verfassungsmäßigkeit des § 24c KWG

Die Befugnisse der Bankenaufsicht und entsprechend auch der Ermittlungsbehörden wurden durch die Neufassung erheblich erweitert. Bereits im Gesetzgebungsverfahren hatte der Bundesrat erhebliche Bedenken gegen den von der Bundesregierung befürworteten automatisierten Abruf von Kontoinformationen geäußert. Die Zusammenführung von Informationen über etwa 400 Millionen Bankkonten auf einer einheitlichen Plattform, auf die eine Aufsichtsbehörde ohne Beschränkung auf bestimmte schwere Straftaten als tatbestandliche Voraussetzung unmittelbaren Zugriff hat, stelle einen wesentlichen Eingriff in die Rechtspositionen unbescholtener Bürger dar.[221] Entsprechend dem Recht auf informationelle Selbstbestimmung solle jeder Bürger wissen können, wer was, wann und bei welcher Gelegenheit über ihn in Erfahrung bringt. Der anonyme Kontenabruf stelle somit einen Eingriff in das Recht auf informationelle Selbstbestimmung dar.

Als weiterer Aspekt ist der erhebliche finanzielle Aufwand der Kreditinstitute zu berücksichtigen, welcher sowohl durch die Einrichtung als auch durch den Unterhalt der zu führenden Datensysteme entsteht. Dieser sei jedoch – so Innenminister *Schily* – „ein notwendiger Aufwand [...], der sich in Zukunft für die Kreditwirtschaft auszahlen wird"[222]. Darüber hinaus könne er „keine Überregulierung und keinen Verstoß gegen das Prinzip der Verhältnismäßigkeit feststellen"[223]. Dies soll im Folgenden überprüft werden.

---

[220] Vgl. *Kokemoor*, Der Automatisierte Abruf von Kontoinformationen nach § 24c KWG, BKR 2004, 135, 143.
[221] BT-Drs. 14/8958, S. 1.
[222] *Schily*, Gesetze gegen die Geldwäsche und gegen die Finanzierung des Terrorismus, WM 2003, 1249, 1252.
[223] *Schily*, Gesetze gegen die Geldwäsche und gegen die Finanzierung des Terrorismus, WM 2003, 1249, 1253.

1) Verletzung des Rechts auf informationelle Selbstbestimmung

Der Datenabruf umfasst Daten in dem äußerst sensiblen Bereich der Vertrauensbeziehung zwischen Bank und Kunden. Zu Recht weist *Zubrod* daher auf die hohe Eingriffsintensität der Abrufmöglichkeit nach § 24c KWG hin.[224] Die Abrufe stehen weiterhin nicht auf einer Ebene mit „gewöhnlichen" Ermittlungsmöglichkeiten, die bis dahin für das Ermittlungsverfahren zur Verfügung standen. Dies ist insbesondere insofern der Fall, als der Zugriff heimlich erfolgt und der Beschuldigte somit keinen Gebrauch von den ihm im Ermittlungsverfahren zustehenden Rechtsbehelfen machen kann.[225]

Im Gegensatz dazu hält *Kokemoor* den Grundrechtseingriff für gering.[226] Dies begründet er damit, dass die Strafverfolgungsbehörden nur Zugriff auf die sog. Kontostammdaten erhielten, mit denen sie feststellen können, ob der Beschuldigte bei einem bestimmten Institut ein Konto unterhält. Allein diese Begründung geht jedoch schon fehl – es wird gerade nicht nur festgestellt, *ob* bei einem *bestimmten* Institut *ein Konto* geführt wird. Vielmehr kann durch eine einfache Abfrage – und dies innerhalb von wenigen Sekunden – deutschlandweit festgestellt werden, *bei welchen* Instituten der Beschuldigte *Konten* hat. Da die Daten noch genau drei Jahre nach Auflösung eines Kontos gespeichert bleiben müssen, kann bereits aus den abgerufenen Kontostammdaten ein recht konkretes Bild über mögliche Kapitalströme hergestellt werden. Grund für die Auflösung eines Kontos kann unter anderem das Räumen der Geldbeträge sein, um diese jenseits der Grenzen neu anzulegen. Weitere Nachforschungen bei den Kreditinstituten zur Höhe der ehemaligen Bestände und Erträge, die anschließend von Seiten der Finanzbehörden unternommen werden können, werden erst durch die Kontenabfrage ermöglicht. Entgegen *Kokemoor*[227] ist der Eingriff durchaus als so schwerwiegend anzusehen, dass ein Richtervorbehalt geboten gewesen wäre.

Kritisch zu betrachten ist weiterhin, dass dem Betroffenen nicht einmal eine ex-post-Kontrolle des Kontenabrufs möglich ist. Nach dem Gebot effektiven Rechtsschutzes gegen hoheitliche Maßnahmen (Art. 19 Abs. 4 GG) muss sich der

---

[224] *Zubrod*, Automatisierter Abruf von Kontoinformationen nach § 24c KWG, WM 2003, 1210, 1215.

[225] Kritisch zum unbemerkten Zugriff ohne richterliche Anordnung und ohne Begründung bereits zu § 90 TKG: *Etling-Ernst*, TKG-Kommentar, § 90 TKG Rn. 3f..

[226] *Kokemoor*, Der Automatisierte Abruf von Kontoinformationen nach § 24c KWG, BKR 2004, 135, 144.

[227] *Kokemoor*, Der Automatisierte Abruf von Kontoinformationen nach § 24c KWG, BKR 2004, 135, 144.

Bürger gegen rechtswidrige Eingriffe der Exekutive wirksam wehren können.[228] Dies setzt freilich voraus, dass der Bürger Kenntnis von der ihn betreffenden Maßnahme erlangt. Zwar hat der Betroffene gemäß § 19 BDSG einen Auskunftsanspruch über die Speicherung und Weitergabe seiner Daten. Da er jedoch vom Kontenabruf keine Kenntnis erlangt, ist auch dieser Auskunftsanspruch im Ergebnis wertlos. An sich besteht zwar gemäß § 19a Abs. 1 BDSG eine Benachrichtigungspflicht für den Fall einer Datenübermittlung, mit der der Betroffene nicht rechnen musste. Jedoch ist eine Benachrichtigung ausnahmsweise dann nicht erforderlich, wenn die Speicherung oder Übermittlung gesetzlich ausdrücklich vorgesehen ist, vgl. § 19a Abs. 2 Nr. 3 BDSG. Dies ist hier wegen § 24c Abs. 3 S. 2 KWG der Fall, so dass der Betroffene nicht über die Datenübermittlung informiert werden muss.

Wie bereits dargestellt[229] muss der Datenabruf immerhin protokolliert werden, jedoch erlangt der Betroffene auch nachträglich keine Kenntnis vom Datenabruf nach § 24c KWG.[230] Die Möglichkeit eines effektiven Rechtsschutzes ist daher nicht gewahrt. Besonders zweifelhaft erscheint es folglich im Hinblick auf den verfassungsrechtlich garantierten Schutz persönlicher Daten, dass in § 24c KWG keine ausdrückliche Regelung zur Überprüfung des automatischen Kontoabrufs der Bundesanstalt für Finanzdienstleistungsaufsicht durch eine neutrale, unabhängige Stelle aufgenommen wurde.[231] Der Datenabruf ist somit keinen datenschutzrechtlichen und wegen des fehlenden Richtervorbehaltes auch keinen strafprozessualen Kontrollmechanismen unterworfen. Folglich ist er wegen Verstoßes gegen das Recht auf informationelle Selbstbestimmung aus Art. 2 Abs. 1 i.V.m. Art. 1 Abs. 1 GG und wegen Verstoßes gegen das Gebot effektiven Rechtsschutzes gegen hoheitliche Maßnahmen gemäß Art. 19 Abs. 4 GG als verfassungswidrig einzustufen.

Darüber hinaus ist die Verhältnismäßigkeit der Regelung zweifelhaft. Die Daten aller Kontoinhaber müssen von den Bankinstituten in einer Datenbank vorgehalten werden und stehen somit zu einem jederzeitigen Abruf zur Verfügung. Diesem Abruf ist (wie dargestellt) weder eine neutrale Kontrollinstanz

---

[228] Vgl. *Hofmann* in: *Schmidt-Bleibtreu/Klein*, Kommentar zum Grundgesetz, Art. 19 GG Rn. 29ff.; *Krebs* in: *Münch/Kunig*, Grundgesetz-Kommentar, Band 1, Art. 19 GG Rn. 47ff.; *Schulze-Fielitz* in: *Dreier*, Grundgesetz-Kommentar, Band 1, Art. 19 IV GG Rn. 35ff.; *Pieroth/Schlink*, Grundrechte – Staatsrecht II, Rn. 1006ff..

[229] Siehe oben C)II)3) Datenschutz und Datensicherheit, S. 63.

[230] Vgl. nun aber die in der Ergänzung zum AEAO, BMF-Schreiben vom 10.3.2005, IV A 4 – S 0062 – 1/05, Nr. 2.7, 2.6 und 2.9 vorgesehene Information des Betroffenen sowie die Möglichkeit zur Überprüfung der Rechtmäßigkeit durch das Finanzgericht, siehe hierzu unten D)III) AEAO zur Abgabenordnung durch das BMF-Schreiben vom 10.03.2005, S. 73.

[231] So auch *Stein* in: *Boos/Fischer/Schulte-Mattler*, Kreditwesengesetz, § 24c KWG Rn. 12.

vorgeschaltet, noch ist er auf bestimmte besonders schwere Straftaten beschränkt. Im Zusammenhang mit der Einführung des § 24c KWG wurden in § 25a Abs. 1 Nr. 4 KWG bereits erweiterte Pflichten der Kreditinstitute zur Überwachung der Aktivitäten ihrer Kunden formuliert. Danach ist den Kreditinstitute auferlegt, adäquate interne Sicherungssysteme gegen Geldwäsche und Finanzbetrug zu schaffen, um Geschäftsbeziehungen nach Risikogruppen oder Auffälligkeit überprüfen zu können.[232] Wenn die Institute nach dieser Vorschrift schon die Verpflichtung haben, eine entsprechende „Rasterung" vorzunehmen, dann kann eine zusätzliche Erfassung und Abrufmöglichkeit *aller* Konten weder für den aufsichtlichen Aufgabenbereich der Bundesanstalt für Finanzdienstleistungsaufsicht noch für die Bekämpfung von Geldwäsche und Terrorismus als erforderlich und angemessen angesehen werden. Dies hat umso mehr zu gelten, als durch § 24c KWG eine Abfragemöglichkeit geschaffen wurde, die nicht an bestimmte besonders schwere Straftaten anknüpft. Wäre die Abfrage gemäß § 24c KWG tatsächlich auf solche Delikte beschränkt, die mit Geldwäsche und Terrorismus in Zusammenhang stehen, wäre die Abfragemöglichkeit wohl noch als angemessene Maßnahme anzusehen gewesen. Die in § 24c KWG bereits angelegte Ausweitung der Abfragemöglichkeit auf weitere rechtliche Bereiche[233] – die ihre Fortsetzung in § 93 Abs. 7 und 8 AO gefunden hat[234] – ist hingegen nicht mehr verhältnismäßig und daher als verfassungswidrig anzusehen.

2) Überwälzung der Kosten auf die Kreditwirtschaft

Die Verpflichtung zur Einrichtung und Vorhaltung der entsprechenden Dateien auf Kosten der Kreditinstitute stellt eine erhebliche finanzielle Belastung für die betroffenen Institute dar. Eine solche „Indienstnahme Privater" ist vorrangig anhand von Art. 12 Abs. 1 GG zu beurteilen.[235] Dieses Grundrecht können die Kreditinstitute als juristische Personen gemäß Art. 19 Abs. 3 GG für sich in Anspruch nehmen, da es dem Wesen nach auf sie anwendbar ist.[236]

---

[232] Vgl. *Braun* in: *Boos/Fischer/Schulte-Mattler*, Kreditwesengesetz, § 25a KWG Rn. 161ff.; *Escher*, Bankenaufsichtsrechtliche Änderungen im KWG, BKR 2002, 652, 660ff.; *Höche*, Bekämpfung von Geldwäsche und Terrorfinanzierung, S. 54ff..

[233] Vgl. nur § 5 Abs. 3 GwG, wonach auch das Bundeskriminalamt die Bundesanstalt für Finanzdienstleistungsaufsicht um Auskünfte aus der Datei nach § 24c KWG ersuchen kann.

[234] Siehe hierzu unten D) Gesetz zur Förderung der Steuerehrlichkeit – §§ 93 Abs. 7 und 8, 93b AO, S. 70.

[235] BVerfGE 22, 380, 383; 30, 292, 312. Vgl. zur Indienstnahme Privater auch *Scholz*, Zur Kostenerstattungspflicht des Staates für gesetzliche Maßnahmen der Telefonüberwachung, Archiv PT, 175ff..

[236] Vgl. hierzu *Krebs* in: *Münch/Kunig*, Grundgesetz-Kommentar, Band 1, Art. 19 GG Rn. 30ff; *Hofmann* in: *Schmidt-Bleibtreu/Klein*, Kommentar zum Grundgesetz, Art. 19 GG Rn. 19ff.; *Dreier* in: *Schmidt-Bleibtreu/Klein*, Kommentar zum Grundgesetz, Art. 19 III GG Rn. 30ff..

§ 24c KWG greift in die Berufsausübungsfreiheit der Kreditinstitute ein, indem er ihnen aufgibt, Dateien mit den Kontostammdaten aller Kunden auf eigene Kosten einzurichten und zu unterhalten. Ein Eingriff in die Berufsausübungsfreiheit ist nach der Rechtsprechung des BVerfG dann gerechtfertigt, wenn er aufgrund vernünftiger Erwägungen des Gemeinwohls zweckmäßig erscheint und zumutbar ist.[237]

§ 24c KWG soll entsprechend der Regierungsbegründung die Aufsicht durch die Bundesanstalt für Finanzdienstleistungsaufsicht im Bereich der Bekämpfung der Geldwäsche und des grauen Kapitalmarktes – also des unreglementierten Kapitalmarktes, der keiner staatlichen Aufsicht unterliegt[238] – effektiver machen.[239] Abgesehen von den oben aufgeführten Bedenken hinsichtlich einer Verletzung des Rechts auf informationelle Selbstbestimmung erscheint die Verpflichtung der Kreditinstitute zur Errichtung der Dateien somit aufgrund vernünftiger Erwägungen des Gemeinwohls zweckmäßig. Aus technischen Gründen können nur die Kreditinstitute selbst entsprechende Dateien einrichten. Die Verpflichtung zur Einrichtung und Pflege der Dateien durch die Kreditinstitute an sich widerspricht auch nicht dem Übermaßverbot.

Fraglich ist jedoch, ob der verfolgte Zweck der Vorschrift auch die in § 24c Abs. 5 KWG geregelte Kostentragungspflicht der Kreditinstitute rechtfertigen kann. Die Überwälzung der Kosten des Abrufverfahrens auf die Kreditwirtschaft wurde von der Bundesregierung damit begründet, dass § 24c KWG vor allen Dingen institutsaufsichtsrechtliche Zwecke verfolge.[240] Zweifelhaft ist jedoch, ob dies der tatsächliche Zweck des Gesetzes ist. Nach der Begründung des Regierungsentwurfes soll die Bundesanstalt für Finanzdienstleistungsaufsicht in die Lage versetzt werden, das illegale Schattenbankwesen besser zu bekämpfen sowie Transaktionen im Zahlungsverkehr, die der Logistik des Terrorismus dienen und damit Verbindungen zur Geldwäsche ausweisen, besser zu erkennen.[241] Im Ergebnis hat der Gesetzgeber jedoch eine Abfragemöglichkeit für sämtliche Strafverfolgungsorgane durch Zugriff auf die Daten aller legitimationsgeprüften Konten ermöglicht.[242] Der tatsächliche Gesetzeszweck dürfte folglich wohl eher die Erleichterung der Ermittlung aller Straftaten sein – unabhängig von einem Zusammenhang mit terroristischen Aktivitäten.

---

[237] BVerfGE 7, 377.
[238] Vgl. die Definition im FAZ Börsenlexikon, http://boersenlexikon.faz.net/grauerka.htm.
[239] Vgl. Regierungsbegründung 4. FMFG, BT-Drs. 14/8017, S. 122f. und 184.
[240] Vgl. Regierungsbegründung 4. FMFG, BT-Drs. 14/8017, S. 184.
[241] Vgl. Regierungsbegründung 4. FMFG, BT-Drs. 14/8017, S. 122f..
[242] *Kokemoor*, Der Automatisierte Abruf von Kontoinformationen nach § 24c KWG, BKR 2004, 135, 136, stellt lapidar fest „Das Abrufverfahren ist ferner u.a. auch für die (Steuer-)Strafverfolgungsbehörden durch Abfragen auf Ersuchen nutzbar."

Dieses Fazit wird unterstrichen durch das Schreiben des BMF an den Zentralen Kreditausschuss beim Bundesverband deutscher Banken e.V. vom 16. Dezember 2002[243]. Darin heißt es unter anderem: „Abrufe können dabei nicht nur für bankenaufsichtliche Zwecke, sondern auf Ersuchen der Ermittlungsbehörden und der für die Einfrierung von Vermögensgegenständen zuständigen Behörden auch zu sonstigen, mithin aufsichtsfremden Zwecken erfolgen. In diesem Zusammenhang ist zu berücksichtigen, dass grundsätzlich jedes Konto und Depot aus ermittlungstechnischen Gründen und zur Sicherstellung des Strafzwecks, der sich auch in der Einziehung von Guthaben auf Konten und Depots manifestiert, für die abfragenden Ermittlungsbehörden von Interesse sein kann. Ein Geldwäschebezug, ein Bezug zur Finanzierung des Terrorismus oder ein sonstiger aufsichtlicher Bezug muss deshalb bei einem Kontoabruf nicht bestehen."

Die außeraufsichtlichen Zwecke der Norm wurden durch die im Gesetzgebungsverfahren eingefügte Nr. 3 des § 24c Abs. 3 S. 1 KWG ausgeweitet. Hinzu kommt die sich auf die Steuerstrafvollstreckung beziehende Nr. 2 der Vorschrift in § 24c Abs. 3 S. 1 KWG.[244] Darüber hinaus wurden auch die Befugnisse des Bundeskriminalamtes auf entsprechende Kontenabrufe ausgedehnt. Gemäß § 5 Abs. 3 GwG kann das Bundeskriminalamt „die Bundesanstalt für Finanzdienstleistungsaufsicht um Auskünfte nach § 24c Abs. 3 S. 1 Nr. 2 KWG des Gesetzes über das Kreditwesen ersuchen, soweit dies zur Erfüllung seiner Aufgaben nach den Absätzen 1 und 2 erforderlich ist". Es wird durch die Regelung also tatsächlich ein viel weitergehender Zweck verfolgt als in der Gesetzesbegründung angegeben.

Nach der Rechtsprechung des BVerfG kann eine Gruppe nur dann zu einer Sonderabgabe herangezogen werden, wenn eine spezifische Sachnähe zwischen dem Kreis der Kostentragungspflichtigen und dem mit der Norm verfolgten Zweck besteht. Die belastete Gruppe muss dem verfolgten Zweck evident näher stehen, als jede andere Gruppe oder die Allgemeinheit der Steuerzahler.[245] Eine solche Nähe kann – insbesondere vor dem Hintergrund der dargestellten Erweiterung des Gesetzeszwecks – für die Kreditinstitute nicht angenommen werden. Dies hat zur Folge, dass die vollständige Überwälzung der Kosten des Abrufverfahrens auf die Kreditwirtschaft als nicht verhältnismäßig anzusehen ist. Die Kostentragungspflicht des § 24c Abs. 5 KWG stellt somit einen übermäßigen Eingriff in die Berufsausübungsfreiheit der Kreditinstitute dar und verstößt daher gegen Art. 12 Abs. 1 GG. Ebenso verstößt die Regelung gegen Art. 14 GG, da die

[243] BMF-Schreiben vom 16.12.2002, VII B 7 – WK 5023 – 1166/02, http://www.voeb.de/content_frame/downloads/M650-02.pdf.
[244] Siehe oben C)I) Gesetzgebungsverfahren, S. 59.
[245] BVerfGE 55, 274.

Grenzen der Sozialbindung des Eigentums durch die Überwälzung der Kostenlast überschritten werden,[246] und im Übrigen gegen Art. 3 Abs. 1 GG.

IV) Ergebnis

Sowohl den Bankinstituten als auch den Bankkunden werden durch § 24c KWG weitgehende Belastungen bzw. Eingriffe in ihre Rechte zugemutet. Die tatsächlichen Beweggründe, die zur Verabschiedung der Regelung geführt haben, können die Kostenverteilung zulasten der Kreditinstitute – wie gezeigt – nicht rechtfertigen. Weiterhin ist die Erfassung aller Kontoinhaber ohne Differenzierung oder Beschränkung in den bereitzustellenden Datenbanken als Maßnahme anzusehen, die den Grundsätzen des Verhältnismäßigkeitsprinzips widerspricht. Die Abrufmöglichkeit der Behörden ohne adäquate Kontrollinstrumente verstößt gegen das Recht auf informationelle Selbstbestimmung. Insbesondere die fehlende Rechtsschutzmöglichkeit für den Betroffenen führt zur Verfassungswidrigkeit des § 24c KWG.

D) Gesetz zur Förderung der Steuerehrlichkeit – §§ 93 Abs. 7 und 8, 93b AO

Das Gesetz zur Förderung der Steuerehrlichkeit[247] umfasst zwei Teile. In Art. 1 findet sich das „Gesetz über die strafbefreiende Erklärung – StraBEG". Dieses ist am 30.12.2003 in Kraft getreten. Art. 2 und 3 beinhalten Änderungen der Abgabenordnung und des Finanzverwaltungsgesetzes.

Mit dem Gesetz zur Förderung der Steuerehrlichkeit sollte die von der Bundesregierung angekündigte Rückkehrmöglichkeit reuiger Steuersünder in die Steuerehrlichkeit umgesetzt werden. Gemäß § 1 StraBEG mussten 2004 bei Abgabe einer strafbefreienden Erklärung 25 Prozent Steuern auf die hinterzogenen Einnahmen gezahlt werden. Von Januar bis zum 31. März 2005 wurden 35 Prozent fällig. Je nach Steuerart wurden dabei zusätzliche Abschläge gewährt. Diese Steueramnestie wurde zu Recht kritisiert, da sie Steuerunehrlichkeit für die Vergangenheit belohne und für die Zukunft popularisiere.[248] Im Ergebnis hat die Steueramnestie Bund, Ländern und Kommunen etwa 1,5 Milliarden Euro eingebracht[249] und damit die ursprünglich erwartete Summe von 5 Milliarden Euro[250] bei weitem verfehlt.

---

[246] Vgl. zur unzulässigen Sozialbindung durch entschädigungsfreie Inanspruchnahme Privater auch *Papier* in: *Maunz/Dürig/Herzog*, Grundgesetz-Kommentar, Art. 14 GG, Rn. 343ff..

[247] BGBl. I 2003, 2928ff..

[248] So *Salditt*, Der Bürger zwischen Zuckerbrot und Peitsche, Stbg 2003, 557, 560.

[249] Handelsblatt vom 01.04.2005, S. 4.

[250] BT-Drs. 15/1309, S. 2.

Weiterhin sollte das Gesetz zur Erreichung des beabsichtigten Zieles die Finanzbehörden in die Lage versetzen, unzureichende Angaben der Steuerpflichtigen künftig besser überprüfen zu können. Neben den Anreiz der Straffreiheit für vergangene Steuerhinterziehungen sollten daher ab 01.04.2005 weitreichende Kontrollmöglichkeiten der Finanzbehörden treten. Die Aussicht auf ein erhöhtes Entdeckungsrisikos sollte den Steuerzahler auch zukünftig zu steuerehrlichem Verhalten bewegen. Nach dem Regierungsentwurf sollte „durch verbesserte Überprüfungsmöglichkeiten der Finanzverwaltung die Durchsetzung des steuerlichen Normprogramms weiter verbessert werden. Das damit verbundene erhöhte Entdeckungsrisiko bei Steuerhinterziehungen soll zu einem höheren Grad von Steuerehrlichkeit führen, zumal zugleich die Möglichkeit geschaffen wird, zu attraktiven Bedingungen für die Vergangenheit steuerehrlich zu werden".[251] Kernpunkt der erweiterten Kontrollmöglichkeiten der Finanzbehörden ist deren Ermächtigung zum Kontenabrufverfahren.

I) Der Kontenabruf gemäß § 93 Abs. 7 AO

In § 93 Abs. 7 AO wird für die Finanzbehörden mit Wirkung zum 01.04.2005 die Möglichkeit geschaffen, über das Bundesamt für Finanzen bei den Kreditinstituten Daten nach § 24c KWG abzurufen. Nach Meinung von *Tipke* spricht aus den Abs. 7 und 8 der Geist übertriebenen, einer Massenverwaltung nicht gerecht werdenden Datenschutzes.[252]

Der Abruf einzelner Daten ist für die Finanzbehörde über das Bundesamt für Finanzen dann zulässig, wenn dies zur Festsetzung oder Erhebung von Steuern erforderlich ist, und ein Auskunftsersuchen an den Steuerpflichtigen nicht zum Ziel geführt hat oder von vornherein keinen Erfolg verspricht. Ermittlungen ohne konkreten Anlass sollen damit ausgeschlossen werden, der Betroffene soll also grundsätzlich zuerst befragt werden. Nur wenn die Finanzbehörde Anlass für weitergehende Ermittlungen sieht, und das Auskunftsersuchen an den Steuerpflichtigen nicht erfolgreich war oder keinen Erfolg verspricht, kann sie einzelfallbezogen feststellen lassen, bei welchem Kreditinstitut ein Steuerpflichtiger ein Konto oder ein Depot hat. Die Abfrage von Kontoständen und -bewegungen bleibt vom automatisierten Verfahren ausgeschlossen, da diese in der Datei nach § 24c Abs. 1 KWG nicht bereit gehalten werden müssen.[253] Jedoch können Kontostände und -bewegungen nach den bisherigen Vorschriften abgefragt werden.

---

[251] BT-Drs. 15/1309, S. 7.

[252] Vgl. *Tipke* in: *Tipke/Kruse*, Abgabenordnung, § 93 AO Rn. 35.

[253] *Schuster* in: *Hübschmann/Hepp/Spitaler*, Abgabenordnung, § 93 AO Rn. 103.

Die verfahrensrechtlichen Regelungen des Abrufes nach § 93 Abs. 7 und 8 AO finden sich in § 93b AO. Nach Absatz 1 der Vorschrift haben die Kreditinstitute die nach § 24c Abs. 1 KWG zu führende Datei auch für Abrufe nach § 93 Abs. 7 und 8 AO zu führen. Auf Ersuchen der für die Besteuerung zuständigen Finanzbehörden darf das Bundesamt für Finanzen gemäß § 93b Abs. 2 AO einzelne Daten aus den Dateien abrufen und diese an die ersuchende Finanzbehörde übermitteln. Dabei trägt die Finanzbehörde die Verantwortung für die Zulässigkeit des Datenabrufs und der anschließenden Datenübermittlung (vgl. Abs. 3). Das Bundesamt für Finanzen leistet somit als Zentralstelle lediglich technische Hilfe, ohne die Zulässigkeit des Ersuchens zu prüfen.

II) Der Kontenabruf für andere Behörden oder Gerichte gemäß § 93 Abs. 8 AO

Über § 93 Abs. 8 AO wird die Finanzverwaltung zum Datenabruf für Amtshilfezwecke ermächtigt. Durch den Kontenabruf soll anderen Behörden ein wirksames Instrument für einen gleichmäßigen Vollzug von Abgaben- und Sozialleistungsgesetzen zur Seite gestellt werden. Da staatliche Transferleistungen häufig an die Bedürftigkeit des Antragstellers anknüpfen, kommt es häufig zu unwahren Erklärungen, denen der Gesetzgeber begegnen müsse.[254] Regelmäßig orientiert sich die Ermittlung der Bemessungsgrenzen an den ohnehin zu erfüllenden steuerlichen Pflichten, indem Begriffe des Einkommensteuerrechts übernommen werden.

Ein Abruf ist daher für eine andere Behörde dann möglich, wenn ein anderes Gesetz (als das EStG) an Begriffe des Einkommensgesetzes (z.B. „Einkünfte", „Einkommen" oder „zu versteuerndes Einkommen") anknüpft.[255] Abschließend aufgezählt sind die abrufberechtigten Behörden in dieser Vorschrift allerdings nicht. Auf Ersuchen der für die Anwendung dieses Gesetzes zuständigen Behörde soll die Finanzbehörde bei den Kreditinstituten über das Bundesamt für Finanzen einzelne Daten aus den nach § 93b Abs. 1 i.V.m. § 24c Abs. 1 KWG zu führenden Datei abrufen und der ersuchenden Behörde mitteilen. Erstaunlicherweise setzt die Regelung nur voraus, dass die Behörde für die Anwendung des Gesetzes zuständig ist. Die Anwendung des Gesetzes im konkreten Fall des Auskunftsersuchens – insbesondere der an das Einkommensteuergesetz anknüpfenden Normen – wird nach dem Wortlaut des § 93 Abs. 8 AO nicht zur Bedingung gemacht. Die diesbezügliche Absicht des Gesetzgebers wird man in den Wortlaut der Vorschrift hineininterpretieren müssen.

---

[254] So *Sell*, Der Zugriff der Finanzverwaltung auf Kontenstammdaten, DStR 2005, 717, 719.
[255] *Schuster* in: *Hübschmann/Hepp/Spitaler*, Abgabenordnung, § 93 AO Rn. 111.

Die zweite Alternative des § 93 Abs. 8 AO bezieht sich auf Auskunftsersuchen von Gerichten. Die eben genannte Ungenauigkeit der Regelung setzt sich an dieser Stelle sogar noch verstärkt fort, als der Wortlaut der Vorschrift für die Gerichte noch nicht einmal mehr die Zuständigkeit zur Anwendung des Gesetzes voraussetzt. Die Geltung dieser Einschränkung wird der Gesetzgeber aber vermutlich auch für die Gerichte gewollt haben. Eine gesetzgeberische Klarstellung ist hier sicherlich wünschenswert.

Voraussetzung für ein Ersuchen gemäß § 93 Abs. 8 AO ist die Versicherung der ersuchenden Behörde oder des ersuchenden Gerichts, dass eigene Ermittlungen nicht zum Ziele geführt haben oder keinen Erfolg versprechen. Diese Einschränkung soll das Ausschöpfen aller eigenen Ermittlungsmöglichkeiten gewährleisten, bevor ein Ersuchen zur Kontenabfrage gestellt wird.[256] Ob eine bloße Versicherung diesbezüglich ausreichen sollte, ist jedenfalls zweifelhaft, denn sie eröffnet den Behörden und Gerichte ohne Nachweise des eigenen Tätigwerdens den Kontenabruf über das Bundesamt für Finanzen.

Eine eigene Abrufberechtigung wurde den anderen Behörden oder Gerichten bewusst nicht eingeräumt, da dem Finanzamt die fraglichen Tatsachen im Einzelfall bereits aus anderem Anlass bekannt sein können. In diesem Fall bedürfe es – so die Gesetzesbegründung[257] – keiner weiteren Ermittlungen und insbesondere keiner Anfrage nach § 93 Abs. 8 AO.

III) AEAO zur Abgabenordnung durch das BMF-Schreiben vom 10.03.2005

Mit dem BMF-Schreiben vom 10.03.2005[258] ist der Anwendungserlass zur AO (im Folgenden: AEAO) um Anweisungen zu § 92 und § 93 ergänzt worden. Der Anwendungserlass dürfte vom BMF insbesondere im Hinblick auf die anstehende Entscheidung des BVerfG bzgl. eines Antrags auf eine einstweilige Anordnung herausgegeben worden sein.[259]

---

[256] BT-Drs. 15/1309, S. 12.
[257] BT-Drs. 15/1309, S. 13.
[258] Ergänzung zum AEAO, BMF-Schreiben vom 10.3.2005, IV A 4 – S 0062 – 1/05; vgl. hierzu auch *Hütt*, AEAO: Neuerungen – auch zum Kontenabruf, AO-StB 2005, 173.
[259] Vgl. hierzu unten D)IV) Die Entscheidung des BVerfG vom 22.03.2005, S. 78.

1) AEAO bzgl. § 93 Abs. 7 AO

In Bezug auf § 93 Abs. 7 AO enthält der AEAO zunächst eine Aufzählung der von der Finanzbehörde über das Bundesamt für Finanzen abrufbaren Daten.[260] Diese sind im einzelnen:

- Die Nummer eines Kontos, das der Verpflichtung zur Legitimationsprüfung im Sinne des § 154 Abs. 2 Satz 1 unterliegt, oder eines Depots,
- der Tag der Errichtung und der Tag der Auflösung des Kontos oder Depots,
- der Name, sowie bei natürlichen Personen der Tag der Geburt, des Inhabers und eines Verfügungsberechtigten sowie
- der Name und die Anschrift eines abweichend wirtschaftlich Berechtigten (§ 8 Geldwäschegesetz).

Hiermit wiederholt der AEAO die gemäß § 24c KWG von den Kreditinstituten in einer Datei vorzuhaltenden Daten. Ergänzend stellt der AEAO allerdings klar, dass Kontenbewegungen und Kontenstände auf diesem Weg nicht ermittelt werden.

Ein Kontenabruf nach § 93 Abs. 7 AO ist im gesamten Besteuerungsverfahren nach der AO, d.h. im Steuerfestsetzungs-, Rechtsbehelfs-, Erhebungs-, Haftungs- oder Vollstreckungsverfahren, zulässig. Für strafrechtliche Zwecke kann er nur nach § 24c KWG erfolgen.[261] Ein Kontenabruf nach § 93 Abs. 7 AO kann nur erfolgen, wenn dies zur Festsetzung oder Erhebung von Steuern erforderlich ist und ein Auskunftsersuchen nicht zum Ziel geführt hat oder keinen Erfolg verspricht.[262] Hiermit wiederholt der AEAO lediglich die gesetzlichen Voraussetzungen des § 93 Abs. 7 AO. Die Sachaufklärung hat dann nicht zum Ziel geführt, wenn sie durch das Finanzamt versucht wurde, aber nicht gelungen ist. Hierbei ist unerheblich, ob der Steuerpflichtige den Sachverhalt nicht aufklären konnte oder wollte.[263] Keinen Erfolg verspricht die Sachaufklärung durch den Steuerpflichtigen dann, wenn ein solcher entweder nach den Umständen des Einzelfalles oder nach den bisherigen Erfahrungen mit dem Steuerpflichtigen nicht erwartet werden kann.[264] Die Finanzbehörde entscheidet über das Vorliegen

[260] Ergänzung zum AEAO, BMF-Schreiben vom 10.3.2005, IV A 4 – S 0062 – 1/05, Nr. 2.1.
[261] Ergänzung zum AEAO, BMF-Schreiben vom 10.3.2005, IV A 4 – S 0062 – 1/05, Nr. 2.2.
[262] Ergänzung zum AEAO, BMF-Schreiben vom 10.3.2005, IV A 4 – S 0062 – 1/05, Nr. 2.3.
[263] Vgl. *Burchert*, Automatisierte Kontenabfrage durch die Finanzämter und andere Behörden ab 1.4.2005, LSW Gruppe 17 (4/2005), 57, 61.
[264] Ergänzung zum AEAO, BMF-Schreiben vom 10.3.2005, IV A 4 – S 0062 – 1/05, Nr. 1.4.

dieser Voraussetzungen im Einzelfall anhand einer Prognoseentscheidung nach pflichtgemäßem Ermessen.[265]

Daneben betont der AEAO, dass auch der Kontenabruf im Ermessen der Finanzbehörde stehe und bei der Ausübung des Ermessens – entsprechend § 5 Nr. 1 AEAO – die „Grundsätze der Gleichmäßigkeit der Besteuerung, der Verhältnismäßigkeit der Mittel, der Erforderlichkeit, der Zumutbarkeit, der Billigkeit und von Treu und Glauben sowie das Willkürverbot und das Übermaßverbot zu beachten" sind. Die Erforderlichkeit setzt dabei keinen begründeten Verdacht dafür voraus, dass steuerrechtliche Unregelmäßigkeiten vorliegen. Vielmehr genügt es, wenn „aufgrund konkreter Momente oder aufgrund allgemeiner Erfahrungen ein Kontenabruf angezeigt ist".[266] Dies eröffnet der Finanzbehörde letztlich einen recht weitreichenden Spielraum hinsichtlich ihrer Entscheidung, einen Kontenabruf durchzuführen. Da ein Kontenabruf aber nur anlassbezogen und zielgerichtet erfolgen kann und sich auf eine eindeutig bestimmte Person beziehen muss,[267] sind Rasterfahndungen ausgeschlossen.

Im BMF-Schreiben vom 10.03.2005 wird weiterhin die Subsidiarität der Kontenabfrage sowie die Information des Steuerpflichtigen festgeschrieben. So muss die Finanzbehörde zunächst dem Beteiligten Gelegenheit geben, Auskunft über seine Konten und Depots zu erteilen und ggf. entsprechende Unterlagen, z.B. Konten- oder Depotauszüge, Jahresbescheinigungen nach § 24c EStG, vorzulegen, es sei denn, der Ermittlungszweck würde dadurch gefährdet. Weiterhin soll der Steuerpflichtige bereits im Vorfeld darauf hingewiesen werden, dass die Finanzbehörde einen Kontenabruf durchführen lassen kann, wenn die Sachverhaltsaufklärung durch den Beteiligten nicht zum Ziel führt.[268]

Hat sich durch einen Kontenabruf herausgestellt, dass Konten und Depots vorhanden sind, die der Beteiligte auf Anfrage nicht angegeben hat, ist er über das Ergebnis des Kontenabrufs zu informieren. Hierbei ist der Beteiligte darauf hinzuweisen, dass die Finanzbehörde das betroffene Kreditinstitut nach § 93 Abs. 1 Satz 1 AO um Auskunft über Kontostand und Kontobewegungen ersuchen kann, wenn ihre Zweifel über die Auskünfte des Beteiligten nicht ausgeräumt werden.[269]

---

[265] Vgl. BFH, Urteil vom 22.02.2000, VII R 73/98, BStBl. II 2000, 366.
[266] Ergänzung zum AEAO, BMF-Schreiben vom 10.3.2005, IV A 4 – S 0062 – 1/05, Nr. 2.3; vgl. auch BFH, Urteil vom 17.03.1992, VII R 122/91, BFH/NV 1992, 791.
[267] Ergänzung zum AEAO, BMF-Schreiben vom 10.3.2005, IV A 4 – S 0062 – 1/05, Nr. 2.3.
[268] Ergänzung zum AEAO, BMF-Schreiben vom 10.3.2005, IV A 4 – S 0062 – 1/05, Nr. 2.6.
[269] Ergänzung zum AEAO, BMF-Schreiben vom 10.3.2005, IV A 4 – S 0062 – 1/05, Nr. 2.7.

Würde durch eine vorhergehende Information des Beteiligten der Ermittlungszweck gefährdet oder ergibt sich aus den Umständen des Einzelfalls, dass eine Aufklärung durch den Beteiligten selbst nicht zu erwarten ist, kann sich die Finanzbehörde nach § 93 Abs. 1 Satz 1 AO unmittelbar an die betreffenden Kreditinstitute wenden bzw. andere erforderliche Maßnahmen ergreifen. In diesen Fällen ist der Beteiligte nachträglich über die Durchführung des Kontenabrufs zu informieren.[270]

Aber auch wenn die Angaben des Beteiligten durch einen Kontoabruf bestätigt werden, ist der Beteiligte über die Durchführung des Kontenabrufs zu informieren, z. B. durch eine Erläuterung im Steuerbescheid: „Es wurde ein Kontenabruf nach § 93 Abs. 7 AO durchgeführt".[271]

Eine Überprüfung der Rechtmäßigkeit des Kontenabrufs ist im Einspruchsverfahren (und in einem gerichtlichen Verfahren) gegen einen die Ergebnisse des Kontenabrufs berücksichtigenden Verwaltungsakt möglich oder isoliert im Wege der Leistungs- oder (Fortsetzungs-)Feststellungsklage.[272]

2) AEAO bzgl. § 93 Abs. 8 AO

Bzgl. § 93 Abs. 8 AO konkretisiert der AEAO in seiner neuen Fassung, wann ein anderes Gesetz an Begriffe des EStG anknüpft und dementsprechend welche Behörden oder Gerichte zu einem Kontenabrufersuchen berechtigt sind. Herauszustellen ist hierbei, dass der AEAO auch die Abrufe der Gerichte von deren Zuständigkeit für das Gesetz, das an Begriffe des EStG anknüpft, abhängig macht.[273]

Demnach knüpft ein Gesetz dann an Begriffe des EStG an, wenn

„– dasselbe Wort verwendet wird (z.B. „Einkommen" oder „Einkünfte")
– der Inhalt des Wortes mit dem Begriff des EStG übereinstimmt und
– ausdrücklich auf Regelungen des EStG Bezug genommen wird."[274]

Konkret kommt nach dem AEAO ein Kontenabruf gemäß § 93 Abs. 8 AO in folgenden Fällen in Betracht:[275]

---

[270] Ergänzung zum AEAO, BMF-Schreiben vom 10.3.2005, IV A 4 – S 0062 – 1/05, Nr. 2.7.
[271] Ergänzung zum AEAO, BMF-Schreiben vom 10.3.2005, IV A 4 – S 0062 – 1/05, Nr. 2.8.
[272] Ergänzung zum AEAO, BMF-Schreiben vom 10.3.2005, IV A 4 – S 0062 – 1/05, Nr. 2.9.
[273] Vgl. die Unklarheit im Gesetzestext, siehe oben D)II) Der Kontenabruf für andere Behörden oder Gerichte gemäß § 93 Abs. 8 AO, S. 72.
[274] Ergänzung zum AEAO, BMF-Schreiben vom 10.3.2005, IV A 4 – S 0062 – 1/05, Nr. 3.1.
[275] Ergänzung zum AEAO, BMF-Schreiben vom 10.3.2005, IV A 4 – S 0062 – 1/05, Nr. 3.2.

- Sozialhilfe: Die Einkünfte aus Kapitalvermögen, die nach § 82 Abs. 1 SGB XII zu dem zu berücksichtigenden Einkommen gehören, bestimmen sich nach § 20 Abs. 1 bis 3 EStG.
- Sozialversicherung: Das Gesamteinkommen bzgl. der gesetzlichen Kranken-, Unfall- und Rentenversicherung ist gemäß § 16 SGB IV die Summe der Einkünfte im Sinne des Einkommensteuerrechts.
- Wohnraumförderung: Das maßgebende Jahreseinkommen basiert gemäß § 21 Wohnraumförderungsgesetz auf der Summe der positiven Einkünfte im Sinne des § 2 Abs. 1, 2 und 5a EStG.
- Wohngeld: Das maßgebende Jahreseinkommen basiert gemäß § 10 Wohngeldgesetz auf der Summe der positiven Einkünfte im Sinne des § 2 Abs. 1, 2 und 5a EStG.
- Ausbildungsförderung und Aufstiegsförderung: Das maßgebende Einkommen basiert gemäß § 21 BAföG bzw. gemäß § 17 Aufstiegsfortbildungsgesetz auf der Summe der positiven Einkünfte im Sinne des § 2 Abs. 1 und 2 EStG.
- Erziehungsgeld: Als Einkommen gilt gemäß § 6 Bundeserziehungsgeldgesetz die nicht um Verluste in einzelnen Einkommensarten zu vermindernde Summe der positiven Einkünfte im Sinne des § 2 Abs. 1 und 2 EStG.
- Unterhaltssicherung: Gemäß § 11 Unterhaltssicherungsgesetz sind die Leistungen um die einkommensteuerpflichtigen Einkünfte des Wehrpflichtigen zu kürzen, die er während des Wehrdienstes erhält.

Obwohl auch bei der Bemessung des Arbeitslosengeldes II das „Einkommen" des Antragstellers zu berücksichtigen ist, soll dieser Begriff – da er abweichend vom EStG definiert werde (§ 11 SGB II) – nicht an das EStG anknüpfen.[276] Teilweise wird eine Ausdehnung der Abrufmöglichkeit auf weitere Gesetze befürwortet. So knüpft § 2 Unterhaltsvorschussgesetz mit dem Begriff des Kindergeldes an §§ 65, 66 EStG an und eröffne daher nach Ansicht von *Kunkel* die Möglichkeit eines Kontenabrufs, auch wenn das Unterhaltsvorschussgesetz nicht im AEAO aufgeführt ist.[277] Weitere Abrufmöglichkeiten sieht er in Bezug auf das SGB VIII.[278] Dieser Auffassung *Kunkels* ist keinesfalls zuzustimmen, da bereits der AEAO einen Kontenabruf in anderen als den ausdrücklich aufgeführten Fällen für nicht zulässig erklärt.[279]

---

[276] Ergänzung zum AEAO, BMF-Schreiben vom 10.3.2005, IV A 4 – S 0062 – 1/05, Nr. 3.2.
[277] *Kunkel*, Kontenabfrage durch das Jugendamt?, JAmt 2005, 216.
[278] *Kunkel*, Kontenabfrage durch das Jugendamt?, JAmt 2005, 216, 217.
[279] Ergänzung zum AEAO, BMF-Schreiben vom 10.3.2005, IV A 4 – S 0062 – 1/05, Nr. 3.2.

Der Kontenabruf nach § 93 Abs. 8 AO verlangt weiterhin, dass er im Einzelfall zur Klärung des Sachverhaltes geeignet, erforderlich und verhältnismäßig ist. Die Erforderlichkeit setzt dabei keinen begründeten Verdacht voraus, dass Unregelmäßigkeiten vorliegen. Vielmehr soll es bereits genügen, wenn „aufgrund konkreter Momente oder aufgrund allgemeiner Erfahrungen ein Kontenabruf angezeigt ist." Ein Kontenabruf ist unter dem Gesichtspunkt der Subsidiarität der Kontenabfragemöglichkeit im Übrigen nicht erforderlich, wenn es zur Aufklärung des Sachverhaltes ein ebenso geeignetes, aber für den Betroffenen weniger belastendes Beweismittel gibt.[280]

3) Bewertung der Ergänzung des AEAO

Durch den AEAO konnten die handwerklichen Fehler der §§ 93 Abs. 7 und 8, 93b AO korrigiert werden. Er stellt sicher, dass die Finanzbehörde dem Betroffenen zunächst die Gelegenheit geben muss, Auskunft über Konten und Depots zu erteilen. Weiterhin soll er schon zu diesem Zeitpunkt auf die Möglichkeit des Kontenabrufs hingewiesen werden. Daneben wird die Information des Steuerpflichtigen über einen Kontenabruf im Rahmen des Steuerbescheides sichergestellt. Durch diese Einschränkungen bzw. diese zusätzlichen Voraussetzungen wurde der Kontenabruf gemäß §§ 93 Abs. 7 und 8, 93b AO weitgehend auf eine verfassungsgemäße Grundlage gebracht bzw. eine verfassungskonforme Auslegung der in Frage stehenden Normen anhand des AEAO ermöglicht. Zweifelhaft bleibt jedoch, ob der AEAO ausreichen kann, um die gesetzlichen Fehlleistungen auszugleichen. Schließlich handelt es sich beim AEAO lediglich um eine Verwaltungsvorschrift, die nur intern die Behörden und deren Beamten bindet. Außenwirkung entfaltet der AEAO hingegen nicht. Im Sinne der Rechtssicherheit für die Steuerpflichtigen ist daher eine entsprechende Änderung des Gesetzestextes nicht nur wünschenswert sondern erforderlich.

IV) Die Entscheidung des BVerfG vom 22.03.2005

In seiner Entscheidung[281] zum Antrag auf Aussetzung des In-Kraft-Tretens der durch Art. 2 des Gesetzes zur Förderung der Steuerehrlichkeit geänderten Vorschriften von § 93 Abs. 7 und 8, § 93b AO, § 5 Abs. 1 Nr. 24 Finanzverwaltungsgesetz und § 24c Abs. 1 Satz 1 KWG hatte das BVerfG die Folgen einer Nichtinkraftsetzung und später festgestellten Verfassungsmäßigkeit des Gesetzes abzuwägen gegen die Folgen einer Inkraftsetzung und später festgestellten Verfassungswidrigkeit der Regelung.[282] Dabei darf ein Gesetz nur dann vorläufig am Inkrafttreten gehindert werden, wenn die Nachteile, die mit seinem

[280] Ergänzung zum AEAO, BMF-Schreiben vom 10.3.2005, IV A 4 – S 0062 – 1/05, Nr. 3.3.
[281] BVerfG, 1 BvR 2357/04 vom 22.3.2005, NJW 2005, 1179.
[282] Vgl. BVerfGE 104, 51, 55; 105, 365, 370f..

Inkrafttreten nach späterer Feststellung seiner Verfassungswidrigkeit verbunden wären, in Ausmaß und Schwere die Nachteile deutlich überwiegen, die im Falle der vorläufigen Verhinderung eines sich als verfassungsgemäß erweisenden Gesetzes einträten.[283] Dabei kann im Zuge einer Folgenabwägung bedeutsam werden, ob in der Zeit bis zur Entscheidung über die Verfassungsbeschwerde im Rahmen des Gesetzes Vorkehrungen getroffen werden, die zu einer Abmilderung oder Beseitigung der von den Antragstellern geltend gemachten Nachteilen führen.[284]

Das BVerfG wertet die Gleichmäßigkeit der Erhebung von Steuern und Sozialversicherungsbeiträgen sowie die Verhinderung des Bezugs von Sozialleistungen bei Fehlen der gesetzlichen Voraussetzung als wichtige Gemeinwohlbelange. Wird bei der Abgabenerhebung die Gleichheit im Belastungserfolg verfehlt, kann dies sogar die Verfassungswidrigkeit der gesetzlichen Grundlage der Abgabenerhebung zur Folge haben.[285]

Die Erfassung der Grundlagen der Besteuerung wird durch Mitwirkung der Steuerpflichtigen erreicht, die gemäß § 90 Abs. 1 AO die für die Besteuerung erheblichen Tatsachen vollständig und wahrheitsgemäß offenzulegen haben. Eine Steuerbelastung, die jedoch nahezu allein auf der Erklärungsbereitschaft der Ehrlichkeit des einzelnen Beteiligten beruht, verfehlt das Ziel einer steuerlichen Lastengleichheit. Soweit die Finanzbehörde daher im Einzelfall Anlass dazu sieht, hat sie die Angaben des Beteiligten zu überprüfen (sog. Verifikationsgebot). Dies ist nach bisheriger Rechtslage jedoch schwierig, da eine Nachfrage bei allen Kreditinstituten einen unverhältnismäßigen Aufwand bedeute.[286] Diesem Mangel begegne die Neuregelung, durch die die Finanzbehörde zunächst in Erfahrung bringen könne, bei welchen Kreditinstituten der Steuerpflichtige Konten unterhält. Anschließend seien weitere Ermittlungen möglich. Bei Erlass einer einstweiligen Anordnung – so das BVerfG – entfiele diese Ermittlungsmöglichkeit mit der Folge des „Fortbestands von Vollzugsdefiziten im Steuer- und Sozialrecht."[287]

Im weiteren geht das BVerfG auf die negativen Auswirkungen für die Steuerpflichtigen ein. Diese Auswirkungen treten jedoch hinter den Nachteilen zurück, die beim Nicht-In-Kraft-Treten des Gesetzes für die Allgemeinheit zu erwarten

---

[283] Vgl. BVerfGE 104, 23, 27; 105, 51, 55.
[284] BVerfG NJW 2005, 1179f..
[285] Vgl. BVerfGE 84, 239, 268ff.; 110, 94, 112ff.. Zur Gleichmäßigkeit der Besteuerung als formalem Grundsatz und dessen tatsächliche Wirkung im Steuerrecht siehe aber auch oben A)III)2) Öffentliches Interesse, S. 51.
[286] BVerfG, NJW 2005, 1179, 1180.
[287] BVerfG, NJW 2005, 1179, 1180.

wären, „jedenfalls solange die im Anwendungserlass zur Abgabenordnung (AEAO) vom 10. März 2005 verfügten Einschränkungen der Kontenabfrage beim Gesetzvollzug beachtet werden.“[288] Das BVerfG geht im weiteren auf die Unzulänglichkeiten der gesetzlichen Regelung ein.[289] Letztlich hat es nur aufgrund der im AEAO vorgesehenen Korrektive davon Abstand genommen, den Kontenabruf im einstweiligen Rechtsschutz zu stoppen.

V) Verhältnis zu § 30a AO

Nach Ansicht des Bundestages widerspricht der Datenabruf nicht der Bestimmung des § 30a AO: „Der nach § 30a AO gebotene Schutz des Vertrauensverhältnisses zwischen den Kreditinstituten und deren Kunden bleibt unangetastet. § 30a AO lässt derartige Regelungen nach geltendem Recht bereits zu (vgl. § 30a Abs. 5 AO).“[290] Diese Meinung wird auch von *Schuster* mit der Argumentation unterstützt, dass § 30a Abs. 4 AO lediglich die Angabe von Konten- und Depotnummern in Vordrucken für Steuererklärungen untersage. Dem eindeutigen Wortlaut des § 30a Abs. 4 AO widerspreche ein Datenabruf nach § 93 Abs. 7 und 8 AO i.V.m. § 93b AO gerade nicht.[291] Dies ist im Grundsatz richtig. Jedoch muss man sich vor Augen führen, wie die Sache zu beurteilen wäre, wenn jeder Steuerpflichtige durch eine neu eingeführte Vorschrift der AO verpflichtet würde, alle Konten- und Depotnummern dem Finanzamt mitzuteilen, und zwar gerade auf einem anderen als dem Vordruck für Steuererklärungen. Dass eine solche Vorschrift nicht dem Wortlaut aber sehr wohl dem Sinn des § 30a Abs. 4 AO zuwider liefe, drängt sich auf. Folglich muss man auch hier zu dem Ergebnis kommen, dass die Regelungen des Datenabrufs nach § 93 Abs. 7 und 8 AO dem § 30a Abs. 4 AO widersprechen.

Zu diesem Ergebnis kommt auch *Tipke*.[292] Als Konsequenz aus diesem Widerspruch plädiert *Tipke* dann jedoch für eine Aufhebung des § 30a AO.[293] Eine solche Folge ist für Bankkunden und Steuerpflichtige keineswegs wünschenswert – der „Wissbegierigkeit des Fiskus“ würden dann noch weniger Grenzen gesetzt als ohnehin schon. Statt die Aufhebung des § 30a AO zu betreiben, der zumindest einen Kernbestand des Bankgeheimnisses garantiert,[294] muss an anderer Stelle angesetzt werden.

[288] BVerfG, NJW 2005, 1179, 1181.
[289] BVerfG, NJW 2005, 1179, 1181f..
[290] BT-Drs. 15/1309, S. 12.
[291] *Schuster* in: *Hübschmann/Hepp/Spitaler*, Abgabenordnung, § 93 AO Rn. 103.
[292] *Tipke* in: *Tipke/Kruse*, Abgabenordnung, § 93 AO Rn. 36.
[293] *Tipke* in: *Tipke/Kruse*, Abgabenordnung, § 93 AO Rn. 36.
[294] Vgl. oben B) Das Bankgeheimnis in Deutschland, S. 54.

Wie das BVerfG in der sog. Zins-Entscheidung[295] dargestellt hat, sind Kontrollmitteilungen ein probates Mittel, um dem Verifikationsgebot Rechnung zu tragen. Gleichzeitig hat es auf eine Abgeltungsteuer auf Einkünfte aus Kapitalerträgen in Form einer Quellensteuer als mögliche Alternative hingewiesen. Diese war bislang politisch nicht gewollt. Sie wäre aber in Bezug auf die Rechte des einzelnen ein milderes Mittel, um das Ziel der Gleichmäßigkeit der Besteuerung zu erreichen. Daher ist sie gegenüber der bisherigen Art der Besteuerung von Kapitalerträgen – und gleichzeitiger Anwendung des Kontenabrufverfahrens – unbedingt vorzugswürdig.

VI) Ergebnis

Nach Auffassung von *Baum* hat der Anwendungserlass zu §§ 92 und 93 AO durch den Beschluss des BVerfG eine herausragende Bestätigung erfahren.[296] Richtig ist, dass das BVerfG keine Erforderlichkeit zu einer einstweiligen Anordnung gesehen hat. Nach Ansicht des BVerfG hätten die Nachteile, die mit Inkrafttreten und nach späterer Feststellung der Verfassungswidrigkeit verbunden wären, in Ausmaß und Schwere nicht die Nachteile überwogen, die im Falle der vorläufigen Verhinderung des sich möglicherweise als verfassungsgemäß erweisenden Gesetzes einträten. Der Ausgang in der Hauptsache ist damit jedoch noch nicht vorweggenommen.

Auswirkungen sollte das in §§ 93 Abs. 7 und 8, 93b AO eingeführte Abrufverfahren im Übrigen auf die Kostenabwälzung auf die Kreditunternehmen haben.[297] Das Kontenabrufverfahren wird nunmehr zur Gleichmäßigkeit der Erhebung von Steuern und Sozialversicherungsbeiträgen eingesetzt. Die bei der Einführung des § 24c KWG zunächst beabsichtigten aufsichtlichen Zwecke zur Bekämpfung von Geldwäsche und Organisierten Kriminalität[298] wurden damit wiederum erweitert. Dies liegt weder im Interesse der Kreditinstitute noch im Interesse der Bankkunden, die womöglich durch Gebührenerhöhungen indirekt an den Kosten beteiligt werden.[299] Konsequenz hieraus muss sein, dass der Staat für die durch Einrichtung und Unterhaltung der Dateien entstehenden Kosten aufkommt.

---

[295] BVerfGE 84, 239.
[296] *Baum*, BMF erläutert das Kontenabrufverfahren, NWB Fach 2, 8731.
[297] Siehe hierzu oben C)III)2) Überwälzung der Kosten auf die Kreditwirtschaft, S. 67.
[298] Vgl. Regierungsbegründung 4. FMFG, BT-Drs. 14/8017, S. 122f, 184.
[299] Eine Gebührenerhöhung wegen des Kontenabrufverfahrens schließt *Wolfrum* (Bundesverband Deutscher Banken) nicht aus, vgl. Spiegel Online vom 23.04.2005, http://www.spiegel.de/wirtschaft/0,1518,353065,00.html.

Darüber hinaus wird das Gesetz zur Förderung der Steuerehrlichkeit seinem Anspruch und seiner Zielsetzung nicht gerecht. Dies ist nicht nur am geringen Erfolg der Steueramnestie abzulesen. Durch die Steueramnestie werden falsche Anreize geschaffen und Steuerunehrlichkeit im Ergebnis belohnt. Der pädagogische anmutende Versuch des Staates, mit Zuckerbrot und Peitsche für mehr Steuerehrlichkeit zu sorgen, ist in dieser Form nicht erfolgversprechend.

E) Ergebnis zum 2. Kapitel

Die Herstellung der Gleichmäßigkeit der Erhebung von Steuern und Sozialversicherungsbeiträgen sowie der Verhinderung des Missbrauchs von Sozialversicherungsleistungen sind als Auftrag des BVerfG an den Gesetzgeber zu verstehen. Zu diesem Zweck hat der Gesetzgeber letztlich das Kontenabrufverfahren eingeführt, und diesen Zielen dient es auch. Es steht allerdings schon allein deshalb in einem fahlen Licht, da durch das Vierte Finanzmarktförderungsgesetz Maßnahmen zur Terrorismusbekämpfung eingeführt wurden, die wenige Zeit später zu fiskalischen Zwecken „weiterverwertet" werden. Eine solche Verwendung hatte der Bundesbeauftragte für den Datenschutz bereits bei Einführung des § 24c KWG vorhergesehen und davor gewarnt.

Dennoch wäre ein solches Verfahren zur Gewährleistung der Gleichmäßigkeit der Besteuerung hinzunehmen, wenn es denn keine gleichwertige, weniger belastende Alternative gäbe. Diese steht es jedoch in Form einer Quellensteuer zur Verfügung, wie sie unter anderem in Großbritannien, den USA oder Frankreich erhoben wird. Ein Kontenabrufverfahren für die Finanzbehörden ist bei einem solchen Besteuerungssystem entbehrlich. Der Gesetzgeber sollte sich mit dieser Alternative auseinandersetzen und die Eingriffe in die Rechte des einzelnen auf das erforderliche Maß reduzieren.

3. Kapitel: Datenzugriff der Finanzverwaltung nach §§ 146, 147 AO

Mit dem Steuersenkungsgesetz 2000[300] hat der Gesetzgeber erstmals Regelungen in die AO aufgenommen, die der Finanzverwaltung im Rahmen von Betriebsprüfungen den Zugriff auf das elektronische Datenverarbeitungssystem des Steuerpflichtigen ermöglichen. Schon der Bundestagsbeschluss zum Steuerbereinigungsgesetz 1999 enthielt dieselben Regelungen – damals wurden die Änderungen jedoch im Vermittlungsverfahren gestrichen.[301] Anlass für diese Rechtsänderung war die Tatsache, dass immer mehr Unternehmen auf eine Erfassung ihrer Daten in Papierform verzichten und zu deren elektronischer Bearbeitung und Archivierung übergegangen sind. Insofern soll der bisherige Medienbruch zwischen Geschäftsverkehr und Buchführung einerseits und der Prüfungsmethode andererseits vermieden werden.[302]

Darüber hinaus schien eine Effizienzsteigerung bei den Prüfungen dringend erforderlich, denn im Jahr 2000 konnten die 11.000 bundesdeutschen Steuerprüfer gerade einmal 225.000 von 6,5 Millionen Unternehmen einer Betriebsprüfung unterziehen.[303] Durch die Effizienzsteigerung soll letztlich auch die Sicherung der Gleichmäßigung der Besteuerung gewährleistet werden.[304] Alarmierend ist indes die offenbar verbreitete Unkenntnis in den Unternehmen – nach einer Befragung unter 688 Firmen verfügt nur jeder dritte Finanzverantwortliche über ausreichende Kenntnisse zu diesem Thema.[305] Und dies obwohl alle Unternehmen, die steuerrelevante Daten elektronisch erfassen, Finanzprüfern bereits seit Anfang 2002 eine digitale Betriebsprüfung ermöglichen müssen. Inwiefern die neue Ausgestaltung der §§ 146, 147 als rechtlich einwandfrei angesehen werden kann, ist Schwerpunkt der folgenden Ausführungen.

A) Inhalt des § 147 Abs. 7 AO

Die Neufassung der §§ 146, 147 AO geht konzeptionell von einer papierlosen Buchführung aus.[306] In den Fällen, in denen nach § 147 Abs. 1 AO aufbewahrungspflichtige Unterlagen mit Hilfe eines Datenverarbeitungssystems

---

300 Steuersenkungsgesetz vom 23.10.2000, BGBl. I 2000, 1433.

301 Vgl. BT-Drs. 14/1655 sowie 14/1720.

302 Begründung zu Art. 7 des Steuersenkungsgesetzes, BR-Drs. 90/00, S. 191.

303 *Kroker*, Firmen müssen Steuerdaten künftig digital speichern, Wirtschaftswoche vom 15.11.2001, S. 96.

304 Begründung zu Art. 7 des Steuersenkungsgesetzes, BR-Drs. 90/00, S. 191.

305 Vgl. *Engelken/Schürmann*, Wenn der Prüfer mit dem Laptop kommt – Firmen müssen mit digitaler Betriebsprüfung rechnen, Handelsblatt vom 13.10.2004, S. 15.

306 *Schaumburg*, Der Datenzugriff und andere Kontrollmöglichkeiten der Finanzverwaltung, DStR 2002, 829; *Intemann/Cöster*, Rechte und Pflichten bei der digitalen Außenprüfung, DStR 2004, 1981, 1982.

hergestellt wurden, erhält die Außenprüfung die Befugnis zum Zugriff auf die datenverarbeitungsgestützte Buchführung. Die Finanzverwaltung erhält somit das Recht, Einsicht in die elektronisch gespeicherten Daten des Steuerpflichtigen zu nehmen. Dies soll den Aufwand der Finanzbehörden mit Hilfe moderner, computergestützter Prüfungsmöglichkeiten mindern und „rationellere und zeitnähere Außenprüfungen“ ermöglichen[307].

§ 147 Abs. 6 AO sieht drei Möglichkeiten des Datenzugriffs vor:

- Unmittelbarer Datenzugriff gemäß § 147 Abs. 6 S. 1 AO: Danach hat die Außenprüfung das Recht, Einsicht in die gespeicherten Daten zu nehmen und das Datenverarbeitungssystem des Steuerpflichtigen zur Prüfung dieser Daten zu nutzen. Der Prüfer darf unmittelbar auf die im Unternehmen zur Buchführung eingesetzte Hard- und Software zugreifen.

- Mittelbarer Datenzugriff gemäß § 147 Abs. 6 S. 2 1. Alt. AO: Die Außenprüfung hat das Recht, den Steuerpflichtigen oder einen von ihm beauftragten Dritten zu einer rein technischen Mithilfe aufzufordern und zu verlangen, dass die Daten nach Vorgaben der Außenprüfung vor Ort im Datenverarbeitungssystem – also mit der unternehmenseigenen Hard- und Software – maschinell ausgewertet werden.

- Datenträgerüberlassung gemäß § 147 Abs. 6 S. 2 2. Alt. AO: Die Außenprüfung kann verlangen, dass ihr die gespeicherten Unterlagen und Aufzeichnungen auf einem maschinell verwertbaren Datenträger (z.B. CD-ROM) zur Verfügung gestellt werden. Die Prüfung erfolgt mittels verwaltungseigener Prüfungssoftware.

Das Recht auf Datenzugriff steht der Finanzbehörde nur im Rahmen steuerlicher Außenprüfungen zu.[308] Die bereits vorher vorgesehene Möglichkeit zum Datenausdruck gemäß § 147 Abs. 5 2. Halbsatz AO bleibt von den neu eingeführten Alternativen unberührt.[309] Der sachliche Umfang der Einsichtnahme in die gespeicherten Daten und die Nutzung des Datenverarbeitungssystems ist auf den Gegenstand der Außenprüfung und die nach § 147 Abs. 1 AO aufbewahrungspflichtigen Unterlagen beschränkt.[310] Der Zugriff umfasst demnach nur die

---

[307] BMF-Schreiben vom 16.07.2001, IV D 2 – S 0316 – 136/01, BStBl. I 2001, 415.
[308] Vgl. BMF-Schreiben vom 16.07.2001, BStBl. I 2001, 415; *Cöster* in: *Pahlke/Koenig*, Abgabenordnung, § 147 AO Rn. 38.
[309] Vgl. *Cöster* in: *Pahlke/Koenig*, Abgabenordnung, § 147 AO Rn. 38, *Schaumburg*, Der Datenzugriff und andere Kontrollmöglichkeiten der Finanzverwaltung, DStR 2002, 829, 830; *Trzaskalik* in: *Hübschmann/Hepp/Spitaler*, Abgabenordnung, § 147 AO Rn. 43.
[310] Vgl. BT-Drs. 14/3074 und 14/2683 S. 130.

„steuerlich relevanten" Daten. Welche Daten dies sind, hat primär der Steuerpflichtige zu entscheiden.[311] Das Problem, welche Daten letztlich als „steuerlich relevant" einzustufen sind, wird dadurch auf den Steuerpflichtigen abgewälzt.[312] Ein umfassender Zugriff auf alle gespeicherten Daten eines Unternehmens wird nach allgemeiner Auffassung als unzulässig angesehen.[313]

Zur Erleichterung des Datenzugriffs durch die Außenprüfung ist der Pflichtenkreis des Steuerpflichtigen gemäß § 200 Abs. 1 S. 2 AO erweitert worden. Neben den bisher aufgeführten Pflichten hat der Steuerpflichtige auch die für den Datenzugriff erforderlichen sachlichen und personellen Voraussetzungen zu schaffen. Beim unmittelbaren und mittelbaren Zugriff muss der Steuerpflichtige dem Prüfer die für den Datenzugriff erforderlichen Hilfsmittel – also Hard- und Software – zur Verfügung stellen und ihn in das Datenverarbeitungssystem einweisen. Beim mittelbaren Datenzugriff umfasst die technische Hilfe auch die Unterstützung durch mit dem Datenverarbeitungssystem vertraute Personen.[314]

Die Daten sind bis zum Ende der Aufbewahrungspflicht auswertbar vorzuhalten. Eine ausschließliche Archivierung in maschinell nicht auswertbaren Formaten – beispielsweise auf Papier oder Mikrofilm – ist demnach unzulässig.[315] Die bisherige Möglichkeit, die Daten als Ausdruck bereit zu halten, ist nach dem Wegfall des Satzes 2 der Vorschrift des § 147 Abs. 2 AO nicht mehr gegeben.[316] Originär digital erstellte Daten dürfen daher nur noch digital archiviert werden.[317] Dies bedeutet unter anderem, dass bei Systemwechseln entweder alle relevanten Daten konvertiert oder betriebswirtschaftlich unnütze Systeme über einen Zeitraum von bis zu zehn Jahren weiterhin funktionsbereit vorgehalten werden müssen.[318] Hierdurch sind Aufwendungen des Steuerpflichtigen in erheblichem

---

[311] *Drüen* in: *Tipke/Kruse*, Abgabenordnung, § 147 AO Rn. 72.

[312] Vgl. hierzu unten C)I)2) Zugriff auf „steuerlich relevante" Daten, S. 87.

[313] BMF-Schreiben vom 16.07.2001, BStBl. I 2001, 415, I 1; *Drüen*, Verfassungsfragen der digitalen Außenprüfung, StuW 2003, 205, 215; *Burchert*, Einführung eines Zugriffsrechts der Finanzverwaltung auf DV-gestützte Buchführungssysteme, INF 2001, 130, 234.

[314] Vgl. BMF-Schreiben vom 16.07.2001, BStBl. I 2001, 415, I 2b; *Burchert*, Einführung eines Zugriffsrechts der Finanzverwaltung auf DV-gestützte Buchführungssysteme, INF 2001, 263.

[315] BMF-Schreiben vom 16.07.2001, BStBl. I 2001, 415, III 1; *Baum*, Grundsätze zum Datenzugriff und zur Prüfbarkeit digitaler Unterlagen, NWB Fach 2, 7641, 7648; *Nöcker*, Digitale Außenprüfung der Finanzverwaltung 2002, CR 2001, 864, 867f.; *Höreth/Schiegl*, Zugriff der Finanzverwaltung auf die EDV-Systeme, BB 2001, 2509, 2512.

[316] *Bruschke*, Datenzugriff und Prüfung digitaler Unterlagen, StB 2002, 42, 44.

[317] *Kerssenbrock/Riedel*, Datenzugriff der Finanzverwaltung, BC 2002, 109.

[318] Vgl. *Kerssenbrock/Riedel*, Datenzugriff der Finanzverwaltung, BC 2002, 109; *Bruschke*, Datenzugriff und Prüfung digitaler Unterlagen, StB 2002, 42, 43; *Apitz*, Digitale Buchführung und Datenzugriff der Finanzverwaltung ab 1.1.2002, StBp 2002, 33, 44.

Maße erforderlich, da in unterschiedlichen zeitlichen Abständen Wartung und Pflege der Hard- und Software, Zahlung von Lizenzen, Durchführung von Updates und ähnliche Maßnahmen anstehen.[319] Der Steuerpflichtige hat gemäß § 147 Abs. 6 S. 3 AO die Kosten all dieser Maßnahmen zu tragen. Dabei dürfte sich die Problematik der finanziellen Belastung verstärken, je kleiner das Unternehmen ist.[320] Unternehmen, die keine maschinelle Auswertbarkeit ihrer Daten sicherstellen, droht das BMF im Übrigen ausdrücklich mit Sanktionen.[321]

B) Das BMF-Schreiben vom 16.07.2001: Grundsätze zum Datenzugriff und zur Prüfung digitaler Unterlagen (GDPdU)

Zur Interpretation der gesetzlichen Vorschriften zum Datenzugriff und als Richtlinie zur Ermessensausübung hat das BMF die „Grundsätze zum Datenzugriff und zur Prüfbarkeit digitaler Unterlagen (GDPdU)" vom 16.07.2001[322] erlassen. Verbleibende Zweifelsfragen wurden teilweise in einem Frage-Antwort-Katalog[323] des BMF beantwortet, der laufend ergänzt werden soll. Das BMF-Schreiben lässt jedoch immer noch viele Fragen offen[324] und schafft mitunter sogar neuerliche Unklarheiten. So kann nach dem Gesetzeswortlaut der Zugriff entweder in der Form eines unmittelbaren *und* eines mittelbaren Zugriffs *oder* in der Form eines unmittelbaren Zugriffs *und* einer Datenträgerüberlassung erfolgen. Denn das Gesetz hat die Zugriffsformen in § 147 Abs. 6 S. 2 AO mit der Konjunktion „oder" verknüpft. Folglich schließen sich die gleichzeitige Anwendung des mittelbaren Datenzugriffs und der Datenträgerüberlassung nach dem Gesetzeswortlaut aus. Dennoch geht die Finanzverwaltung von der

[319] Vgl. *Groß/Matheis/Lindgens*, Rückstellung für Kosten des Datenzugriffs der Finanzverwaltung, DStR 2003, 921, 924f.; *Kaminski/Kerssenbrock/Strunk*, Elektronischer Datenzugriff der Finanzverwaltung gemäß § 147 Abs. 6 AO, K&R 2002, 225, 230; *Kerssenbrock/Riedel/Strunk*, Zur Verfassungsmäßigkeit des Datenzugriffs der Finanzverwaltung, DB (Beilage 9) 2002, 1, 5; *Kerssenbrock/Riedel*, Datenzugriff der Finanzverwaltung, BC 2002, 109, 112; *Strunk/Zöllkau*, Zugriff der Finanzverwaltung auf Daten des Betriebs bei der Betriebsprüfung, BB 2002, 703, 704.

[320] *Kromer*, StSenkG: Änderungen der AO zum Datenzugriff der Finanzverwaltung, DB 2001, 67, 68.

[321] *Edlund*, Praxiserfahrungen mit der digitalen Betriebsprüfung, BC 2004, 253, 254 i.V.m. Korrespondenz des BMF mit der Firma Audicon vom 28.07.2003, http://www.gdpdu-portal.com/BMF-Schreiben.pdf.

[322] BMF-Schreiben vom 16.07.2001, BStBl. I 2001, 415.

[323] BMF – Fragen und Antworten zum Datenzugriffsrecht der Finanzverwaltung, Stand: 01.02.2005, http://www.bundesfinanzministerium.de/cln_04/nn_3792/DE/Service/Downloads/Abt__IV/009,templateId=raw,property=publicationFile.pdf.

[324] Vgl. *Kerssenbrock/Riedel/Strunk*, Datenzugriff und kein Ende der Unsicherheit, StB 2002, 263; *Drüen* in: *Tipke/Kruse*, Abgabenordnung, § 147 AO Rn. 69b.

Möglichkeit eines kumulativen Einsatzes aller drei Zugriffsformen aus.[325] Eine Rechtsgrundlage für diese Auffassung ist jedenfalls nicht erkennbar.

C) Eingriff in die Rechte des Steuerpflichtigen

Die digitale Betriebsprüfung ermöglicht den Finanzbehörden einen weitgehenden Zugriff auf den Datenbestand des Steuerpflichtigen und greift daher in dessen Rechte ein – vor allen Dingen in das Recht auf informationelle Selbstbestimmung. Zu möglichen verfassungsrechtlichen Bedenken stellt *Cöster* lediglich fest, Abs. 6 sei verfassungsgemäß und verletze insbesondere nicht das Recht des Steuerpflichtigen auf informationelle Selbstbestimmung aus Art. 2 Abs. 2 GG i.V.m. Art. 1 Abs. 1 GG.[326] Dieser vereinfachenden und Probleme verkennenden Sichtweise kann nicht gefolgt werden. Folgende Problemfelder ergeben sich hinsichtlich der Eingriffe in die Rechte des Steuerpflichtigen:

I) Bestimmtheit der gesetzlichen Regelung

1) Zugriff auf alle gespeicherten Daten

Zunächst sind die Formulierungen des § 147 Abs. 6 AO ungenau. Voraussetzung des Zugriffs ist, dass aufbewahrungspflichtige Unterlagen nach Abs. 1 mit Hilfe eines Datenverarbeitungssystems erstellt worden sind. Ist dies der Fall, hat die Finanzbehörde das Recht „Einsicht in die gespeicherten Daten zu nehmen". Dies kann nach dem Wortlaut den Anspruch auf Einsicht in alle Daten des Systems bedeuten und somit auch in nicht steuerlich relevante Daten. Wäre dies nicht gemeint, hätte es konkret heißen müssen „Einsicht in diese gespeicherten Daten zu nehmen" oder „Einsicht in die steuerlich relevanten Daten zu nehmen". Sinn und Zweck der Betriebsprüfung legen zwar eine entsprechende Beschränkung nahe, aus dem Gesetzestext ist diese jedoch nicht zu entnehmen.[327]

2) Zugriff auf „steuerlich relevante" Daten

Weiterhin erscheint zwar die Abgrenzung der unter § 147 Abs. 1 Nr. 1-4 AO genannten Unterlagen einfach, die Begriffsdefinition der Nr. 5 dagegen als problematisch. Es wäre dem Gesetzgeber an dieser Stelle zuzumuten gewesen,

---

[325] Vgl. BMF-Schreiben vom 16.07.2001, BStBl. I 2001, 415, I 1; so auch *Drüen* in: *Tipke/Kruse*, Abgabenordnung, § 147 AO Rn. 76.

[326] *Cöster* in: *Pahlke/Koenig*, Abgabenordnung, § 147 AO Rn. 39; a.A. insbesondere *Kerssenbrock/Riedel/Strunk*, Zur Verfassungsmäßigkeit des Datenzugriffs der Finanzverwaltung, DB (Beilage 9) 2002, 1ff., die § 147 Abs. 6 AO für verfassungswidrig halten.

[327] Vgl. auch *Drüen*, Verfassungsfragen der digitalen Außenprüfung, StuW 2003, 205, 215; *Burchert*, Einführung eines Zugriffsrechts der Finanzverwaltung auf DV-gestützte Buchführungssysteme, INF 2001, 130, 234.

genauer zu definieren, welche Daten als „steuerlich relevant" einzustufen sind und folglich auch einem Datenzugriff unterliegen.[328] Eine solche Konkretisierung hat der Gesetzgeber jedoch nicht vorgenommen, sondern in der Gesetzesbegründung schlicht darauf verwiesen, es seien auch „weiterhin nur die nach § 147 Abs. 1 AO aufbewahrungspflichtigen Unterlagen" Gegenstand der Außenprüfung.[329] Welche diese Unterlagen in diesem Sinne aufbewahrungspflichtig sind, ist jedoch ohnehin umstritten. So ist die Regelung nach *Drüen*[330] und *Mösbauer*[331] vor dem Hintergrund der Aufgabe der Finanzbehörden, Steuern gleichmäßig festzusetzen, dahingehend zu verstehen, dass sämtliche Unterlagen aufbewahrungspflichtig sind, die Auskunft über steuerlich erhebliche Vorgänge enthalten. Freiwillige Aufzeichnungen müssen demnach nicht aufbewahrt werden und unterliegen folglich keinem Datenzugriff.[332] Demgegenüber sollen nach Ansicht von *Trzaskalik*[333] alle Unterlagen aufbewahrt werden müssen, die für die Kontrolle der vollständigen und richtigen Erfüllung der Dokumentationspflicht erforderlich sind. Die Ungenauigkeit des Abs. 1 Nr. 5 war somit hinlänglich bekannt und wurde vom Gesetzgeber auch bzgl. des Datenzugriffs nach § 147 Abs. 6 AO wohlwissend hingenommen.

Eine Konkretisierung war dann vom BMF im Entwurf des Schreibens vom 6.10.2000[334] vorgesehen. Danach sollten vom Zugriffsrecht insbesondere folgende Daten umfasst sein: Finanzbuchhaltung, Kosten-Leistungsrechnung, Warenwirtschaftssystem bzw. Materialwirtschaftssystem, Anlagenbuchhaltung, Dokumenten-Managementsysteme oder andere Archivierungssysteme, Lohnbuchhaltung. Das endgültige BMF-Schreiben vom 16.07.2001 enthält eine solche Abgrenzung jedoch nicht mehr und beschränkt den Datenzugriff nur auf „Daten, die für die

---

[328] So auch *Burkhard*, Probleme beim EDV-Datenzugriff der Finanzverwaltung, DStZ 2003, 112, 117; *Harnischfeger*, Brennpunkte der digitalen Betriebsprüfung – Gegenwärtige Rechtslage, DSWR 2004, 258, 262 fordert daher eine dem Rechtsstaat angemessene Genauigkeit für die Definition der steuerlich relevanten Daten.

[329] BT-Drs. 14/2683, S. 130.

[330] *Drüen* in: *Tipke/Kruse*, Abgabenordnung, § 147 AO Rn. 4.

[331] *Mösbauer* in: *Koch/Scholtz*, Abgabenordnung, § 147 AO Rn. 11.

[332] *Kromer*, Datenzugriff der Finanzverwaltung auf die IT-Systeme des Unternehmens ab 2002, DStR 2001, 1017, 1018; *Schaumburg*, Der Datenzugriff und andere Kontrollmöglichkeiten der Finanzverwaltung, DStR 2002, 829, 833f.; *Ditz*, Reichweite des digitalen Datenzugriffs der Finanzverwaltung im nationalen und internationalen Konzern, DStR 2004, 2038, 2040.

[333] *Trzaskalik* in: *Hübschmann/Hepp/Spitaler*, Abgabenordnung, § 147 AO Rn. 25; *Hantzsch*, Der Datenzugriff durch die Finanzverwaltung, S. 9, folgert daher, dass alle Aufzeichnungen und Urkunden von steuerlicher Relevanz, die außerhalb der gesetzlich vorgeschriebenen Bücher tatsächlich geführt werden, vorzulegen sind und dem Datenzugriff unterliegen; ebenso *Burchert*, Aktuelle Fragen zur Umsetzung des Datenzugriffs durch die Finanzverwaltung, INF 2002, 677, 680 mit Hinweis auf FG Hamburg, Urteil vom 22.03.1991, VII 164/90, EFG 1991, 636, 637.

[334] Entwurf eines BMF-Schreibens über Grundsätze zum Datenzugriff und zur Prüfbarkeit digitaler Unterlagen (GDPdU), NWB Nr. 49/2000, 4427f..

Besteuerung von Bedeutung sind (steuerlich relevante Daten)". Eine ähnliche Formulierung findet sich im Frage-Antwort-Katalog des BMF, wonach Daten dann steuerlich relevant sind, wenn sie „für die Besteuerung des Steuerpflichtigen von Bedeutung sind".[335] Diese Tautologie hilft für die Praxis allerdings kaum weiter,[336] denn was von steuerlicher Bedeutung sein soll, ist wiederum nicht geregelt.[337] Die Formulierung des BMF ist daher für sich genommen ebenso ungenau wie unbrauchbar, hilft nicht, eine Präzisierung herbeizuführen, und lässt Prüfer wie Steuerpflichtige förmlich „im Regen stehen"[338]. Im Frage-Antwort-Katalog zum Datenzugriff stellt das BMF fest, es gebe keine allgemeingültige Definition des Terminus der „steuerlich relevanten Daten". Eine abschließende Festlegung allgemeiner Art könne es nicht geben, es komme vielmehr auf den Einzelfall an.[339] Entgegen *Schultz-Söderlund*[340] ist dieser Ansicht nicht zuzustimmen. Zwar sind die Aufzeichnungsmethoden und Geschäftsvorfälle unterschiedlich,[341] jedoch muss der Steuerpflichtige eine gewisse Sicherheit haben, welche Daten er aufbewahren muss und im Rahmen einer Außenprüfung abrufbar bereitzuhalten hat.[342]

Denn welche Daten als „steuerlich relevant" einzustufen sind und dementsprechend einem Zugriff unterliegen, hat primär der Steuerpflichtige zu entscheiden. Ihm kommt somit das Recht der Erstqualifikation des Datenbestandes zu.[343] Er muss daher bereits bei der Entstehung der Daten ihre

---

335 BMF – Fragen und Antworten zum Datenzugriffsrecht der Finanzverwaltung, Stand: 01.02.2005, http://www.bundesfinanzministerium.de/cln_04/nn_3792/DE/Service/Downloads/Abt__IV/009,templateId=raw,property=publicationFile.pdf; I.5.

336 So auch *Intemann/Cöster*, Rechte und Pflichten bei der digitalen Außenprüfung, DStR 2004, 1981, 1982.

337 Vgl. *Taetzner/Büssow*, Grundsätze zum Datenzugriff und zur Prüfbarkeit digitaler Unterlagen, BB 2002, 69, 70.

338 So auch *Schmittmann*, Anmerkungen zu den vom BMF aufgestellten GDPdU, MMR aktuell 09/2001, VI, VIII; *Harnischfeger*, Brennpunkte der digitalen Betriebsprüfung – Teil 2, DSWR 2005, 173, 175.

339 BMF – Fragen und Antworten zum Datenzugriffsrecht der Finanzverwaltung, Stand: 01.02.2005, http://www.bundesfinanzministerium.de/cln_04/nn_3792/DE/Service/Downloads/Abt__IV/009,templateId=raw,property=publicationFile.pdf; I.5.

340 *Schultz-Söderlund*, Der Datenzugriff – Anlass zur Sorgfalt, nicht zur Sorge, BB 2003, 1201.

341 *Schultz-Söderlund*, Der Datenzugriff – Anlass zur Sorgfalt, nicht zur Sorge, BB 2003, 1201, 1202.

342 So auch *Burkhard*, Probleme beim EDV-Datenzugriff der Finanzverwaltung, DStZ 2003, 112, 117; *Kromer*, Datenzugriff der Finanzverwaltung auf die IT-Systeme des Unternehmens ab 2002, DStR 2001, 1017, 1019.

343 *Drüen* in: *Tipke/Kruse*, Abgabenordnung, § 147 AO Rn. 72; *Kaminski/Kerssenbrock/Strunk*, Elektronischer Datenzugriff der Finanzverwaltung gemäß § 147 Abs. 6 AO, K&R 2002, 225, 229; *Ditz*, Reichweite des digitalen Datenzugriffs der Finanzverwaltung im nationalen und internationalen Konzern, DStR 2004, 2038, 2040.

steuerliche Relevanz beurteilen und sie für den Fall der späteren Außenprüfung vorhalten.[344] Ordnet er im Rahmen dieser Erstqualifikation zu viele Daten als „steuerlich relevant" ein, kann die Finanzbehörde weitergehende Erkenntnisse erlangen, als der Steuerpflichtige eigentlich verpflichtet wäre zu offenbaren. Einblicke in Betriebs- und Geschäftsgeheimnisse, in Absatzmärkte oder Preiskalkulationen lassen sich dann nicht ausschließen.[345] Ordnet er jedoch zu wenige Daten als „steuerlich relevant" ein, muss er damit rechnen, dass die Finanzbehörde im Rahmen eines „sekundären Qualifikationsrechtes"[346] einen weitergehenden Datenzugriff unter Hinweis auf die neu geregelten Mitwirkungspflichten in § 200 Abs. 1 AO verlangt.[347] Hierbei ist freilich zu beachten, dass konkrete Anhaltspunkte für die Annahme bestehen müssen, dass weitere Daten steuerlich relevant sind – bloße Vermutungen reichen hierzu nicht aus.[348] Im Übrigen besteht kein Recht des Prüfers, alle Unternehmensdaten daraufhin zu überprüfen, ob sie steuerlich relevant sind.[349]

Eine Beschränkung der Prüfung auf die steuerlich relevanten Daten ist technisch nur dann möglich, wenn der Steuerpflichtige zuvor im Rahmen seiner Mitwirkungspflichten Zugriffsbeschränkungen eingerichtet und seine Daten entsprechend sortiert hat.[350] Nur wenn eine sachlich geordnete Datenstruktur dafür spricht, dass alle steuerlich relevanten Daten konzentriert und vollständig erfasst sind, verbietet sich die Suche nach weiteren Daten in der EDV des Steuerpflichtigen.[351] Um einen Zugriff der Finanzbehörde auf andere als die steuerlich

---

[344] *Harnischfeger*, Brennpunkte der digitalen Betriebsprüfung – Teil 2, DSWR 2005, 173, der weiterhin kritisiert, dass solche „hellseherische Fähigkeit" vom Steuerpflichtigen nicht verlangt werden könne.

[345] *Portner*, Unmittelbarer Zugriff auf das DV-System des Unternehmens einerseits und Akteneinsicht in die elektronischen Daten andererseits, in: FS Welf Müller, 321, 326.

[346] Dieses schreibt *Drüen* der Finanzverwaltung zu; vgl. *Drüen* in: *Tipke/Kruse*, Abgabenordnung, § 147 AO Rn. 72.

[347] *Taetzner/Büssow*, Grundsätze zum Datenzugriff und zur Prüfbarkeit digitaler Unterlagen, BB 2002, 69, 70; *Höreth/Schiegl*, Zugriff der Finanzverwaltung auf die EDV-Systeme, BB 2001, 2509, 2510; *Apitz*, Digitale Buchführung und Datenzugriff der Finanzverwaltung ab 1.1.2002, StBp 2002, 33, 44.

[348] *Ditz*, Reichweite des digitalen Datenzugriffs der Finanzverwaltung im nationalen und internationalen Konzern, DStR 2004, 2038, 2040.

[349] *Hantzsch*, Der Datenzugriff durch die Finanzverwaltung, S. 11.

[350] Vgl. *Kerssenbrock/Riedel/Strunk*, Datenzugriff und kein Ende der Unsicherheit, StB 2002, 263; *Drüen* in: *Tipke/Kruse*, Abgabenordnung, § 147 AO Rn. 72; *Groß/Matheis/Lindgens*, Rückstellung für Kosten des Datenzugriffs der Finanzverwaltung, DStR 2003, 921, 922; *Groß*, Die Anpassung der Unternehmens-EDV an die Vorgaben zum Datengriff der Finanzverwaltung, DStR 2002, 1121, 1122; BMF-Schreiben vom 16.07.2001, BStBl. I 2001, 415, I 2a.

[351] *Kuhsel/Kaeser*, Bemerkungen zum BMF-Schreiben betreffend den Datenzugriff der Finanzverwaltung, DB 2001, 1583, 1584; *Strunk/Zöllkau*, Zugriff der Finanzverwaltung auf Daten des Betriebs bei der Betriebsprüfung, BB 2002, 703, 704.

relevanten Daten zu verhindern, muss der Steuerpflichtige somit zunächst eine für die Finanzbehörde transparente Datenstruktur vorhalten und darüber hinaus auch noch auf eigene Kosten hinreichende Zugriffsschranken einrichten. Sind nur unzureichende oder fehlerhafte Zugriffsbeschränkungen eingerichtet, so muss den Prüfer zumindest die Pflicht treffen, den Steuerpflichtigen hierauf hinzuweisen und ihm die Möglichkeit zu geben, entsprechende Maßnahmen noch zu ergreifen.[352] Inwieweit ein Verwertungsverbot für versehentlich überlassene Daten besteht, stellt ein weiteres Problem des digitalen Datenzugriffs dar, welches kontrovers diskutiert wird.[353]

3) Zugriff auf E-Mails

Da heute ein Großteil der Kommunikation per E-Mail abgewickelt wird, ist fraglich, inwiefern diese Dokumente gespeichert werden müssen und dem Datenzugriff unterliegen. Unzweifelhaft handelt es sich bei E-Mails um originär digital erzeugte Dokumente, die daher – soweit sie steuerlich relevante Daten enthalten – dem Datenzugriff unterliegen.[354] Grundsätzlich kann jede E-Mail steuerlich relevante Daten enthalten, so dass die Finanzverwaltung versuchen könnte, sämtliche E-Mails – z.B. nach steuerlich bedeutsamen Stichwörtern – auszuwerten.[355] Auch die mittels elektronischer Post durchgeführten Schriftwechsel mit Rechtsanwälten oder Steuerberatern könnte dann dem Zugriff der Finanzverwaltung unterliegen.

Gemäß dem BMF-Schreiben vom 16.07.2001 besteht keine Pflicht zur Archivierung von Textdokumenten, wenn diese zwar digital erstellt wurden, jedoch nicht zur Weiterverarbeitung bestimmt sind.[356] Nach dem Frage-Antwort-Katalog des BMF sind hingegen auch E-Mails als originär digitale Dokumente mit einem „unveränderbaren Index zu versehen, unter dem das archivierte digitale Dokument bearbeitet und verwaltet werden kann". Über den Index ist die maschinelle Auswertbarkeit auf die im Originalformat zu archivierende E-Mail

---

[352] So auch *Kerssenbrock/Riedel/Strunk*, Datenzugriff und kein Ende der Unsicherheit, StB 2002, 263f. mit Hinweis auf die Verfassungswidrigkeit des Eingriffs, wenn der Zugriff über die steuerlich relevanten Daten hinausgeht; *Hantzsch*, Der Datenzugriff durch die Finanzverwaltung, S. 12 zumindest in Bezug auf Berufsgeheimnisdaten; a.A. *Bruschke*, Datenzugriff und Prüfung digitaler Unterlagen, StB 2002, 42, 44.

[353] Für ein Verwertungsverbot: *Harnischfeger*, Brennpunkte der digitalen Betriebsprüfung – Teil 2, DSWR 2005, 173, 176; *Zezschwitz*, Überwachungsexzess im neuen Steuerrecht, RDV 2002, 117, 118; gegen ein Verwertungsverbot: *Burchert*, Einführung eines Zugriffsrechts der Finanzverwaltung auf DV-gestützte Buchführungssysteme, INF 2001, 130, 235 m.w.N..

[354] *Drüen* in: *Tipke/Kruse*, Abgabenordnung, § 147 AO Rn. 73.

[355] *Schmittmann*, Anmerkungen zu den vom BMF aufgestellten GDPdU, MMR aktuell 09/2001, VI, VIII.

[356] BMF-Schreiben vom 16.07.2001, BStBl. I 2001, 415, III 1.

sicherzustellen.[357] Der hierzu erforderliche Verwaltungsaufwand dürfte bei der immer größer werdenden Zahl von elektronisch versendeten Nachrichten als enorm eingeschätzt werden. Die Verhältnismäßigkeit einer solchen Verpflichtung ist daher anzuzweifeln.

Der Ansicht des BMF im Frage-Antwort-Katalog ist im Übrigen nicht zuzustimmen. Gemäß § 147 Abs. 6 AO bezieht sich der Datenzugriff auf die „gespeicherten Daten". Werden E-Mails jedoch zur weiteren Verwendung im Unternehmen ausgedruckt und anschließend gelöscht, übernimmt der E-Mail-Account lediglich die Funktion eines „normalen Briefkastens". Entsprechende E-Mails sind lediglich mit Hilfe der Datenverarbeitung erstellt, nicht aber zur längerfristigen Aufbewahrung, Speicherung oder Weiterverarbeitung in (Buchführungs-) Systemen bestimmt.[358] Folglich muss die Archivierung solcher E-Mails z.B. als Ausdruck, per Mikroverfilmung, oder auch als pdf-Dokument genügen. Es kann jedenfalls keine gesetzliche Verpflichtung zur elektronischen Aufbewahrung bestehen.[359]

4) Weitere Unklarheiten

Weitere Unklarheiten ergeben sich hinsichtlich der Mitwirkungspflichten des Steuerpflichtigen. So weisen *Kaminski/Kerssenbrock/Strunk* darauf hin, dass unklar sei, in welchem Umfang der Steuerpflichtige den Betriebsprüfer in sein EDV-System einweisen muss. Weiterhin sei offen, ob und inwieweit die Verwendung von Software, die nicht als „weit verbreitet" angesehen werden kann, zu höheren Anforderungen an die Mitwirkungspflichten des Steuerpflichtigen führt.[360] Darüber hinaus sei ungeklärt, zu wessen Lasten eventuelle Probleme infolge von Datenverlusten gingen.[361]

---

[357] BMF – Fragen und Antworten zum Datenzugriffsrecht der Finanzverwaltung, Stand: 01.02.2005, http://www.bundesfinanzministerium.de/cln_04/nn_3792/DE/Service/Downloads/Abt_IV/009,templateId=raw,property=publicationFile.pdf; III.8.

[358] *Harnischfeger*, Brennpunkte der digitalen Betriebsprüfung – Teil 2, DSWR 2005, 173, 174.

[359] So im Ergebnis auch *Intemann/Cöster*, Rechte und Pflichten bei der digitalen Außenprüfung, DStR 2004, 1981, 1984; *Bruschke*, Datenzugriff und Prüfung digitaler Unterlagen, StB 2002, 42, 43; *Drüen* in: *Tipke/Kruse*, Abgabenordnung, § 147 AO Rn. 73; *Harnischfeger*, Brennpunkte der digitalen Betriebsprüfung – Teil 2, DSWR 2005, 173, 174; a.A. *Kerssenbrock/Riedel/Strunk*, Datenzugriff und kein Ende der Unsicherheit, StB 2002, 263, 264; *Hagenkötter*, Die Digitale Steuerprüfung – Neue Formen des Datenzugriffs der Finanzverwaltung seit 1.1.2002, NJW 2002, 1977, 1978; ebenso auch in Bezug auf Word-Dokumente *Strunk/Zöllkau*, Zugriff der Finanzverwaltung auf Daten des Betriebs bei der Betriebsprüfung, BB 2002, 703, 704.

[360] *Kaminski/Kerssenbrock/Strunk*, Elektronischer Datenzugriff der Finanzverwaltung gemäß § 147 Abs. 6 AO, K&R 2002, 225, 230.

[361] *Kaminski/Kerssenbrock/Strunk*, Elektronischer Datenzugriff der Finanzverwaltung gemäß § 147 Abs. 6 AO, K&R 2002, 225, 231.

Bezüglich der Datenträgerüberlassung gemäß § 147 Abs. 6 S. 2 2. Alt. AO ergaben sich für den Steuerpflichtigen zunächst weitere Unwägbarkeiten. Er muss in Kauf nehmen, dass Datenträger mit sensiblen Informationen den betrieblichen Herrschaftsbereich verlassen, ohne sein Beisein ausgewertet und dabei gegebenenfalls auch zu automatischen Datenabgleichen mit anderen Unternehmen verwendet werden. Wenigstens diese weitreichende Auswertungsmöglichkeit konnte durch das BMF-Schreiben vom 16.07.2001 ausgeschlossen werden. Demnach sind nur Lesezugriffe zulässig.[362]

Zusammenfassend ist festzuhalten, dass die gesetzlichen Regelungen viele Unklarheiten und Unwägbarkeiten für den Steuerpflichtigen enthalten. Hieran haben weder das BMF-Schreiben vom 16.07.2001 noch der Frage-Antwort-Katalog des BMF entscheidendes ändern können. Inwieweit solche Schreiben über verfassungswidrige Ungenauigkeiten des Gesetzestextes hinweghelfen können, ist aufgrund ihres für den Steuerpflichtigen unverbindlichen Charakters ohnehin fraglich. Denn selbst wenn sich die Steuerpflichtigen in aller Regel nach den BMF-Schreiben richten, da sie „grundsätzlich von einer korrespondierenden Auffassung der Finanzverwaltung ausgehen können“[363], binden die Schreiben keinesfalls die Gerichte.

Das Gesetz verstößt aus diesen Gründen gegen das Bestimmtheitsgebot, welches sich aus dem Rechtsstaatsprinzip ergibt. Demnach müssen Gesetze so formuliert sein, dass die Betroffenen die Rechtslage erkennen und ihr Verhalten daran ausrichten können.[364] Die Anforderungen an die Bestimmtheit der Norm sind dabei umso höher, je intensiver der Grundrechtseingriff ist.[365] Diesen Anforderungen werden die Regelungen des digitalen Datenzugriffs – wie gezeigt – in keiner Weise gerecht. Das Gesetz besitzt im Ergebnis nicht die verfassungsrechtlich gebotene Bestimmtheit und ist folglich verfassungswidrig.

II) Verstoß gegen den Grundsatz der Verhältnismäßigkeit

Mit den drei Formen des Datenzugriffs greift die Finanzverwaltung in den Schutzbereich des Grundrechtes ein.[366] Eine Verfassungsmäßigkeit kann nur dann

---

362 BMF-Schreiben vom 16.07.2001, BStBl. I 2001, 415, I 3b.

363 So die Antwort der Bundesregierung auf die Anfrage der FDP-Fraktion, BT-Drs. 14/6716, Nr. 9.

364 Vgl. BVerfGE 21, 73, 79; 78, 214, 226.

365 Vgl. BVerfGE 59, 104, 114; 86, 288, 311.

366 Ausführlich hierzu *Kerssenbrock/Riedel/Strunk*, Zur Verfassungsmäßigkeit des Datenzugriffs der Finanzverwaltung, DB (Beilage 9) 2002, 1, 11, 19 u. 22; *Drüen*, Verfassungsfragen der digitalen Außenprüfung, StuW 2003, 205, 212.

angenommen werden, wenn eine Rechtfertigung aufgrund von Geeignetheit, Erforderlichkeit und Zumutbarkeit gegeben ist.

Zweck der digitalen Außenprüfung ist die Sachverhaltsermittlung, die Herstellung der Gleichmäßigkeit der Besteuerung und die Beschleunigung der Außenprüfung. Die gesetzlichen Regelungen zum Datenzugriff in den dargestellten Zugriffsformen können grundsätzlich als geeignet angesehen werden, diesen Zwecken zu dienen.[367] Fraglich ist jedoch, inwiefern die Erforderlichkeit zu bejahen ist. Der Datenzugriff geht jedenfalls dann zu weit, wenn er sich in Folge des Fehlens von entsprechenden Zugriffsbeschränkungen auf alle gespeicherten Daten bezieht und damit auch steuerlich nicht relevante Daten erfasst.

Der jeweilige Zugriff auf steuerlich relevante Daten kann nur dann gerechtfertigt sein, wenn er im Einzelfall dem Grundsatz der Verhältnismäßigkeit genügt. Nach Ansicht von *Drüen* ist § 147 Abs. 6 AO deshalb nicht verfassungswidrig, weil das Gesetz der Verwaltung einen Ermessensrahmen eröffnet.[368] Innerhalb dieses Ermessensrahmens kann die Verwaltung eine verhältnismäßige Maßnahme treffen.[369] Dabei hat die Finanzbehörde ein Auswahlermessen zwischen der konventionellen Buchprüfung und den drei Formen des Datenzugriffs.[370] Sie hat im Übrigen die Art des Datenzugriffs zu wählen, die den Steuerpflichtigen am wenigsten belastet.[371] Der Zugriff ist strikt am Grundsatz der Verhältnismäßigkeit auszurichten.[372]

Bezweifelt werden muss die Angemessenheit der Regelung jedoch bereits bzgl. der Mitwirkungspflichten, die dem Steuerpflichtigen auferlegt werden. Die Bereitstellung von Daten für einen Zeitraum von bis zu zehn Jahren und die damit verbundenen Aufwendungen für Instandhaltung und Pflege überholter Datenverarbeitungssysteme ist dem Steuerpflichtigen nicht zumutbar. Dass der

---

[367] Teilweise bereits die Geeignetheit anzweifelnd: *Kaminski/Kerssenbrock/Strunk*, Elektronischer Datenzugriff der Finanzverwaltung gemäß § 147 Abs. 6 AO, K&R 2002, 225, 232; *Kerssenbrock/Riedel/Strunk*, Zur Verfassungsmäßigkeit des Datenzugriffs der Finanzverwaltung, DB (Beilage 9) 2002, 1, 12.

[368] *Drüen* in: *Tipke/Kruse*, Abgabenordnung, § 147 AO Rn. 69.

[369] *Drüen*, Verfassungsfragen der digitalen Außenprüfung, StuW 2003, 205, 218f..

[370] *Trzaskalik* in: *Hübschmann/Hepp/Spitaler*, Abgabenordnung, § 147 AO Rn. 43.

[371] *Kuhsel/Kaeser*, Bemerkungen zum BMF-Schreiben betreffend den Datenzugriff der Finanzverwaltung, DB 2001, 1583; *Schultz-Söderlund*, Der Datenzugriff – Anlass zur Sorgfalt, nicht zur Sorge, BB 2003, 1201; *Drüen* in: *Tipke/Kruse*, Abgabenordnung, § 147 AO Rn. 76.

[372] *Portner*, Unmittelbarer Zugriff auf das DV-System des Unternehmens einerseits und Akteneinsicht in die elektronischen Daten andererseits, in: FS Welf Müller, 321, 325; *Hantzsch*, Der Datenzugriff durch die Finanzverwaltung, S. 12 und 17; *Apitz*, Digitale Buchführung und Datenzugriff der Finanzverwaltung ab 1.1.2002, StBp 2002, 33, 44; *Drüen* in: *Tipke/Kruse*, Abgabenordnung, § 147 AO Rn. 76.

Steuerpflichtige darüber hinaus entsprechende Zugriffsschranken einzurichten hat und eine getrennte Speicherung von steuerlich relevanten und steuerlich nicht relevanten Daten betreiben muss, legt dem Steuerpflichtigen weitere finanzielle und personelle Belastungen auf, die nicht als angemessen angesehen werden können.

D) Ergebnis zum 3. Kapitel

Die Finanzverwaltung erhält durch den digitalen Datenzugriff weitgehende Zugriffsrechte auf betriebsinterne Daten und kann – in der Intensität abhängig von den individuell eingerichteten Zugriffsschranken – auf weit mehr Informationen zugreifen als bisher. Hierdurch wird in die Rechte der Steuerpflichtigen eingegriffen. Die jeweiligen von der Finanzverwaltung zum Datenzugriff ergriffenen Maßnahmen können nur dann als verfassungsgemäß angesehen werden, wenn sie dem Grundsatz der Verhältnismäßigkeit genügen.

Das Zugriffsrecht der Finanzbehörden stellt jedoch eine zusätzliche personal- und kostenintensive Belastung für den Steuerpflichtigen dar. Die Mitwirkungs- und Duldungspflichten der Steuerpflichtigen wurden erheblich vergrößert. Bereits aufgrund dieser Belastungen ist die Regelung als nicht verhältnismäßig und daher verfassungswidrig anzusehen.

Darüber hinaus sind die gesetzlichen Vorschriften – wie gezeigt – zu unbestimmt. Auch das BMF-Schreiben vom 16.07.2001 hat nicht für ausreichende Konkretisierungen sorgen können. Im übrigen ist eine Konkretisierung der gesetzlichen Vorschriften einer für den Steuerpflichtigen nicht rechtsverbindlichen Verwaltungsanweisung unbedingt vorzuziehen. Im Ergebnis ist der digitale Datenzugriff der Finanzverwaltung verfassungswidrig.

Ergebnis zum 1. Teil

Die vom Gesetzgeber getroffenen Maßnahmen auf dem Gebiet des Steuerverfahrensrechts und Steuerstrafrechts sehen sich zu Recht erheblicher Kritik ausgesetzt. Die Kriminalisierung der Steuerpflichtigen durch die Einführung des § 370a AO mit allen sich daraus ergebenden Konsequenzen ist als deutlich zu weitgehend anzusehen. Die Ausgestaltung der Vorschrift kann im Übrigen dem Bestimmtheitsgebot nicht genügen. Weiterhin wird mit dem Kontenabrufverfahren gemäß §§ 93 Abs. 7 und 8 AO das Bankgeheimnis ausgehöhlt und unverhältnismäßig in die Rechte des einzelnen eingegriffen. Die im AEAO enthaltenen Bestimmungen können nicht ausreichen, den Kontenabruf verfassungsgemäß zu machen – eine gesetzliche Nachbesserung ist hier unbedingt erforderlich. Im Übrigen wäre die Erhebung einer Quellensteuer im Vergleich zum Kontenabruf die weniger belastende Alternative. Auch die digitale Betriebsprüfung der Unternehmen gemäß §§ 146, 147 AO birgt die Gefahr eines zu extensiven Datenzugriffs durch die Finanzverwaltung und muss daher verfassungsrechtlichen Bedenken begegnen.

Die Rechte des einzelnen haben in den dargestellten Neuregelungen nicht ausreichend Berücksichtigung gefunden. Dem nahezu unbegrenzten Datenzugriff durch den Fiskus müssen Grenzen gesetzt werden, um den einzelnen Steuerbürger in seinem Recht auf informationelle Selbstbestimmung ausreichend zu schützen. Zur Herstellung der Verfassungsmäßigkeit hinsichtlich der dargestellten Normen sind gesetzgeberische Nachbesserungen erforderlich.

Ziel der Steuergesetzgebung muss es sein, ein Gleichgewicht zwischen der Gleichmäßigkeit der Besteuerung einerseits und den Grundrechten des einzelnen andererseits herzustellen. Die Bekämpfung von Geldwäsche, Organisierter Kriminalität und Terrorismus muss dabei eine ausreichende und wirksame Berücksichtigung finden, ohne jedoch über das Ziel hinauszuschießen und den einzelnen Steuerbürger über Gebühr zu kriminalisieren oder seine Daten für einen zu weitgehenden Zugriff verfügbar zu machen.

2. Teil: Individualrechte im Geflecht der internationalen Informationshilfe

Aufgrund der größer gewordenen Überwachungsmöglichkeiten in Bezug auf die Konten bei deutschen Kreditinstituten mag der Geldanleger versucht sein, sein Vermögen grenzüberschreitend anzulegen. Klassische europäische Länder, in die schon seit langer Zeit Gelder transferiert werden, sind neben der Schweiz auch Luxemburg, Liechtenstein und Österreich.

Jedoch sieht sich der Steuerpflichtige nicht nur im innerdeutschen Recht einer immer größer werdenden Überwachung gegenüber. Auch und gerade bzgl. der grenzüberschreitenden Geldanlage versuchen deutsche Behörden und Gerichte Informationen zu erlangen. Die diesbezügliche internationale Zusammenarbeit wird vor dem Hintergrund der Bekämpfung von Geldwäsche und Terrorismus immer weiter ausgebaut. Die Möglichkeiten, durch eine Geldanlage im Ausland dem deutschen Fiskus zu „entkommen", werden hierdurch eingeschränkt. Wie weit die Weitergabe von Informationen durch Amts- und Rechtshilfe reicht, ist Schwerpunkt der folgenden Ausführungen.

Die Begriffe Rechts- und Amtshilfe werden im Sprachgebrauch der Gesetze nicht sauber unterschieden.[373] Im allgemeinen ist unter der Amtshilfe die Hilfe zu verstehen, die eine Behörde einer anderen Behörde zur Erfüllung von Aufgaben der öffentlichen Verwaltung gewährt. Rechtshilfe hingegen setzt eine Hilfeleistung an ein Gericht voraus.[374] Diese organbezogene Abgrenzung führt jedoch gerade im steuergesetzlichen Bereich nicht zu einer durchweg schlüssigen Abgrenzung. Weder multilaterale Abkommen (wie das Europäische Übereinkommen über die Rechtshilfe in Strafsachen) noch nationale Rechtshilfegesetze (wie z.B. das schweizerische Bundesgesetz über internationale Rechtshilfe in Strafsachen) definieren ihren Anwendungsbereich aufgrund der tätigwerdenden Behörden. Im steuergesetzlichen Bereich gilt daher vielmehr: Im Steuerstrafverfahren kommen die Regeln der zwischenstaatlichen Rechtshilfe und im Besteuerungsverfahren die Regeln der zwischenstaatlichen Amtshilfe zur Anwendung.[375] Die Rechtshilfe

---

[373] Vgl. u.a. die Abgrenzung von Rechts- und Amtshilfe in § 117 AO, siehe unten Fn. 377.

[374] *Söhn* in: *Hübschmann/Hepp/Spitaler*, Abgabenordnung, § 117 AO Rn. 14; *Tipke* in: *Tipke/Kruse*, Abgabenordnung, § 117 AO Rn. 6; *Spatscheck/Alvermann*, Steuerfahndung ohne Grenzen?, IStR 2001, 33.

[375] So auch *Spatscheck/Alvermann*, Steuerfahndung ohne Grenzen?, IStR 2001, 33, 34; *Müller/Wabnitz/Janovsky*, Wirtschaftskriminalität, S. 312; *Stahl*, Rechtshilfe in Steuerstrafsachen, KÖSDI 1993, 9300; *Reich*, Internationale Rechtshilfe der Schweiz in Fiskalstrafsachen, in: FS Trechsel, 285, 286. Soweit die Finanzbehörde als Strafverfolgungsbehörde in einem Steuerstrafverfahren tätig wird, stehen ihr ausschließlich die Regelungen der zwischenstaatlichen Rechtshilfe zu; vgl. *Carl/Klos*, Leitfaden zur internationalen Amts- und Rechtshilfe in Steuersachen, S. 68.

umfasst grundsätzlich auch das Recht der Auslieferung – hierzu ist unter anderem das Europäische Auslieferungsübereinkommen[376] beschlossen worden. Das Auslieferungsrecht soll jedoch nicht Gegenstand der folgenden Ausführungen sein.

Die deutschen Finanzbehörden können gemäß § 117 Abs. 1 AO zwischenstaatliche Rechts- und Amtshilfe nach Maßgabe des deutschen Rechts in Anspruch nehmen.[377] Ausländische Finanzbehörden müssen auf ein Ersuchen hin Rechts- bzw. Amtshilfe leisten, wenn sie aufgrund entsprechender völkerrechtlicher Vereinbarungen hierzu verpflichtet sind. Auch innerstaatlich anwendbare Rechtsakte der EG/EU oder die in innerstaatliches Recht umgesetzten Richtlinien können zu solchen Verpflichtungen führen.[378]

Zunächst sollen im 1. Kapitel die völkerrechtlichen Verträge betreffend die Rechts- und Amtshilfe dargestellt werden. Rechts- und Amtshilfe sind auch Gegenstand nationaler Gesetzgebung. Beispielhaft werden im 2. Kapitel die diesbezüglichen Regelungen der Schweiz und Österreichs herausgegriffen und dargestellt. Diese Länderauswahl ergibt sich aus den Besonderheiten, die die Schweiz und Österreich von anderen europäischen Ländern in der Leistung von Rechts- und Amtshilfe unterscheiden.

Die Schweiz ist ein bekannter Bankenstandort und bevorzugter Ort für grenzüberschreitende Geldanlagen, der seinen Kunden durch ein ausgeprägtes Bankgeheimnis traditionell einen weitgehenden Schutz bietet. Gegenstand der Untersuchung im 2. Kapitel Abschnitt A) ist die Fragestellung, wie weitreichend dieser Schutz heute tatsächlich noch reicht, inwieweit sich deutsche Anleger auf das schweizerische Bankgeheimnis „verlassen“ können, und welche Informationen deutsche Behörden und Gerichte aus der Schweiz erlangen.

Österreich ist im Gegensatz zur Schweiz Mitglied der Europäischen Union und ist allein daher weitergehende Verpflichtungen zur Zusammenarbeit eingegangen. Dennoch pflegt auch Österreich traditionell ein stark ausgeprägtes Bankgeheimnis

---

[376] BGBl. 1976 II, 1778.

[377] Der Wortlaut des § 117 AO spricht eindeutig auch von der Rechtshilfe. Vielfach wird dennoch davon ausgegangen, dass die Bestimmung ausschließlich die Amtshilfe regele. Die Erwähnung der Rechtshilfe im Zusammenhang des § 117 AO sei unzutreffend; vgl. *Carl/Klos*, Leitfaden zur internationalen Amts- und Rechtshilfe in Steuersachen, S. 70; *Söhn* in: *Hübschmann/Hepp/Spitaler*, Abgabenordnung, § 117 AO Rn. 14. A.A. *Förster* in: *Koch/Scholtz*, Abgabenordnung, § 117 AO Rn. 2f.; demzufolge durchaus Fälle der Rechtshilfe denkbar seien, die unter § 117 AO fallen.

[378] *Söhn* in: *Hübschmann/Hepp/Spitaler*, Abgabenordnung, § 117 AO Rn. 32; *Till*, Zwischenstaatliche Amts- und Rechtshilfe, S. 110.

und verweigerte sich lange Zeit der Zusammenarbeit in fiskalischen Delikten. In den letzten Jahren ist ein deutlicher Wandel in der Zusammenarbeit von österreichischer Seite festzustellen. Dieser betrifft die Kunden österreichischer Banken und ihre Geldanlagen. Während Europa fiskalisch immer weiter zusammenrückt, bleibt aber auch in Österreich – wie zu zeigen sein wird – ein Restbereich an „Anonymität" gewährleistet. Wie weit dieser geht, und welche Informationszugriffe von deutschen Finanzbehörden und Gerichten möglich sind, wird im 2. Kapitel in Abschnitt B) dargestellt.

1. Kapitel: Internationale Übereinkommen

A) Übereinkommen zur Rechtshilfe

I) Das Europäische Übereinkommen über die Rechtshilfe in Strafsachen

Ausgangspunkt für eine Betrachtung der internationalen Rechtshilfe in Strafsachen auf multilateraler Ebene ist das Europäische Übereinkommen über die Rechtshilfe in Strafsachen vom 20. April 1959 (EuRhÜbk)[379]. Vor seinem Zustandekommen gab es kein multilaterales Abkommen, welches die internationale Rechtshilfe in Strafsachen losgelöst von Fragen der Auslieferung regelte.[380] Es wird als „wichtigster Vertrag"[381] hinsichtlich der Rechtshilfe in Strafsachen und außerdem als Mutterabkommen[382] für nachfolgende Vereinbarungen angesehen. Aus diesem Grund soll zunächst ein Überblick über Entstehungsgeschichte und Regelungsgehalt des EuRhÜbk gegeben werden.

1) Entstehungsgeschichte

Auf Initiative des Europarates war zunächst durch ein Expertenkomitee ein Entwurf zu einem Europäischen Auslieferungsübereinkommen ausgearbeitet worden, welcher 1957 in Paris unterzeichnet wurde. Bereits während der Arbeiten am Auslieferungsübereinkommen und erneut in ihrem abschließenden Bericht hatte die Expertenkommission auf die Zweckmäßigkeit eines Übereinkommens über die Rechtshilfe hingewiesen. Im Februar 1957 konstituierte sich der Ausschuss für Fragen der Rechtshilfe in Strafsachen, der sich aus Regierungsexperten mehrerer Länder zusammensetzte. Bereits ein gutes Jahr später konnte dem Ministerkomitee und anschließend der Beratenden Versammlung des Europarats ein endgültiger Entwurf des Rechtshilfeübereinkommens vorgelegt werden. Am 20. April 1959 wurde das Übereinkommen von Belgien, Deutschland, Dänemark, Griechenland, Italien, Luxemburg, Österreich und Schweden unterzeichnet.[383]

---

[379] SEV Nr. 030; zum derzeitigen Ratifikationsstand des Übereinkommens vgl. http://conventions.coe.int/Treaty/Commun/ChercheSig.asp?NT=030&CM=8&DF=23/08/2005&CL=GER.

[380] *Thunberg Schunke*, Internationell rättslig hjälp i brottmål inom EU, S. 72f..

[381] Vgl. *Kaspar*, Rechtshilfe und Auslieferung im Rahmen von Finanzvergehen, S. 40.

[382] Vgl. Erläuternden Bericht des Rates zum EU-RhÜbk; ABlEG Nr. C 379 vom 29.12.2000, S. 7.

[383] Vgl. zur Entstehungsgeschichte: *Franck*, The travaux préparatoires of the European Convention on Mutual Assistance in Criminal Matters, in: Problems Arising, 7, 9ff.; *Hauser*, Das Europäische Abkommen über die Rechtshilfe in Strafsachen vom 20. April 1959, SchwZfStrR 83 (1967), 225ff.; *Linke*, Das Europäische Übereinkommen über die Rechtshilfe in Strafsachen, ÖJZ 1968, 286ff.; *Vogler*, Die Europäischen Übereinkommen über die Auslieferung und die sonstige Rechtshilfe in Strafsachen, ZStW 1968, 480ff.; *Grützner/Pötz*, Internationaler Rechtshilfeverkehr in Strafsachen, Vorbemerkungen zum EuRhÜbk, Rn. 1.

Der Deutsche Bundestag stimmte dem Vertrag durch Gesetz vom 3. November 1964 zu.[384] Da in den bis dahin geltenden bilateralen Verträgen zum Teil einfachere Regelungen enthalten waren und daher Zusatzverträge ausgehandelt werden sollten, wartete man mit der Hinterlegung der Ratifikationsurkunden bis zum 2. Oktober 1976.[385] Das Übereinkommen ist am 1. Januar 1977 für die Bundesrepublik Deutschland in Kraft getreten.[386]

2) Regelungsgehalt

a) Umfang der Rechtshilfepflicht

Das Übereinkommen enthält in Art. 1 Abs. 1 die grundsätzliche Verpflichtung zur Leistung von Rechtshilfe. Die Vertragsparteien verpflichten sich danach „so weit wie möglich" Rechtshilfe zu leisten. Dabei erstreckt sich die Verpflichtung zur Rechtshilfe auf alle strafbaren Handlungen und somit auch auf Ordnungswidrigkeiten nach deutschem Recht, sofern das Verfahren zum Zeitpunkt des Rechtshilfeersuchens bei einer Justizbehörde – im Gegensatz zu einer Verwaltungsbehörde – anhängig ist.[387] Gemäß Art. 24 des Übereinkommens bestimmt jede Vertragspartei für sich, welche Behörden als Justizbehörden im Sinne des Abkommens anzusehen sind.

b) Einschränkungen der Rechtshilfepflicht gemäß Art. 2 EuRhÜbk

Gemäß Art. 2 lit. a und b EuRhÜbk „kann" der ersuchte Staat die Rechtshilfe verweigern. Sind daher die Voraussetzungen des Art. 2 EuRhÜbk erfüllt, liegt es im Ermessen des ersuchten Staates, ob er Rechtshilfe leisten will.[388] Er muss eine Ablehnung lediglich gemäß Art. 19 EuRhÜbk begründen. Diese Begründung soll dem ersuchenden Staat die Möglichkeit zu einer Gegenäußerung geben bzw. dem ersuchenden Staat ermöglichen, die für die Ablehnung maßgeblichen Gründe in

---

[384] BGBl. II 1964, 1369, 1386.

[385] Vgl. *Walter*, Das Europäische Übereinkommen über die Rechtshilfe in Strafsachen, NJW 1977, 983.

[386] BGBl. II 1976, 1799.

[387] Vgl. Denkschrift zum EuRhÜbk, BT-Drs. IV/382, S. 43ff., zu Art. 1; *Vogler*, Die Europäischen Übereinkommen über die Auslieferung und die sonstige Rechtshilfe in Strafsachen, ZStW 1968, 480, 499; nach *Grützner/Pötz*, Internationaler Rechtshilfeverkehr in Strafsachen. Art. 1 EuRhÜbk, Fn. 4, zielt diese Regelung „in erster Linie auf die *Ordnungswidrigkeiten nach deutschem Recht*".

[388] Vgl. Denkschrift zum EuRhÜbk, BT-Drs. IV/382, S. 43ff., zu Art. 2; *Burkhard*, Die Europäischen Übereinkommen über Auslieferung und Rechtshilfe in Strafsachen, Kriminalistik 1969, 151, 153; *Linke*, Das Europäische Übereinkommen über die Rechtshilfe in Strafsachen, ÖJZ 1968, 286, 288f..

künftigen Rechtshilfeersuchen zu berücksichtigen.[389] Durch die Vorschrift des Art. 2 EuRhÜbk ist das Prinzip der beiderseitigen Strafbarkeit und der beiderseitigen Verfolgbarkeit grundsätzlich aufgegeben worden; die Rechtshilfe kann daher nicht mit der Begründung verweigert werden, die dem Ersuchen zugrunde liegende Handlung sei nach dem Recht des ersuchten Staates nicht strafbar oder verfolgbar.[390]

(1) Politische strafbare Handlungen

Gemäß Art. 2 lit. a EuRhÜbk kann die Rechtshilfe verweigert werden, wenn sich das Ersuchen auf strafbare Handlungen bezieht, welche vom ersuchten Staat als politische oder als mit solchen zusammenhängende strafbare Handlungen angesehen werden. Es steht den Vertragsstaaten dann zu, durch generelle Erklärungen oder von Fall zu Fall die Gewährung von Rechtshilfe abzulehnen.[391]

Im Übereinkommen selbst ist der Begriff der politischen Straftat nicht genauer definiert worden. Dadurch, dass Art. 2 EuRhÜbk die Verweigerung der Rechtshilfe davon abhängig macht, inwieweit die Handlungen vom ersuchten Staat als politische strafbare „angesehen werden", steht den Vertragsstaaten ein Spielraum zu, eine eigene Definition der politischen Straftat beizubehalten bzw. zu entwickeln und diese als Maßstab an die Leistung der Rechtshilfe anzulegen.

Außerhalb des Europäischen Rechtshilfeübereinkommens sind jedoch Rechtshilfeverpflichtungen auch bzgl. politischer Delikte vor allem durch Art. 8 des Europäischen Übereinkommens zur Bekämpfung des Terrorismus vom 27. Januar 1977 (EuTerrÜbk)[392] geschaffen worden. Nach dieser Vorschrift wird Rechtshilfe zwischen den Vertragsstaaten auch in Verfahren bzgl. explizit genannter Straftaten (vgl. Art. 1 und Art. 2 des EuTerrÜbk) geleistet und darf nicht alleine mit der Begründung verweigert werden, dass es sich um eine politische Straftat, um eine mit einer politischen Straftat zusammenhängende oder um eine auf politischen Beweggründen beruhende Straftat handelt.

(2) Fiskalische strafbare Handlungen

Die Rechtshilfe kann gemäß Art. 2 lit. a des Übereinkommens weiterhin abgelehnt werden, wenn der ersuchte Staat die dem Rechtshilfeersuchen zugrunde

---

389 *Walter*, Das Europäische Übereinkommen über die Rechtshilfe in Strafsachen, NJW 1977, 983, 984.

390 Vgl. Denkschrift zum EuRhÜbk, BT-Drs. IV/382, S. 43ff., zu Art. 2.

391 *Hauser*, Das Europäische Abkommen über die Rechtshilfe in Strafsachen vom 20. April 1959, SchwZfStrR 83 (1967), 225, 232.

392 BGBl. II 1978, 321, 907.

liegende Tat als fiskalische strafbare Handlung ansieht. Fiskalische Straftaten werden durch das Übereinkommen daher im Ergebnis genauso wie politische Straftaten behandelt.[393] Auch durch die hier gewählte Formulierung („[...] als fiskalische strafbare Handlungen angesehen werden") bleibt es jeweils dem ersuchten Staat überlassen, den vagen Begriff „fiskalische strafbare Handlung" für sich näher zu bestimmen.[394] Eine weitergehende Präzisierung ist im EuRhÜbk nicht getroffen worden, „weil die Entscheidung weitgehend von den Umständen des Einzelfalles abhängig ist."[395] Es besteht aber die allgemeine Auffassung, dass unter „fiskalisch strafbaren Handlungen" – wie in Art. 5 EuAlÜbk – Abgabe- , Steuer-, Zoll- und Devisenstrafsachen zu verstehen sind.[396]

Bezüglich fiskalischer strafbarer Handlungen ist außerdem auf das erste Zusatzprotokoll zum Europäischen Übereinkommen über die Rechtshilfe in Strafsachen vom 17. März 1978 hinzuweisen; siehe hierzu unten: A)I)3)a) Erstes Zusatzprotokoll, S. 107.

(3) Ordre Public und Interessenklausel

Weiterhin kann die Rechtshilfe gemäß Art. 2 lit. b des Übereinkommens abgelehnt werden, wenn der ersuchte Staat annimmt, dass die Erledigung des Ersuchens geeignet ist, die Souveränität, die Sicherheit, oder öffentliche Ordnung (ordre public)[397] oder andere wesentliche Interessen seines Landes zu beeinträchtigen. Von einem derartigen allgemeinen Vorbehalt darf nur in Ausnahmefällen Gebrauch gemacht werden – nämlich dann, wenn unzumutbare, tatsächliche oder rechtliche Konsequenzen mit der Rechtshilfeleistung für den ersuchten Staat verbunden wären. „Wesentliche" Interessen können für die Regelung des Art. 2 lit. b EuRhÜbk nur Interessen des ersuchten Staates, nicht aber Interessen von Einzelpersonen sein.[398] Problematisch ist hier, inwieweit die Einhaltung des Bankgeheimnisses oder des Steuergeheimnisses wesentliche Interessen eines Staates darstellen können. Vgl. hierzu insbesondere den Vorbehalt Österreichs, demzufolge die Wahrung der in den österreichischen

---

[393] *Linke*, Das Europäische Übereinkommen über die Rechtshilfe in Strafsachen, ÖJZ 1968, 286, 288.

[394] Vgl. *Burgstaller*, Spezielle Fragen der internationalen Rechtshilfe in Strafsachen, in: FS für Triffterer, 733, 736.

[395] Denkschrift zum EuRhÜbk, BT-Drs. IV/382, S. 43ff., zu Art. 2.

[396] Vgl. *Grützner/Pötz*, Internationaler Rechtshilfeverkehr in Strafsachen, Vorbemerkungen zum EuRhÜbk, Rn. 7.

[397] Vgl. auch Art. 6 EGBGB.

[398] Vgl. Denkschrift zum EuRhÜbk, BT-Drs. IV/382, S. 43ff., zu Art. 2; *Markees*, Der Geheimnisschutz im Rechtshilfeverfahren in Strafsachen, SchwZStrR 1976, 179ff.; *Linke*, Das Europäische Übereinkommen über die Rechtshilfe in Strafsachen, ÖJZ 1968, 286, 289; *Walter*, Das Europäische Übereinkommen über die Rechtshilfe in Strafsachen, NJW 1977, 983, 984.

Rechtsvorschriften vorgesehenen Geheimhaltungspflichten als wesentliches Interesse angesehen wird und daher einer Rechtshilfeleistung entgegensteht.[399]

c) Gegenstände der Rechtshilfeersuchen

In Kapitel 2 (Art. 3ff.) und Kapitel 3 (Art. 7 ff.) des Übereinkommens wird näher erläutert, auf welche Gegenstände sich die Rechtshilfeersuchen beziehen können.

So zählt Art. 3 Abs. 1 EuRhÜbk einzelne Rechtshilfehandlungen auf (Vornahme von Untersuchungshandlungen, Übermittlung von Beweisstücken, Akten oder Schriftstücken) und sieht eine Erledigung grundsätzlich in der Form vor, wie es in den Rechtsvorschriften des ersuchten Staates vorgesehen ist. Wünscht der ersuchende Staat, dass die Aussage eines Zeugen oder Sachverständigen unter Eid geleistet wird, ist dieses Ersuchen gemäß Art. 3 Abs. 2 EuRhÜbk ausdrücklich anzugeben. Der ersuchte Staat muss diesem Begehren nachkommen, sofern sein Recht dem nicht entgegensteht. Die am Verfahren beteiligten Behörden sind gemäß Art. 4 EuRhÜbk von Ort und Zeit der Rechtshilfe-Handlung zu benachrichtigen, sofern der ersuchende Staat dies ausdrücklich verlangt. Ein Teilnahmerecht der beteiligten Behörden besteht allerdings nur dann, wenn der ersuchte Staat der Teilnahme zustimmt.

Gemäß Art. 5 EuRhÜbk steht den Vertragsstaaten frei, eine Durchsuchung oder Beschlagnahme davon abhängig zu machen, dass die dem Rechtshilfeersuchen zugrunde liegende Straftat sowohl nach dem Recht des ersuchenden als auch des ersuchten Staates strafbar ist (lit. a). Weiterhin kann die Auslieferungsfähigkeit der zugrunde liegenden strafbaren Handlung im ersuchten Staat vorausgesetzt werden (lit. b). Drittens kann die Erledigung des Rechtshilfeersuchens von der Vereinbarkeit mit dem Recht des ersuchten Staates abhängig gemacht werden (lit. c). Die Vorschrift des Art. 5 EuRhÜbk resultiert aus dem stärkeren Eingriff in die Freiheitsrechte des Betroffenen durch Beschlagnahme und Durchsuchung. Deutschland hat von diesem Recht Gebrauch gemacht und einen Vorbehalt gemäß Art. 5 Abs. 1 lit. a und c EuRhÜbk abgegeben.[400] Im Schengen-Rechtsraum wird die Möglichkeit von Vorbehalten und Erklärungen durch Art. 51 SDÜ eingeschränkt; vgl. hierzu unten II) Art. 48 bis 53 Schengener Durchführungsübereinkommen, S. 109.

In den Art. 7 bis 10 EuRhÜbk ist die Verpflichtung zur Zustellung von Verfahrensurkunden und Gerichtsentscheidungen, das persönliche Erscheinen von Zeugen und Sachverständigen geregelt, in Art. 11 EuRhÜbk das Erscheinen

[399] Siehe unten 2. Kapitel B)II)3)a) Vorbehalt des § 2 ARHG, S. 169.
[400] BGBl. II 1976, 1799.

von beschuldigten Personen und in Art. 12 EuRhÜbk das freie Geleit für die Vorgeladenen.

d) Verfahren

In Kapitel V des Übereinkommens (Art. 14 bis 20) finden sich Regelungen zum Verfahren der Rechtshilfe. Art. 14 EuRhÜbk schreibt vor, welche Angaben ein Rechtshilfeersuchen enthalten muss. In Art. 15 EuRhÜbk wird der Übermittlungsweg festgelegt. Übersetzungen von Dokumenten (Art. 16 EuRhÜbk) und Beglaubigungen (Art. 17 EuRhÜbk) sind grundsätzlich nicht erforderlich. Art. 16 Abs. 2 EuRhÜbk sieht jedoch die Möglichkeit eines Vorbehaltes zur Voraussetzung von Übersetzungen vor. Von dieser Möglichkeit hat die Bundesrepublik Deutschland Gebrauch gemacht und verlangt demnach eine Übersetzung des Ersuchens und der Unterlagen in deutscher Sprache oder zumindest in einer der Amtssprachen des Europarates.[401] In den folgenden Artikeln sind die Weiterleitung eines Rechtshilfeersuchens an die zuständige Behörde (Art. 18 EuRhÜbk), das Erfordernis einer Begründung im Falle der Verweigerung der Rechtshilfeleistung (Art. 19 EuRhÜbk) und die Kostenerstattung (Art. 20 EuRhÜbk) geregelt.

e) Sonderregelungen

Art. 21 EuRhÜbk regelt die Anzeige einer Straftat zum Zweck der Strafverfolgung. Dies ist kein Fall der Rechtshilfe und stellt somit einen Sonderfall im Übereinkommen dar. Der Staat, der die Anzeige erhält, ist zur Einleitung oder Durchführung eines Strafverfahrens nicht verpflichtet.[402] Der ersuchte Staat ist allerdings verpflichtet, dem ersuchenden Staat die getroffenen Maßnahmen mitzuteilen. Übernimmt der ersuchte Staat die Strafverfolgung, ergibt sich hieraus ein Verfolgungshindernis für den ersuchenden Staat.[403]

Strafrechtliche Verurteilungen von Staatsangehörigen von Vertragsstaaten und nachfolgende Maßnahmen, die in das Strafregister eingetragen werden, sind dem jeweiligen Staat automatisch – also unabhängig von fallbezogenen Ersuchen – gemäß Art. 22 des Übereinkommens mitzuteilen.

---

[401] BGBl. II 1976, 1799; Amtssprachen des Europarates sind Englisch und Französisch.

[402] *Linke*, Das Europäische Übereinkommen über die Rechtshilfe in Strafsachen, ÖJZ 1968, 286, 292.

[403] *Lagodny* in: *Schomburg/Lagodny*, Internationale Rechtshilfe in Strafsachen, Art. 21 EuRhÜbk, Rn. 2.

f) Schlussbestimmungen

In den Schlussbestimmungen werden der räumliche Geltungsbereich (Art. 25 EuRhÜbk) und das Verhältnis zu anderen Rechtshilfeverträgen (Art. 26 EuRhÜbk) festgelegt, sowie Bestimmung zum Inkrafttreten des Übereinkommens und zum Beitritt zu selbigem getroffen.

3) Zusatzprotokolle

a) Erstes Zusatzprotokoll

Bei der Erarbeitung des Europäischen Übereinkommens über die Rechtshilfe in Strafsachen konnten einige Fragen aus Rücksicht auf Interessen bzw. Rechtstraditionen einzelner Staaten nur sehr allgemein geregelt werden.[404] Das in mehrjähriger Arbeit des Sachverständigenausschusses erstellte Zusatzprotokoll[405] sollte zum einen den Anwendungsbereich des Übereinkommens erweitern und zum anderen Regelungslücken schließen. Es geht zurück auf einen Erfahrungsaustausch der mit der praktischen Anwendung des EuRhÜbk befassten Personen im Juni 1970.[406]

Das erste Zusatzprotokoll schränkt in den Art. 1 und 2 die Rechtshilfeausnahmen bei fiskalischen Delikten ein, die in Art. 2 des Übereinkommens getroffen wurden. So löst Art. 1 des Zusatzprotokolls den Art. 2 lit. a des Übereinkommens ab, der bestimmt, dass die Leistung von Rechtshilfe verweigert werden kann, wenn sich das Ersuchen auf Taten bezieht, die vom ersuchten Staat als „fiskalische strafbare Handlung" angesehen werde. Gemäß Art. 1 des Zusatzprotokolls besteht nun eine grundsätzliche Verpflichtung zur Leistung von Rechtshilfe auch bei fiskalischen strafbaren Handlungen. Eine konkrete Definition des Begriffs der „fiskalischen strafbaren Handlung" enthält allerdings auch das Zusatzprotokoll nicht. In Art. 2 Abs. 2 des Zusatzprotokolls werden für die „fiskalischen strafbaren Handlungen" Abgaben-, Steuer-, Zoll- und Devisensachen genannt. Dies entspricht der Formulierung aus dem Europäischen Auslieferungsübereinkommen vom 13. Dezember 1957. Während Art. 2 lit. a des Übereinkommens also durch Art. 1 des Zusatzprotokolls abgelöst wurde, bleibt Art. 2 lit. b des Übereinkommens jedoch unverändert, so dass übergeordnete staatliche Interessen im Rahmen des „ordre public" weiterhin zur Versagung der Rechtshilfe führen können.

---

404 Vgl. Denkschrift zum Zusatzprotokoll, BT-Drs. XI/1822, S. 11.

405 SEV Nr. 099, zum derzeitigen Ratifikationsstand des Zusatzprotokolls vgl. http://conventions.coe.int/Treaty/Commun/ChercheSig.asp?NT=099&CM=8&DF=23/08/2005&CL=GER.

406 Vgl. *Nagel*, Beweisaufnahme im Ausland, S. 42 m.w.N. zur Entstehungsgeschichte des Protokolls.

Art. 2 des Zusatzprotokolls betrifft die Regelungen zu Durchsuchung und Beschlagnahme in Art. 5 des Übereinkommens in Bezug auf fiskalische strafbare Handlungen. Hat ein Staat gemäß Art. 5 lit. a eine Durchsuchung oder Beschlagnahme von der beiderseitigen Strafbarkeit abhängig gemacht, so ist diese Voraussetzung in Bezug auf fiskalische strafbare Handlungen gemäß Art. 2 Abs. 1 des Zusatzprotokolls bereits dann erfüllt, wenn die dem Ersuchen zugrunde liegende Tat nach dem Recht der ersuchenden Vertragspartei strafbar ist und einer strafbaren Handlung „derselben Art" nach dem Recht des ersuchten Staates lediglich „entspricht". Nach Abs. 2 der Vorschrift darf das Ersuchen nicht mit der Begründung abgelehnt werden, im Recht des ersuchten Staates gebe es nicht dieselbe Art von Abgaben oder Steuern oder Abgaben-, Steuer-, Zoll- oder Devisenbestimmungen derselben Art wie im Recht des ersuchenden Staates. Die Voraussetzung der beiderseitigen Strafbarkeit wird somit durch die Vorschriften des Art. 2 des Zusatzprotokolls für fiskalisch strafbare Handlungen relativiert.

Das erste Zusatzprotokoll trat 1982 in Kraft, wurde von Deutschland 1985 unterzeichnet und 1991 ratifiziert.[407] Bei der Hinterlegung der Ratifikationsurkunde hat Deutschland erklärt, sich zu Art. 2 des Zusatzprotokolls das Recht vorzubehalten,

> „a) die Erledigung von Rechtshilfeersuchen jeder Art in Verfahren wegen Zuwiderhandlungen gegen Vorschriften über den internationalen Kapital- und Zahlungsverkehr und
> b) die Erledigung von Rechtshilfeersuchen um Durchsuchung oder Beschlagnahme von Gegenständen in Verfahren wegen sonstiger fiskalischer strafbarer Handlungen
> davon abhängig zu machen, dass die dem Rechtshilfeersuchen zugrunde liegende strafbare Handlung auch nach deutschem Recht strafbar ist oder bei sinngemäßer Umstellung des Sachverhalts strafbar wäre."[408]

Damit soll vor dem Hintergrund der unterschiedlichen Gesetzgebungen der einzelnen Staaten zur Regelung des Kapital- und Zahlungsverkehrs den Interessen der Bundesrepublik Deutschland und der durch die Rechtshilfeleistung Betroffenen Rechnung getragen werden.[409]

[407] BGBl. II 1990, 124.

[408] BGBl. II 1991, 909; vgl. zu den Vorbehalten Österreichs und der Schweiz im 2. Kapitel: Nationale Regelungen zur Rechts- und Amtshilfe in Steuerstrafsachen.

[409] Denkschrift zum Zusatzprotokoll, BT-Drs. XI/1822, S. 12.

b) Zweites Zusatzprotokoll

Das zweite Zusatzprotokoll[410] soll das Europäische Übereinkommen über die Rechtshilfe in Strafsachen von 1959 und das erste Zusatzprotokoll von 1978 verbessern und ergänzen. Die Regelungen des Protokolls betreffen unter anderem die Möglichkeit von Video- oder Telefonvernehmungen, den Einsatz verdeckter Ermittler, die Bildung gemeinsamer Ermittlungsgruppen, den Zeugenschutz und den Datenschutz. Das Protokoll soll damit nach Aussage des Europarates die Staaten „besser in die Lage versetzen, auf grenzüberschreitende Kriminalität im Lichte sozialer und politischer Entwicklungen in Europa und der technologischen Entwicklung in der Welt zu reagieren."[411] Rechtshilfe soll somit leichter, schneller und flexibler erfolgen können.

Unterzeichnet wurde das zweite Zusatzprotokoll 2001 von 17 Mitgliedstaaten des Europarates, darunter auch Deutschland. Weitere Staaten folgten in der darauffolgenden Zeit. Ratifiziert wurde das Protokoll bislang allerdings erst von drei Staaten (Albanien, Dänemark und Polen) und trat für diese am 1. Februar 2004 – drei Monate nach Hinterlegung der dritten Ratifikationsurkunde – in Kraft.

II) Art. 48 bis 53 Schengener Durchführungsübereinkommen

Auch im sogenannten Schengener Durchführungsübereinkommen (Übereinkommen zur Durchführung des Übereinkommens von Schengen vom 19.06.1985 betreffend den schrittweisen Abbau der Kontrollen an den gemeinsamen Grenzen vom 19.06.1990, im Folgenden: SDÜ)[412] werden Bereiche der Rechtshilfe in Strafsachen geregelt. Das Schengener Abkommen[413] regelt die Freiheit des Personenverkehrs und damit insbesondere den Abbau der Binnengrenzkontrollen. Durch das Schengen-Protokoll zum Amsterdamer Vertrag vom 02.10.1997 wurde die Schengen-Zusammenarbeit mit Wirkung vom 01.05.1999 in die EU einbezogen. Weitgehend unbeachtet blieb das Durchführungsabkommen, welches unter anderem in den Art. 48ff. SDÜ die Rechtshilfe in Strafsachen regelt.

Neben den Vorschriften zur Auslieferung (Art. 59 bis 66 SDÜ) und Vollstreckungshilfe (Art. 67 bis 69 SDÜ) enthalten die Art. 48 bis 53 SDÜ einige Bestimmungen zur sog. „kleinen" Rechtshilfe. Im Wesentlichen sollen diese Regelungen das Europäische Übereinkommen über die Rechtshilfe in Strafsachen

---

410 SEV-Nr. 182, zum derzeitigen Ratifikationsstand des 2. Zusatzprotokolls vgl. http://conventions.coe.int/Treaty/Commun/ChercheSig.asp?NT=182&CM=8&DF=29/08/2005&CL=GER.

411 Vgl. Zusammenfassung des 2. Zusatzprotokolls auf http://conventions.coe.int/Treaty/ger/Summaries/Html/182.htm.

412 ABlEG Nr. L 239 vom 22.09.2000, S. 19; BGBl. II 1993, S. 1013ff..

413 GMBl. 1986, S. 79ff..

von 1959 erweitern und ergänzen sowie seine Anwendung erleichtern (vgl. Art. 48 SDÜ). Das Übereinkommen von 1959 soll grundsätzlich weiterhin maßgeblich sein; die darin enthaltenen Verpflichtungen zur Rechtshilfe in Strafsachen werden allerdings dahingehend erweitert, dass sich aus dem SDÜ weitergehende Pflichten ergeben können.[414] Die zwischen den Vertragsparteien geltenden weitergehenden Bestimmungen aufgrund bilateraler Abkommen bleiben unberührt (vgl. Art. 48 Abs. 2 SDÜ).

Art. 49 lit. a SDÜ erweitert die Rechtshilfe auch auf Verfahren wegen Handlungen, die nach dem nationalen Recht einer oder beider Vertragsparteien als Zuwiderhandlungen gegen Ordnungsvorschriften durch Behörden geahndet werden, gegen deren Entscheidung ein auch in Strafsachen zuständiges Gericht angerufen werden kann.

Art. 50 SDÜ verpflichtet die Vertragsparteien zur Leistung von Rechtshilfe auch bei Verstößen gegen die gesetzlichen Bestimmungen und Vorschriften im Bereich der Verbrauchsteuern, der Mehrwertsteuer und des Zolls. Hierbei werden ausdrücklich auch Ordnungswidrigkeiten erfasst (vgl. Art. 50 Abs. 5 SDÜ), in diesem Fall jedoch unabhängig davon, ob in dem entsprechenden Verfahren ein in Strafsachen zuständiges Gericht zum Zuge kommen kann. Ein diesbezügliches Rechtshilfeersuchen muss von einer Justizbehörde gestellt werden. Insbesondere Deutschland und die Niederlande hatten eine noch weitergehende Zusammenarbeit in Steuer- und Abgabensachen gefordert, um die Möglichkeiten zu beschränken, Gelder zu waschen und Steuern zu hinterziehen. Diese Ausweitung war jedoch an der Ablehnung Luxemburgs gescheitert.[415]

Art. 50 Abs. 3 SDÜ stellt eine Spezialklausel auf, die insbesondere auch das Steuergeheimnis betrifft: „Die ersuchende Vertragspartei übermittelt und verwendet von der ersuchten Vertragspartei erhaltene Informationen oder Beweismittel für andere als in dem Ersuchen bezeichnete Ermittlungen, Strafverfolgungen oder Verfahren nur mit vorheriger Zustimmung der ersuchten Vertragspartei.“ Die Weitergabe von durch die Rechtshilfe erlangten Informationen wird hierdurch – abhängig von der Zustimmung des ersuchten Staates – ermöglicht.

Eine Einschränkung der Rechtshilfeleistung ist allerdings in Art. 50 Abs. 4 SDÜ enthalten. Danach kann die Rechtshilfe verweigert werden, „wenn der verkürzte oder erschlichene Betrag 25.000 ECU oder der Wert der unerlaubt ein- oder

---

[414] Vgl. *Kattau*, Strafverfolgung nach dem Wegfall der europäischen Grenzkontrollen, S. 78; *Epiney*, Rechtshilfe in Strafsachen in der EU, EuZW 2003, 421, 422.

[415] Vgl. *Kattau*, Strafverfolgung nach dem Wegfall der europäischen Grenzkontrollen, 61ff..

ausgeführten Waren 100.000 ECU voraussichtlich nicht übersteigt, es sei denn, die Tat wird wegen ihrer Art oder wegen der Person des Täters von der ersuchenden Vertragspartei als schwerwiegend erachtet."

Für die Erledigung von Rechtshilfeersuchen um Beschlagnahme oder Durchsuchung erfordert Art. 51 lit. a SDÜ, dass die dem Ersuchen zugrunde liegende Tat nach dem Recht beider Mitgliedstaaten mit einer Freiheitsstrafe oder die Freiheit beschränkenden Maßnahme im Höchstmaß von mindestens sechs Monaten bedroht ist, oder nach dem Recht eines Vertragsstaates mit einer Sanktion des gleichen Höchstmaßes bedroht ist und nach dem Recht der anderen Vertragspartei als Zuwiderhandlung gegen Ordnungsvorschriften durch Behörden verfolgt wird, gegen deren Entscheidung ein auch in Strafsachen zuständiges Gericht angerufen werden kann. Umstritten war bzgl. dieser Vorschrift, wie die Konjunktion „oder" zu verstehen sein soll. In den Verhandlungen der Bilateralen Abkommen II zwischen der Europäischen Union und der Schweiz wurde diese Frage relevant. Die Schweiz vertrat nämlich die Ansicht, Art. 51 lit. a SDÜ sehe eine „echte Alternativität" vor, so dass jeder Staat zwischen den durch das „oder" getrennten Kriterien wählen könne. Dann müsste die Schweiz nur im Falle eines Steuerbetruges – nicht aber der Steuerhinterziehung – Rechtshilfe leisten. Die Kommission hingegen wollte in der Bestimmung eine „kumulativen Alternativität" erkennen, derzufolge das Vorliegen einer der mit „oder" verknüpften Voraussetzungen für das Auslösen der Rechtshilfepflicht ausreiche.[416] Nach Ansicht von *Epiney* sprechen die besseren Argumente für die Annahme einer „echten Alternativität".[417] Zum einen habe die Bezugnahme auf Art. 5 EuRhÜbk, auf die sich die Kommission beruft, keinen Niederschlag im SDÜ gefunden; zum anderen sei eine „kumulative Alternativität" hier nicht sinnvoll, da die eine Alternative bereits in der anderen enthalten sei.[418] Im Ergebnis ist dieser Meinung daher zuzustimmen. Und selbst, wenn die in Art. 51 lit. a SDÜ genannten Voraussetzungen entgegen der schweizerischen Interpretation kumulativ angewendet werden sollten, müsste die Schweiz bei einer Steuerhinterziehung keine Rechtshilfe leisten, welche Durchsuchungsmaßnahmen oder die Beschlagnahme von Bankkonten beinhaltet. Der Grund liegt darin, dass die im zweiten Teilsatz der Bestimmung genannte Bedingung, dass ein Strafgericht angerufen werden kann, in der Schweiz nicht erfüllt ist.[419]

---

[416] Vgl. NZZ vom 27.01.2003, S. 9.

[417] *Epiney*, Rechtshilfe in Strafsachen in der EU, EuZW 2003, 421, 424f..

[418] Vgl. *Epiney*, Rechtshilfe in Strafsachen in der EU, EuZW 2003, 421, 425.

[419] Vgl. Vernehmlassungserläuterungen zu den Abkommen von Schengen und Dublin, http://www.europa.admin.ch/nbv/off/vernehm/d/schengen_expl.pdf, S. 29; siehe hierzu weiterhin 2. Kapitel A)VI)1)c) Schengen/Dublin, S. 164.

Daneben muss die Erledigung des Ersuchens gemäß Art. 51 lit. b SDÜ auch mit dem Recht des ersuchten Staates vereinbar sein. Im Ergebnis werden die Vorbehaltsmöglichkeiten des EuRhÜbk durch diese Bestimmungen des Schengener Durchführungsübereinkommens eingeschränkt und die Rechtshilfeverpflichtungen somit erweitert.

III) Übereinkommen über die Rechtshilfe in Strafsachen zwischen den Mitgliedstaaten der Europäischen Union

Im Mai 2000 hat der Rat der Europäischen Union den Mitgliedstaaten die Annahme des Übereinkommens über die Rechtshilfe in Strafsachen zwischen den Mitgliedstaaten der Europäischen Union (EU-RhÜbk) empfohlen.[420]

1) Regelungsgehalt des Übereinkommens

Dieses weitere Rechtshilfeübereinkommen soll wiederum die bereits bestehenden Abkommen (insbesondere das EuRhÜbk, das SDÜ und das Benelux-Übereinkommen) ergänzen und deren Anwendung erleichtern, vgl. Art. 1 des Übereinkommens. Die Anwendung weitergehender Bestimmungen in bi- oder multilateralen Abkommen sollen gemäß Art. 1 Abs. 2 des Übereinkommens hiervon nicht berührt werden.[421]

Art. 2 Abs. 2 EU-RhÜbk hebt ausdrücklich die Art. 49 lit. a, Art. 52, 53 und 73 SDÜ auf. Diese werden durch anderweitige Regelungen des EU-RhÜbk ersetzt. Art. 3 Abs. 1 EU-RhÜbk schreibt nun die Leistung von Rechtshilfe bereits bei (nur) beiderseitiger Sanktionierbarkeit vor. Das Übereinkommen erstreckt die Rechtshilfe auch auf die Verfolgung von Ordnungswidrigkeiten, wenn die Entscheidung der Verwaltungsbehörde durch Gerichte der ordentlichen Strafgerichtsbarkeit überprüfbar sind. In den Anwendungsbereich der Rechtshilfe werden gemäß Art. 3 Abs. 2 EU-RhÜbk auch Verfahren gegen juristische Personen einbezogen. Unter anderem regelt das EU-RhÜbk die Bildung und Arbeit gemeinsamer Ermittlungsgruppen (Art. 13) und die Durchführung verdeckter Ermittlungen (Art. 14). Daneben finden sich auch Bestimmungen zum Schutz personenbezogener Daten (Art. 23).

Bislang (Stand: 1. Januar 2006) ist das EU-RhÜbk noch nicht zustande gekommen.

---

420 ABlEG Nr. C 197 vom 12.07.2000, S. 1ff.

421 Vgl. *Haas*, Die Schengener Abkommen und ihre strafprozessualen Implikationen, S. 101.

2) Zusatzprotokoll betreffend die Rechtshilfe in Fiskalangelegenheiten

Am 16.10.2001 hat der Rat ein Protokoll zum Übereinkommen über die Rechtshilfe in Strafsachen zwischen den Mitgliedstaaten der EU[422] beschlossen. Dieses Protokoll ersetzt den Art. 50 SDÜ, es regelt spezifisch die Rechtshilfe in Bezug auf Fiskaldelikte – so zum Beispiel der Geldwäsche – und politische Straftaten.

Die Mitgliedstaaten sind verpflichtet, im Falle eines Vorliegens bestimmter strafbarer Handlungen generell Auskunft über die Konten und Guthaben der betroffenen Person in Banken zu gewähren (Art. 1 und 2). Nach Art. 7 darf das Bankgeheimnis nicht als Begründung für die Ablehnung jeglicher Zusammenarbeit in Bezug auf ein Rechtshilfeersuchen eines anderen Mitgliedstaates herangezogen werden. Art. 8 Abs. 1 untersagt den Mitgliedstaaten die Verweigerung der Rechtshilfe wegen des Charakters einer Straftat als fiskalische strafbare Handlung. Art. 8 Abs. 2 gestattet den Mitgliedstaaten die Erledigung eines Ersuchens um Durchsuchung oder Beschlagnahme von der doppelten Strafbarkeit abhängig zu machen. Diese Bedingung soll dann erfüllt sein, wenn die Handlung nach dem Recht des ersuchten Staates einer strafbaren Handlung „derselben Art" entspricht.

Die Mitgliedstaaten können damit weiterhin die Rechtshilfe bei Steuerhinterziehungen – die nicht den Tatbestand des strafbaren Steuerbetrugs erfüllen – verweigern. Es handelt sich dann nicht um eine Verweigerung „jeglicher Zusammenarbeit" wegen des Bankgeheimnisses. Hinsichtlich Durchsuchungen und Beschlagnahmen kann das Erfordernis der doppelten Strafbarkeit aufrecht erhalten werden.[423]

B) Übereinkommen zur Amtshilfe

Amtshilfe bezeichnet die Zusammenarbeit zwischen Verwaltungsbehörden. Für den Fiskalbereich betrifft dies insbesondere die Zusammenarbeit zwischen Steuerbehörden. Rechtliche Grundlage für die Amtshilfe sind meist multilaterale oder bilaterale Amtshilfeabkommen; außerdem gibt es eine Reihe von Doppelbesteuerungsabkommen (DBA), die Bestimmungen zur Amtshilfe treffen.

I) Musterabkommen der OECD

Das OECD-Musterabkommen (im Folgenden: OECD-MA) ist eine Empfehlung von Seiten der OECD, die nicht rechtsverbindlich ist. Den meisten Doppel-

---

[422] ABlEG Nr. C 326 vom 21.11.2001, S. 1.
[423] Vgl. hierzu *Epiney*, Rechtshilfe in Strafsachen in der EU, EuZW 2003, 421, 423.

besteuerungsabkommen liegt das OECD-Musterabkommen zugrunde. Das aus dem Jahr 1963 stammende Musterabkommen bildet insofern einen Meilenstein im Bestreben, durch einheitliche Grundsätze, Begriffsbestimmungen, Regeln und Verfahren sowie durch eine gemeinsame Auslegung die internationale Doppelbesteuerung zu vermeiden.[424] Die Kommentare zum OECD-MA stellen eine wichtige Grundlage zum Verständnis der DBA dar und gewährleisten so eine gemeinsame Auslegung der DBA. Dem Grunde nach sind sie jedoch nur Meinungsäußerungen „besonders kundiger Fachleute" des OECD-Fiskalausschusses und daher unverbindlich.[425]

Das MA 1963 und der dazugehörige Kommentar wurden 1977 geändert. Bis 1992 blieben Musterabkommen und Kommentar unverändert. Seit 1992 ist die OECD aber dazu übergegangen, das Musterabkommen und den Kommentar in Form einer Loseblattsammlung herauszugeben, um häufigere Anpassungen vornehmen zu können.[426] Im Anschluss an eine Revision im Jahr 2000[427] ist vom OECD-Steuerausschuss eine weitere Neufassung des Musterabkommens nebst Kommentar beschlossen und vom OECD-Ministerrat im Jahr 2003 gebilligt worden.[428]

1) Art. 26 OECD-MA 1963/1977

Zentrale Vorschrift für die Amtshilfe ist Art. 26 OECD-MA 1963, an dem sich die meisten deutschen DBA orientieren, bzw. Art. 26 OECD-MA 1977.[429] Die beiden Klauseln unterscheiden sich nur partiell.[430] Die Revision von 1992 übernahm die Fassung des Art. 26 OECD-MA 1977. Die Bestimmung sieht einen Informationsaustausch zur Durchführung des Abkommens oder des innerstaatlichen Rechts vor.[431] Der Begriff „Austausch" ist dabei nicht im Sinne eines Zug-um-Zug-Austausches zu verstehen; vielmehr ist hiermit der Grundsatz der Gegenseitigkeit

---

[424] *Lüthi*, Entwicklungstendenzen bei der OECD auf dem Gebiet des internationalen Steuerrechts, IStR 2001, 533.

[425] *Becker*, Probleme des internationalen Auskunftsverkehrs, JbFSt 1980/81, 122, 131f.; vgl. hierzu auch *Vogel* in: *Vogel/Lehner*, DBA-Kommentar, Einl. Rn. 123ff.. Zu der Frage, inwieweit der MA-Kommentar für vorher geschlossene DBA gelten kann, vgl. *Debatin*, Neue Entwicklungen im internationalen steuerlichen Auskunftsverkehr (I), DB 1977, 2064, 2067ff.; *Till*, Zwischenstaatliche Amts- und Rechtshilfe, S. 122 m.w.N..

[426] Vgl. *Lang*, Das OECD-Musterabkommen, IStR 2001, 536.

[427] Siehe hierzu *Krabbe*, OECD-Musterabkommen 2000, IStR 2000, 196ff..

[428] Vgl. *Krabbe*, OECD-Musterabkommen 2003, IStR 2003, 253.

[429] Die meisten deutschen DBA orientieren sich am MA von 1963 aufgrund der Tatsache, dass sie vor 1977 geschlossen wurden; siehe die Übersicht bei *Söhn* in: *Hübschmann/Hepp/Spitaler*, Abgabenordnung, § 117 AO Rn. 34.

[430] *Söhn* in: *Hübschmann/Hepp/Spitaler*, Abgabenordnung, § 117 AO Rn. 50.

[431] *Lüthi*, Entwicklungstendenzen bei der OECD auf dem Gebiet des internationalen Steuerrechts, IStR 2001, 533, 535.

gemeint, so dass sich die Vertragsstaaten zu Auskünften unter vergleichbaren Umständen und in vergleichbarem Umfang verpflichten.[432] Nach Ziff. 9 des OECD-Kommentars 1977 ist der Informationsaustausch auf drei verschiedene Arten möglich: Als Reaktion auf das Ersuchen einer Behörde, als automatische Auskunftserteilung sowie als Spontanauskunft, also unaufgefordert.[433]

Zu unterscheiden ist zwischen sog. großen und kleinen Auskunftsklauseln. Die große Auskunftsklausel bezieht sich auf Informationen, die erforderlich sind zur Durchführung des DBA oder des innerstaatlichen Rechts eines Vertragsstaates – sofern es unter das DBA fallende Steuern betrifft.[434] Hierdurch sind umfassende Auskünfte zulässig, die zur Besteuerung im Inland erforderlich sind. Die kleine Auskunftsklausel hingegen erlaubt nur Auskünfte, die der Durchführung des DBA an sich dienen.[435] Auskünfte im Steuerfahndungsverfahren werden über die kleinen Auskunftsklauseln nicht erteilt.[436]

Als einziger Staat hat die Schweiz einen allgemeinen Vorbehalt zu Art. 26 OECD-MA angebracht:[437] „Nach schweizerischer Auffassung besteht der Zweck eines Doppelbesteuerungsabkommens in der Vermeidung der Doppelbesteuerung; die für die Verhinderung der missbräuchlichen Inanspruchnahme eines Abkommens notwendigen Auskünfte können bereits im Rahmen der Bestimmungen über das Verständigungsverfahren, die Herabsetzung von an der Quelle erhobenen Steuern und dergleichen ausgetauscht werden; für die Schweiz ist eine besondere Bestimmung über den Austausch von Auskünften entbehrlich, weil auch eine ausdrückliche Vorschrift, dem Zweck des Abkommens entsprechend, nur den Austausch von Auskünften vorsehen kann, die für die richtige Durchführung und für die Verhinderung von Missbräuchen des Abkommens notwendig ist. Dementsprechend macht die Schweiz einen ausdrücklichen Vorbehalt zum Artikel über den Austausch von Auskünften.“ Die Auskunftsverpflichtung geht aus Sicht der Schweiz daher nicht über das hinaus, was die Schweiz auch ohne derartige Klausel an Auskünften zur Durchführung des Abkommens gewährt.[438]

---

432 *Engelschalk* in: *Vogel/Lehner*, DBA-Kommentar, Art. 26 OECD-MA Rn. 16; *Tipke* in: *Tipke/Kruse*, Abgabenordnung, § 117 AO Rn. 16.

433 Vgl. *Kaligin*, Zwischenstaatliche Rechts- und Amtshilfe in Steuersachen, WPg 1982, 562.

434 *Engelschalk* in: *Vogel/Lehner*, DBA-Kommentar, Art. 26 OECD-MA Rn. 40.

435 *Engelschalk* in: *Vogel/Lehner*, DBA-Kommentar, Art. 26 OECD-MA Rn. 4; *Tipke* in: *Tipke/Kruse*, Abgabenordnung, § 117 AO Rn. 18.

436 *Spatscheck/Alvermann*, Steuerfahndung ohne Grenzen?, IStR 2001, 33, 35.

437 *Pieper*, Rechts- und Amtshilfe in Steuerangelegenheiten durch die Schweiz, S. 23f..

438 Vgl. zu den DBA der Schweiz 2. Kapitel A)V) Amtshilfe: Doppelbesteuerungsabkommen der Schweiz, S. 155.

Art. 26 Abs. 1 OECD-MA schränkt durch die Weitergabe der Informationen den Schutz des Steuergeheimnisses ein. Im Gegenzug entsteht für die Vertragsstaaten die Pflicht, die erhaltenen Informationen ihrerseits geheimzuhalten.[439]

Das OECD-MA 1963 gewährleistet durch die Formulierung „sind geheimzuhalten" einen absoluten Schutz.[440] Damit begründet Art. 26 Abs. 1 OECD-MA 1963 ein eigenständiges internationales Steuergeheimnis. Eine Aufweichung oder Durchbrechung desselben ist nach den Vorschriften des nationalen Rechts in keinem Fall zulässig.[441]

Demgegenüber gibt das OECD-MA 1977 nur einen relativen Schutz bezogen auf das innerstaatliche Recht des Vertragsstaates.[442] Danach sind die Informationen „ebenso geheimzuhalten wie die auf Grund des innerstaatlichen Rechts dieses Staates beschafften Informationen". Für deutsche DBA auf Grundlage des OECD-MA 1977 bedeutet dies zunächst die Geheimhaltung der auf dem Amtshilfeweg erlangten Informationen entsprechend §§ 30ff. AO. Durch die in Art. 26 Abs. 1 S. 3ff. OECD-MA enthaltenen weiteren Beschränkungen dürfen die Informationen aber nur den Personen oder Behörden zugänglich gemacht werden, die mit der Veranlagung oder Erhebung, der Vollstreckung oder Strafverfolgung oder mit der Entscheidung von Rechtsmitteln hinsichtlich der unter das Abkommen fallenden Steuern befasst sind. Diese dürfen die Informationen nur für genau diese Zwecke verwenden; sie dürfen sie jedoch in einem öffentlichen Gerichtsverfahren oder einer Gerichtsentscheidung offenlegen. Eine Offenlegung außerhalb eines Gerichtsverfahrens oder aus anderen als den in Art. 26 OECD-MA genannten Gründen sind nicht gestattet. Hiermit sind mögliche Durchbrechungen des Steuergeheimnisses im innerstaatlichen Recht eingeschränkt. So ist in Deutschland z.B. die in § 31a AO vorgesehene Durchbrechung des Steuergeheimnisses zur Bekämpfung der illegalen Beschäftigung bzgl. auf dem Amtshilfeweg erlangter Informationen unanwendbar.[443]

---

[439] *Zuppinger*, Probleme der internationalen Amts- und Rechtshilfe in Steuer-, insbesondere in Fiskalstrafsachen, ASA 50 (1981/82), 5, 20.

[440] *Eilers* in: *Debatin/Wassermeyer*, Doppelbesteuerung, Band I, Art. 26 OECD-MA Rn. 12; *Engelschalk* in: *Vogel/Lehner*, DBA-Kommentar Art. 26 OECD-MA Rn. 56.

[441] Vgl. *Engelschalk* in: *Vogel/Lehner*, DBA-Kommentar, Art. 26 OECD-MA Rn. 79.

[442] Kritisch zur Relativierung des Steuergeheimnisses im internationalen Auskunftsverkehr: *Eilers*, Das Steuergeheimnis als Grenze des internationalen Auskunftsverkehrs, S. 61.

[443] Vgl. auch *Engelschalk* in: *Vogel/Lehner*, DBA-Kommentar, Art. 26 OECD-MA Rn. 62.

2) OECD-MA 2000

Im OECD-MA 2000 wurde Art. 26 neugefasst.[444] Bei Vereinbarung der „großen" Auskunftsklausel ist der Informationsaustausch nicht mehr auf die im Abkommen geregelten Steuerarten beschränkt. Vielmehr kann Amtshilfe nach dem OECD-MA 2000 hinsichtlich Steuern jeder Art und Bezeichnung verlangt werden. Die Änderung betrifft nicht die „kleine" Auskunftsklausel.

3) OECD-MA 2003

Durch das OECD-MA von 2003 wurde außerdem mit Art. 27 OECD-MA eine neue Vorschrift betreffend die Amtshilfe eingefügt. Diese Vorschrift ermöglicht nunmehr auch die Amtshilfe bei der Vollstreckung von Steuerforderungen. Dies wurde zur Sicherung des Steueraufkommens für erforderlich gehalten. Bemerkenswert ist, dass sich die Vorschrift wie Art. 26 OECD-MA in dessen Neufassung von 2000 auf Steuern jeder Art und Bezeichnung erstreckt (Abs. 2). Das Vollstreckungsersuchen ist nicht erst bei Unanfechtbarkeit oder Endgültigkeit der Steuerfestsetzung, sondern bereits bei deren Vollziehbarkeit zulässig (Abs. 3).[445]

4) OECD-MA Revision 2005/2006

Eine weitere Revision des OECD-MA steht derzeit an. Das OECD-Fiskalkomitee hat einer grundlegenden Änderung des Art. 26 OECD-MA bereits zugestimmt.[446] Die Änderung des Musterabkommens ist in der kommenden Zeit zu erwarten. Der geänderte Text des Art. 26 OECD-MA und die gleichzeitig vorbereitete Änderung des MA-Kommentars sind bereits von der OECD veröffentlicht.[447]

Nach der neuen Bestimmung werden Auskünfte nicht mehr erteilt, wenn sie „zur Durchführung dieses Abkommens oder des innerstaatlichen Rechts [...] *erforderlich sind*", sondern schon dann, wenn die Informationen „für die Durchführung der Abkommensbestimmungen oder die Verwaltung und den Vollzug des inner-

---

444 Vgl. hierzu *Benecke/Schnitger*, Internationale Amtshilfe nach der Änderung des OECD-Musterabkommens 2000, IWB Fach 10, Gruppe 2 (2001), 1517ff..

445 *Krabbe*, OECD-Musterabkommen 2003, IStR 2003, 253, 254.

446 Meldung der OECD im Internet vom 23.07.2004; http://www.oecd.org/document/47/0,2340,en_2649_33767_33623679_1_1_1_1,00.html; vgl. zur Revision des Art. 26 OECD-MA auch *Kolb*, Revision des Artikels 26 OECD-MA zum Informationsaustausch, IWB Fach 10, Gruppe 2 (2004), 1801; *Kolb*, Neufassung des Artikels 26 des OECD-Musterabkommens, ASA 73 (2004/05), 193.

447 Abrufbar im Internet unter: http://www.oecd.org/dataoecd/28/4/33614065.pdf.

staatlichen Rechts [...] *voraussichtlich erheblich*" erscheinen.[448] Der Entwurf des Kommentars weist in Ziff. 4.1.[449] darauf hin, dass diese Änderung keine materiellen Auswirkungen haben solle. Vielmehr bezwecke die Änderung eine Angleichung an die Terminologie des Übereinkommens über den Informationsaustausch in Steuersachen[450]. Gleichzeitig soll durch die Änderung gemäß Ziff. 5 des neu formulierten MA-Kommentars aber ein weitestmöglicher Informationsaustausch angestrebt werden.[451] Tatsächlich scheint daher durch die Neufassung eine Ausweitung der Möglichkeiten zum Informationsaustausch geschaffen zu werden.

Der neu hinzugefügte Art. 26 Abs. 4 OECD-MA[452] verpflichtet den ersuchten Staat, die Informationen einzuholen und weiterzuleiten, auch wenn er diese für seine eigenen Steuerzwecke nicht benötigt. Nach den Ausführungen des Kommentars (Ziff. 19.6.) entspricht dies ohnehin der Praxis der meisten OECD-Mitgliedstaaten.

Darüber hinaus schränkt der neue Art. 26 Abs. 5 OECD-MA das Bankgeheimnis ein. Demnach erlauben es die Vorschriften des Abs. 3 (dieser entspricht Abs. 2) einem Vertragstaat nicht, Auskünfte unter Hinweis auf das Bankgeheimnis zu verweigern. Auch dies entspricht zufolge des Kommentars (Ziff. 19.10.) der

---

448 Hervorhebung im obigen Text durch den Verf.; der englische Originaltext der vorgesehenen Änderung in Art. 26 Abs. 1 S. 1 OECD-MA lautet: "The competent authorities of the Contracting States shall exchange such information as is ~~necessary~~ ***forseeably relevant*** for carrying out the provisions of this Convention or ***to the administration or enforcement*** of the domestic laws concerning taxes of every kind and description imposed on behalf of the Contracting States, or of their political subdivisions or local authorities, insofar as the taxation thereunder is not contrary to the Convention."

449 *"4.1. Many of the changes that were then made to the Article were not intended to alter its substance, but instead were made to remove doubts as to its proper interpretation. For instance, the change from "necessary" to "foreseeably relevant" and the insertion of the words "to the administration or enforcement" in paragraph 1 were made to achieve consistency with the Model Agreement on Exchange of Information on Tax Matters and were not intended to alter the effect of the provision."*

450 Siehe hierzu unten B)I)5) OECD Musterabkommen zum Informationsaustausch in Steuersachen, S. 119.

451 *"[...] The standard of "foreseeable relevance" is intended to provide for exchange of information in tax matters to the widest possible extent [...]"*

452 Art. 26 Abs. 4 S. 1 OECD-MA: "If information is requested by a Contracting State in accordance with this Article, the other Contracting State shall use its information gathering measures to obtain the requested information, even though that other State may not need such information for its own tax purposes."

bisherigen Praxis der meisten Staaten. Österreich[453], die Schweiz[454], Belgien[455] und Luxemburg[456] haben unterschiedlich geartete Vorbehalte zu Art. 26 Abs. 5 OECD-MA (die Schweiz auch zu Abs. 1) angebracht, da die Vorschriften mit ihren Rechtsordnungen nicht vereinbar sind.

5) OECD Musterabkommen zum Informationsaustausch in Steuersachen

Im April 2002 hat die OECD ein Musterabkommen zum Informationssaustausch in Steuersachen vorgelegt.[457] Der Entwurf führt zu einer Erweiterung des Auskunftsverkehrs. Der Entwurf verzichtet auf das Erfordernis der doppelten Strafbarkeit und schließt Geheimnisvorschriften als Hindernis der Auskunftserteilung aus. Auch das Bankgeheimnis soll demnach einem Auskunftsaustausch nicht entgegenstehen. Dies entspricht dem Ziel der OECD, den Steuerbehörden allgemeinen Zugang zu Bankinformationen einzuräumen.[458] Die Bundesrepublik Deutschland hat dieses Abkommen noch nicht unterzeichnet.

II) EG-Amtshilferichtlinie und EG-AHG

Der Ministerrat der Europäischen Gemeinschaft hat 1977 die sog. Amtshilferichtlinie[459] erlassen. Diese sollte die Zusammenarbeit zwischen den

---

[453] Ziff. 23 des neuen OECD-MA-Kommentars: *„Austria reserves the right not to include paragraph 5 in its conventions. However, Austria is authorised to exchange information held by a bank or other financial institution where such information is requested within the framework of a criminal investigation which is carried on in the requesting State concerning the commitment of tax fraud."*

[454] Ziff. 24 in der Änderung OECD-MA-Kommentars (Änderungen hervorgehoben durch die OECD): *"Switzerland reserves its position on ~~this Article~~* ***paragraphs 1 and 5****. It will propose to limit the scope of this Article to information necessary for carrying out the provisions of the Convention.* ***This reservation shall not apply in cases involving acts of fraud subject to imprisonment according to the laws of both Contracting States."***

[455] Ziff. 25 des neuen OECD-MA-Kommentars: *„Belgium reserves the right not to include paragraph 5 in its conventions."*

[456] Ziff. 26 des neuen OECD-MA-Kommentars: *"Luxembourg reserves the right not to include paragraph 5 in its conventions."*

[457] Agreement on Exchange of Information on Tax Matters; abrufbar im Internet unter: http://www.oecd.org/dataoecd/15/43/2082215.pdf; vgl. hierzu *Eilers* in: *Debatin/Wassermeyer*, Doppelbesteuerung, Band I, Art. 26 OECD-MA Rn. 17.

[458] Vgl. *OECD / Committee on Fiscal Affairs*, Improving Access to Bank Information for Tax Purposes. Tz. 20: "Ideally, all Member countries should permit tax authorities to have access to bank information, directly or indirectly, for all tax purposes so that tax authorities can fully discharge their revenue raising responsibilities and engage in effective exchange of information."

[459] Richtlinie 77/799/EWG des Rates vom 19. Dezember 1977 über die gegenseitige Amtshilfe zwischen den zuständigen Behörden der Mitgliedstaaten im Bereich der direkten Steuern, ABlEG Nr. L 336 vom 27.12.1977, S. 15.

Steuerverwaltungen innerhalb der EG nach gemeinsamen Grundsätzen und Regeln stärken, um „neue Formen der Steuerhinterziehung und Steuerflucht wirksam zu bekämpfen, die immer mehr einen multinationalen Charakter annehmen“[460]. Durch Änderungsrichtlinien wurden insbesondere die Mehrwertsteuer[461] sowie die harmonisierten speziellen Verbrauchsteuern auf Mineralöle, Alkohol, alkoholische Getränke sowie Tabakwaren[462] in die Amtshilfe-Richtlinie einbezogen. Zuletzt wurde die Richtlinie 2004 geändert.[463]

Gemäß Art. 1 erteilen sich die zuständigen Behörden der Mitgliedstaaten gegenseitig alle Auskünfte für die Steuerfestsetzung bzgl. der Steuern vom Einkommen und Vermögen. Die Richtlinie sieht hierfür drei Arten der Auskunftserteilung vor: Auskunft auf Ersuchen (Art. 2), den automatischen Auskunftsaustausch (Art. 3) und den spontanen Auskunftsaustausch (Art. 4).[464] Gemäß Art. 8 Abs. 1 müssen Auskünfte nur soweit erteilt werden, als sie für die nationale Besteuerung erhoben werden können.[465] Soweit daher der Anlagestaat kein Recht zur Erhebung der gewünschten Daten hat – etwa aufgrund eines nationalen Bankgeheimnisses – ist die Reichweite der Amtshilferichtlinie stark eingeschränkt.[466]

---

[460] Begr. des Richtlinien-Entwurfs, BT-Drs. VII/5081, S. 1.

[461] Änderungsrichtlinie vom 06.12.1979, ABlEG Nr. L 331 vom 27.12.1979, S. 8.

[462] Richtlinie 92/12/EWG vom 25.02.1992, ABlEG Nr. L 76 vom 23.03.1992, S. 1.

[463] Richtlinie 2004/106/EG des Rates vom 16. November 2004 zur Änderung der Richtlinie 77/799/EWG über die gegenseitige Amtshilfe zwischen den zuständigen Behörden der Mitgliedstaaten im Bereich der direkten Steuern, bestimmter Verbrauchsteuern und der Steuern auf Versicherungsprämien sowie der Richtlinie 92/12/EWG über das allgemeine System, den Besitz, die Beförderung und die Kontrolle verbrauchsteuerpflichtiger Waren; ABlEG Nr. L 359 vom 04.12.2004, S. 30.

[464] Zu den jeweiligen Voraussetzungen der drei Auskunftsarten: *Boochs*, Internationale Amts- und Rechtshilfe, DStZ 1984, 319, 322; *Sass*, Zur Richtlinie über den Auskunftsaustausch zwischen den Steuerverwaltungen der EG, DB 1978, 2236, 2237f.. Auch der automatische und spontane Auskunftsaustausch waren im Übrigen bereits nach dem OECD-MA 1977 zulässig, vgl. *Koch*, Die EG-Richtlinie zur internationalen Rechts- und Amtshilfe und ihre Auswirkungen im internationalen Recht, DStZ/A 1979, 4, 7.

[465] Art. 8 Abs. 1 in der durch die Richtlinie 2004/56/EG des Rates vom 21.04.2004 zur Änderung der Richtlinie 77/799/EWG über die gegenseitige Amtshilfe zwischen den zuständigen Behörden der Mitgliedstaaten im Bereich der direkten Steuern, bestimmter Verbrauchsteuern und der Steuern auf Versicherungsprämien (Nr. L 127 vom 29.04.2004, S. 70) geänderten Fassung lautet: „Diese Richtlinie verpflichtet einen um Auskunft ersuchten Mitgliedstaat nicht zur Durchführung von Ermittlungen oder zur Übermittlung von Auskünften, wenn seine Rechtsvorschriften oder Verwaltungspraxis der Durchführung solcher Ermittlungen oder der Beschaffung der erbetenen Auskünfte durch die zuständige Behörde dieses Staates entgegenstehen.“

[466] *Thömmes* in: *Lenz*, EG-Handbuch Recht im Binnenmarkt, S. 610; *Fleißig*, Die Harmonisierung der Zinsbesteuerung in der EU, S. 133f; *Anzinger*, Harmonisierung der Zinsbesteuerung in der EU, StuW 2002, 261, 264.

Bedeutsam ist die Richtlinie aber insofern, als durch die Aufnahme der Amtshilfe in eine Richtlinie nunmehr der EuGH über deren Anwendung entscheidet. Der EuGH hat in seiner ersten Entscheidung[467] zur Amtshilferichtlinie bereits auf die Verpflichtung zu Spontanauskünften hingewiesen. Nach dem Wortlaut der Richtlinie „soll" die zuständige Behörde eines Mitgliedstaates Spontanauskünfte an die zuständige Behörde eines anderen Mitgliedstaates erteilen, wenn Anhaltspunkte für die Vermutung einer Steuerverkürzung bestehen.[468] Hieraus liest der EuGH eine Verpflichtung zu Auskünften auch ohne vorheriges Ersuchen.[469] Für die Vermutung einer Steuerverkürzung im ausländischen Staat ist weder ein solcher Beweis noch eine summarische Beurteilung des Sachverhalts nach ausländischem Recht erforderlich.[470] Eine Spontanauskunft ist schon dann zu erteilen, wenn Gründe für die Annahme bestehen, dass ohne die Auskunft im anderen Staat eine Minderbesteuerung entstehen könnte. Die eventuelle Höhe der Minderbesteuerung ist dabei ohne Bedeutung.[471]

III) Übereinkommen über die gegenseitige Amtshilfe in Steuersachen

Ein vom Europarat und der OECD gemeinsam ausgearbeitetes Übereinkommen über die gegenseitige Amtshilfe in Steuersachen von 1988[472] soll der Bekämpfung der Steuerhinterziehung dienen. Es soll das Netz von bilateralen und multilateralen Regelungen des internationalen Auskunftsverkehrs ergänzen und die Auskunftspflichten und Auskunftsmöglichkeiten erweitern.

Die Vertragsstaaten erteilen sich gemäß Art. 4 des Übereinkommens alle Auskünfte, die für die Veranlagung oder Erhebung der Steuern und die Beitreibung und Vollstreckung steuerlicher Ansprüche geeignet sein können oder

---

[467] EuGH, Urteil vom 13.04.2000 – C-420/98 (W. N./Staatssecretaris van Financiën); EuGHE I 2000, 2847.

[468] Art. 4 Abs. 1: „Die zuständige Behörde jedes Mitgliedstaats soll der zuständigen Behörde eines anderen Mitgliedstaats die in Artikel 1 Absatz 1 bezeichneten Auskünfte, die ihr bekannt werden, in folgenden Fällen ohne vorheriges Ersuchen erteilen:
a) wenn die zuständige Behörde eines Mitgliedstaats Gründe für die Vermutung einer Steuerverkürzung in dem anderen Mitgliedstaat hat. [...]".

[469] EuGHE I 2000, 2847, Rn. 13.

[470] EuGHE I 2000, 2847, Rn. 14 und 18; vgl. auch *de Werth*, Zur Zulässigkeit von Spontanauskünften in der Europäischen Union, IStR 2000. 462.

[471] EuGHE I 2000, 2847, Rn. 22f.; dem widersprechend sah die deutsche Finanzverwaltung eine Beschränkung der Spontanauskünfte auf „steuerlich bedeutsame Fälle" vor. Diese liegen z.B. bei hohen Zahlungsbeträgen oder bei Verdacht einer Steuerstraftat oder einer Steuerordnungswidrigkeit vor. (BMF-Schreiben vom 03.02.1999, IV B 4 – S 1320 – 3/99, BStBl I 1999, 228, 238 Nr. 4.2.1.). Außerdem sollte die Auskunftserteilung über Arbeitslohn erst ab einer Gehaltssumme von 20.000 DM erfolgen (BMF-Schreiben vom 03.02.1999 a.a.O., mit Verweis auf BMF-Schreiben vom 03.06.1996, IV C 7 – S 1320 – 7/95, BStBl I 1996, 644).

[472] SEV Nr. 127.

für die steuerstrafrechtliche Verfolgung bei Verwaltungsbehörden oder die Einleitung einer Strafverfolgung bei Gericht. Vorgesehen sind fünf Formen des Informationsaustausches: Austausch auf Ersuchen, automatischer Austausch, spontaner Austausch, zeitlich abgestimmte Betriebsprüfungen sowie Teilnahme ausländischer Beamter. Die Zusammenarbeit mithilfe anderer Formen soll hierdurch jedoch nicht ausgeschlossen werden, sondern bleibt Behörden der Vertragsstaaten offen.[473] Der Schutz der Betroffenen entspricht weitgehend dem des EG-Amtshilfe-Gesetzes.[474]

Kritisiert wurde das Abkommen jedoch, da es keinen ausreichenden Rechtsschutz gewähre und außerdem nur an den Interessen der Steuerverwaltung ausgerichtet sei.[475] Das Übereinkommen ist 1995 in Kraft getreten. Bislang wurde es jedoch weder von der Bundesrepublik Deutschland, noch von Österreich oder der Schweiz unterzeichnet.[476] Die Bundesrepublik Deutschland stellt auf diesem Gebiet derzeit den Ausbau der bilateralen Beziehungen in den Vordergrund ihrer Aktivitäten.[477]

C) Exkurs: Rechtsschutz im Rahmen der internationalen Amtshilfe

Die Inanspruchnahme zwischenstaatlicher Amtshilfe durch deutsche Finanzbehörden zur Durchführung der deutschen Besteuerung ist in § 117 Abs. 1 AO geregelt. Dabei darf eine Finanzbehörde nur die zur Durchführung der Besteuerung erforderliche Amtshilfe verlangen, vgl. § 117 Abs. 1 i.V.m. § 111 Abs. 1 AO. Die zuständige Finanzbehörde muss die Besteuerung also aus rechtlichen oder tatsächlichen Gründen nicht ohne die Hilfeleistung durchführen können.[478] Das Grundrecht auf informationelle Selbstbestimmung zwingt zu einer restriktiven Handhabung der Datenübermittlung über die Grenzen. Aus diesem Grund muss die Inanspruchnahme der zwischenstaatlichen Amtshilfe ultima ratio sein.[479]

---

[473] Vgl. *Runge*, Europaratskonvention über die gegenseitige Amtshilfe in Steuersachen, RIW 1986, 704, 706.

[474] Vgl. *Runge*, Europaratskonvention über die gegenseitige Amtshilfe in Steuersachen, RIW 1986, 704, 711f..

[475] Vgl. *Engelschalk* in: *Vogel/Lehner*, DBA-Kommentar, Art. 26 OECD-MA Rn. 72 m.w.N..

[476] Vgl. zum derzeitigen Ratifikationsstand des Abkommens: http://conventions.coe.int/Treaty/Commun/ChercheSig.asp?NT=127&CM=1&DF=&CL=GER; vgl. hierzu im Übrigen: *Eilers*, Der Streit um den internationalen Auskunftsverkehr in Steuersachen, CR 1988, 901.

[477] Kritisch hierzu *Runge*, Das neue DBA Österreich-Deutschland im Lichte der deutschen Abkommenspolitik, in: *Gassner/Lang/Lechner*: Das neue Doppelbesteuerungsabkommen Österreich-Deutschland, S. 15, 32; *Runge*, Entwicklungstendenzen zum DBA Österreich-Deutschland, SWI 1997, 191, 201, der das Übereinkommen über die gegenseitige Amtshilfe in Steuersachen als beispielhaft bzgl. der Zustellung und Betreibung ansieht.

[478] Vgl. *Söhn* in: *Hübschmann/Hepp/Spitaler*, Abgabenordnung, § 117 AO Rn. 21.

[479] *Söhn* in: *Hübschmann/Hepp/Spitaler*, Abgabenordnung, § 117 AO Rn. 24a.

Der Betroffene soll im Rahmen pflichtgemäßen Ermessens auf die Möglichkeit eines Auskunftsersuchens hingewiesen werden, §§ 85, 88 AO.[480] Inwieweit darüber hinaus vorher eine Anhörung entsprechend § 91 AO durchzuführen ist, ist umstritten.[481] Aufgrund des gravierenden Eingriffs in das Recht auf informationelle Selbstbestimmung sollte jedoch von der Notwendigkeit einer Anhörung ausgegangen werden.[482] Nur bei Vorliegen der Ausnahmetatbestände des § 91 Abs. 2 und § 91 Abs. 3 AO – also z.B. bei Gefahr im Verzug, Fristablauf oder entgegenstehendem zwingenden öffentlichen Interesse – kann auf eine Anhörung verzichtet werden.[483] Der Verwertung von Auslandsinformationen, die im Amtshilfeweg ohne vorherige Anhörung erlangt wurden, kann im Besteuerungsverfahren widersprochen werden.[484] Jedenfalls vor Erlass eines Steuerbescheides, der die über den Amtshilfeweg erlangten Informationen verwertet, soll dem Beteiligten gemäß § 91 Abs. 1 S. 1 AO Gelegenheit gegeben werden, sich zu den für die Entscheidung erheblichen Tatsachen zu äußern.[485]

Auskunftsersuchen sind ebenso wie die Erteilung von Auskünften nach herrschender Meinung keine Verwaltungsakte.[486] Sie werden vielmehr als schlichtes Verwaltungshandeln aufgefasst, da es an einer Regelung mit unmittelbarer Außenwirkung im Sinne des § 118 AO gegenüber dem inländischen Betroffenen fehlt. Widerspruch und Anfechtungsklage sind demzufolge nicht möglich. Gegen das Verwaltungshandeln kann der Betroffene allerdings eine allgemeine Leistungsklage in Form einer vorbeugenden Unterlassungsklage oder eine Feststellungsklage erheben.[487] Gegebenenfalls kann er im vorläufigen Rechtsschutz einen Antrag auf einstweilige Anordnung nach § 114 FGO stellen.[488] Zu der Frage, inwieweit sich der Betroffene dabei auf die Verletzung

---

480 Vgl. Merkblatt des BMF zur zwischenstaatlichen Amtshilfe durch Auskunftsaustausch in Steuersachen, BStBl. I 1999, 228, 233f..

481 Vgl. zum Streitstand *Söhn* in: *Hübschmann/Hepp/Spitaler*, Abgabenordnung, § 117 AO Rn. 74ff. m.w.N..

482 So auch *Ritter*, Internationale Steuerauskunft in rechtsstaatlicher Sicht, DStZ/A 1974, 267, 274f.; *Spatscheck/Alvermann*, Steuerfahndung ohne Grenzen?, IStR 2001, 33, 36.

483 *Klos*, Schutzrechte der inländischen Beteiligten bei internationalen Steuerauskünften, StWa 1991, 88, 92; *Hillenbrand/Brosig*, Steuerflucht und ihre Bekämpfung, BB 1997, 445, 449.

484 Vgl. *Spatscheck/Alvermann*, Steuerfahndung ohne Grenzen?, IStR 2001, 33, 36.

485 *Söhn* in: *Hübschmann/Hepp/Spitaler*, Abgabenordnung, § 117 AO Rn. 80.

486 Vgl. *Klos*, Schutzrechte der inländischen Beteiligten bei internationalen Steuerauskünften, StWa 1991, 88, 92; *Selling*, Anhörung und Rechtsschutz im Rahmen des Informationsaustausches mit dem Ausland, StBp 1988, 237, 238; *Tipke* in: *Tipke/Kruse*, Abgabenordnung, § 117 AO Rn. 24; a.A. FG Düsseldorf, EFG 1986, 541.

487 *Tipke* in: *Tipke/Kruse*, Abgabenordnung, § 117 AO Rn. 24.

488 *Klos*, Schutzrechte der inländischen Beteiligten bei internationalen Steuerauskünften, StWa 1991, 88, 92.

völkerrechtlicher Bestimmungen zur Rechts- und Amtshilfe berufen kann, vergleiche *Spatscheck/Alvermann.*[489]

D) Informationsaustausch aufgrund der EU-Zinsrichtlinie

I) Entstehung der Zinsrichtlinie

Nach lange andauernden Vorarbeiten[490] hatte der Rat am 03.06.2003 die Richtlinie 2003/48/EG[491] im Bereich der Besteuerung von Zinserträgen erlassen. Die Initiative zu einer gemeinsamen Zinsbesteuerung reicht lange zurück. Schon 1962 war auf europäische Ebene der Vorschlag einer gemeinschaftsweiten Einführung einer einheitlich anrechenbaren Quellensteuer sowie eines gemeinschaftlichen Auskunftsdienstes für eine wirksame Steuerkontrolle gemacht worden („Neumark-Ausschuss").[492] 1989 machte die Kommission den Vorschlag einer europaweiten Mindestquellensteuer in Höhe von 15%.[493] Der Vorschlag scheiterte damals an den widerstreitenden Interessen der einzelnen Mitgliedstaaten – nicht nur am Widerstand Luxemburgs sondern auch Deutschlands.[494]

1997 nahm der Rat der Wirtschafts- und Finanzminister (ECOFIN-Rat) ein „Maßnahmenpaket zur Bekämpfung des schädlichen Steuerwettbewerbs in der Europäischen Union" an.[495] Dieses Maßnahmenpaket bestand aus einem Richtlinienvorschlag zur Gewährleistung eines Minimums an effektiver Besteuerung von Zinserträgen, einem Verhaltenskodex zur Bekämpfung des unfairen Steuerwettbewerbs im Bereich der Unternehmensbesteuerung und einem Richtlinienvorschlag über eine gemeinsame Steuerregelung für Zahlungen von Zinsen und Lizenzgebühren. 1998 schlug die Kommission das Koexistenzmodell vor, welches die Wahl zwischen Informationsaustausch und Quellensteuer ließ.[496] Trotz anfänglicher Blockadeversuche Italiens[497] war dann Anfang Juni 2003 die

---

[489] *Spatscheck/Alvermann*, Steuerfahndung ohne Grenzen?, IStR 2001, 33, 36 m.w.N..

[490] Vgl. hierzu *Menck/Mutén*, Die EU-Politik bezüglich der Besteuerung privater Auslandszinsen, S. 6ff..

[491] ABlEG Nr. L 157 vom 26.06.2003, S. 38.

[492] Vgl. *Anzinger*, Harmonisierung der Zinsbesteuerung in der EU, StuW 2002, 261, 264.

[493] Vorschlag für eine Richtlinie des Rates über ein gemeinsames System einer Quellensteuer auf Zinsen vom 10.02.1989, geändert am 12.05.1989, ABlEG Nr. C 141 vom 07.06.1989, S. 5.

[494] Vgl. *Nickel*, Richtlinienvorschlag zur effektiven Besteuerung von Zinserträgen, EuZW 1998, 686; *Hellmann*, Zinssteuerstreit seit 30 Jahren, EU-Magazin 4/2003, 9f; *Anzinger*, Harmonisierung der Zinsbesteuerung in der EU, StuW 2002, 261, 264.

[495] ABlEG Nr. C 002 vom 06.01.1998, S. 1ff..

[496] Richtlinie des Rates zur Gewährung eines Minimums an effektiver Besteuerung von Zinserträgen innerhalb der Gemeinschaft vom 04.06.1998, ABlEG Nr. C 212 vom 08.07.1998, S. 13; *Nickel*, Richtlinienvorschlag zur effektiven Besteuerung von Zinserträgen, EuZW 1998, 686, 688; *Anzinger*, Harmonisierung der Zinsbesteuerung in der EU, StuW 2002, 261, 264.

[497] Vgl. *Seiler*, Transparenz bei Zinseinkünften im europäischen Raum, IStR 2004, 781.

Richtlinie 2003/48/EG des Rates im Bereich der Besteuerung von Zinserträgen endgültig verabschiedet worden.

II) Inkrafttreten der Zinsrichtlinie

Zunächst sollte die Zinsrichtlinie ab 01.01.2005 zum Tragen kommen. Da die Richtlinie allerdings in Art. 17 Abs. 2 Maßnahmen von Seiten der Schweiz und anderer „typischer" Kapitalanlagestaaten verlangt, musste der Start verschoben werden. Die Schweiz hatte sich nämlich wegen einer möglichen Volksabstimmung nicht in der Lage gesehen, ihre Verpflichtungen schon ab 01.01.2005 zu erfüllen. Die für den Starttermin einschlägige Änderungsrichtlinie 2004/587/EG vom 19.07.2004 legte daher den 01.07.2005 als Starttermin fest,[498] seit welchem die Richtlinie nun Wirkung entfaltet.

III) Zielsetzung der Zinsrichtlinie

Die Zinsrichtlinie soll gewährleisten, dass Zinserträge, die einer natürlichen Person in einem Mitgliedstaat ausgezahlt werden (in dem diese nicht ihren Wohnsitz hat) in dem Mitgliedstaat des Wohnsitzes nach dessen Rechtsvorschriften (des Wohnsitzstaates) effektiv besteuert werden, vgl. Art. 1 Abs. 1 der Richtlinie. Die Finanzverwaltungen sollen hierzu überprüfen können, ob die in anderen Mitgliedstaaten erzielten Zinserträge ordnungsgemäß erklärt wurden.[499]

IV) Regelungsgehalt der Zinsrichtlinie

Zu diesem Zweck sollen alle Mitgliedstaaten Auskünfte über Zinszahlungen[500] von Zahlstellen[501] in ihrem Hoheitsgebiet an in einem anderen Mitgliedstaat ansässige Privatpersonen erteilen. Die Auskünfte werden dabei automatisch erteilt. Gemäß Art. 9 Abs. 1 der Richtlinie erteilt die zuständige Behörde des Mitgliedstaates der Zahlstelle die Auskünfte an die zuständige Behörde des Mitgliedstaates, in dem der wirtschaftliche Eigentümer[502] der Zinszahlung ansässig ist. Die Auskünfte sind mindestens einmal jährlich zu übermitteln – und zwar jeweils innerhalb eines halben Jahres nach Ablauf des Steuerjahres des

---

[498] Änderungsrichtlinie 2004/587/EG vom 19.07.2004, ABlEG Nr. L 257 vom 04.08.2004, S. 7; vgl. auch *Seiler/Lohr*, Behandlung von Zinsen im deutschen und europäischen Steuerrecht, StuB 2005, 109.

[499] *Bernhard*, Harmonisierung der steuerlichen Erfassung von Zinserträgen in Europa, DB 2001, 664.

[500] Siehe zur Definition der Zinszahlung Art. 6 der Richtlinie; siehe auch unten D)VI) Problem: Definition der Zinserträge, S. 126.

[501] Siehe zur Definition der Zahlstelle Art. 4 der Richtlinie.

[502] Siehe zur Definition des wirtschaftlichen Eigentümers Art. 2 der Richtlinie.

Mitgliedstaates, in dem die Zahlstelle niedergelassen ist (Art. 9 Abs. 2 der Richtlinie). Als Auskünfte werden dabei eine Reihe von Informationen übermittelt: Die Identität und der Wohnsitz des Kontoinhabers, die Kontonummer sowie Name und Anschrift der Zahlstelle und der Betrag der Zinszahlung. Mit Ausnahme Belgiens, Luxemburgs und Österreichs, die unter Hinweis auf ihr Bankgeheimnis eine Sonderregelung erwirken konnten, haben alle Mitgliedstaaten ein entsprechendes Kontrollmitteilungssystem einzuführen.

V) Übergangsregelung Belgien, Luxemburg, Österreich

Belgien, Luxemburg und Österreich werden nach Ablauf eines Übergangszeitraums ebenfalls ein solches System des Informationsaustausches einführen. Dieses wird gemäß Art. 10 der Richtlinie jedoch erst dann der Fall sein, wenn erstens die EG nach einstimmigem Beschluss des Rates mit der Schweiz, Liechtenstein, San Marino, Monaco und Andorra Abkommen über die Auskunftserteilung auf Anfrage im Sinne des OECD-Musterabkommens zum Informationsaustausch in Steuersachen vom 18.04.2002[503] in Bezug auf Zinszahlungen geschlossen hat und diese Länder gleichzeitig weiterhin die Quellensteuer anwenden. Zweitens muss der Rat einstimmig festgestellt haben, dass sich die USA in Bezug auf Zinszahlungen zur Auskunftserteilung auf Anfrage gemäß demselben OECD-Musterübereinkommen verpflichtet haben.

Bis diese Voraussetzungen erfüllt sind, werden Belgien, Luxemburg und Österreich gemäß Art. 11 der Richtlinie jährlich eine Quellensteuer erheben, die in den ersten drei Jahren 15%, in den folgenden drei Jahren 20% und danach 35% beträgt. Diese Länder werden gemäß Art. 12 der Richtlinie 75 % der Einnahmen aus dieser Quellensteuer an die jeweiligen Wohnsitzstaaten der Anleger weiterleiten. Schon während der Übergangszeit können die drei Mitgliedstaaten Auskünfte von den anderen Mitgliedstaaten erhalten.

VI) Problem: Definition der Zinserträge

Die Richtlinie erfasst bei weitem nicht alle Arten von Kapitalerträgen. So nimmt Art. 1 Abs. 1 i.V.m. Art. 2 Abs. 1 Zins-RL grundsätzlich alle Zinserträge von juristischen Personen vom Anwendungsbereich der Richtlinie aus. Dies eröffnet die Möglichkeit der „Zwischenschaltung“ juristischer Personen, um der Zins-RL zu entgehen. „Altanleihen“, die vor dem 01.01.2001 emittiert wurden, sind ebenfalls nicht betroffen. Weiterhin können Erträge aus ausschüttenden Fonds, die nicht mehr als 15% ihres Vermögens in Forderungen – insbesondere

---

[503] Siehe oben B)I)5) OECD Musterabkommen zum Informationsaustausch in Steuersachen, S. 119.

Rentenpapieren – angelegt haben, ausgenommen werden.[504] Gemäß Art. 6 Abs. 1 lit. d fallen außerdem solche Erträge nicht unter die Zins-RL, die aus thesaurierenden Fonds stammen, die nicht mehr als 40% (ab 01.01.2011: 25%) ihres Vermögens in Forderungen – insbesondere Rentenpapieren – angelegt haben. Zinserträge aus Renten und Lebensversicherungen sind ebenfalls nicht betroffen;[505] ebenso wenig Gewinne aus Aktien- oder Immobiliengeschäften.

VII) Bewertung der Maßnahme

Die Zinsrichtlinie bringt europaweit den „gläsernen Bankkunden" ein ganzes Stück näher. Jedoch bleiben eine Reihe von Staaten – möglicherweise auf Dauer – mit einer anonymen Quellensteuer vom Informationsaustausch ausgenommen. Zum anderen werden viele Kapitalanlagen – insbesondere im Aktien- und Investmentfondsbereich – von der Richtlinie nicht erfasst. Für den international orientierten Anleger bestehen somit – wie der Bundesverband deutscher Banken kritisiert – nach wie vor erhebliche Spielräume.[506]

E) Ergebnis zum 1. Kapitel

Unternehmen und private Anleger investieren weltweit in Kapitalanlagen. Die nationalen Restriktionen für den Kapitalfluss sind insbesondere auf europäischer Ebene abgebaut worden. Kursrisiken innerhalb Europas sind nach der Einführung des Euro entfallen. Aus diesem Grund sind grenzüberschreitende Bewegungen von Finanzkapital alltäglich geworden. Der technische Fortschritt und die Infrastruktur der Finanzinstitute ermöglichen außerdem den sekundenschnellen Transfer von Kapital rund um den Globus. Darüber hinaus sind Finanzprodukte global weitgehend standardisiert. Als Folge dieser Globalisierung des Kapitalmarktes stehen auch den Steuerhinterziehern, Geldwäschern und der Organisierten Kriminalität neue Betätigungsmöglichkeiten zur Verfügung. Hierauf zu reagieren, ist eine Herausforderung für die Staatengemeinschaft.

Aufgrund der Vielzahl der Akteure (OECD, Europarat, Europäische Union) ergibt sich auf internationaler Ebene jedoch ein nahezu unüberschaubares Durcheinander von multilateralen Übereinkommen, diesbezüglichen Vorbehalten und Erklärungen sowie Zusatzprotokollen, die über die Abkommen hinausgehen – auch diese wiederum mit zugehörigen Vorbehalten und Erklärungen versehen. Eine Reihe von bilateralen Zusatzverträgen kommen hinzu und tragen nicht zur Vereinfachung des Überblickes bei. Der Steuerpflichtige, der eine Geldanlage im

[504] Art. 6 Abs. 6 Zins-RL; siehe für die Bundesrepublik Deutschland § 6 Abs. 5 Zinsinformationsverordnung, BStBl. I 2004, S. 297.
[505] Erwägungsgrund Nr. 13 der Zins-RL.
[506] DB 2005, Heft 24, S. XI.

Ausland plant oder hält, kann daher kaum absehen, welche Informationsmöglichkeiten den Finanzbehörden bzw. Gerichten offen stehen.

Mit der Zinsrichtlinie hat der europäische Gesetzgeber „über das Ziel hinausgeschossen" – die automatische Information über Zinserträge ist keineswegs erforderlich. Die Erhebung einer Quellensteuer – wie sie übergangsweise mit Österreich, Belgien und Luxemburg vereinbart wurde – ist ein angemessenes Instrument zur Besteuerung grenzüberschreitend angelegten Kapitals, das weit weniger in die Rechte des Steuerpflichtigen eingreift als der automatische Austausch von Auskünften über Zinserträge.

2. Kapitel: Nationale Regelungen zur Informationshilfe in Fiskalsachen

Im Folgenden soll auf die Besonderheiten der Rechts- und Amtshilfe mit der Schweiz und Österreich eingegangen werden. Auf diese wurde bereits in der Einleitung zum 2. Teil hingewiesen.

Die jeweiligen Möglichkeiten der Rechts- und Amtshilfe von Seiten der beiden Staaten sollen dargestellt werden. Hierbei ist insbesondere das Verhältnis dieser Informationshilfe zum Bankgeheimnis zu beachten.

A) Rechts- und Amtshilfe in Fiskalsachen durch die Schweiz

Der Finanzplatz Schweiz gilt als ältester und traditionsreichster Finanzplatz Europas. Rund drei Billionen Franken – ein Drittel des grenzüberschreitend angelegten Geldes – liegen auf Schweizer Konten.[507] Ein nicht unwesentlicher Anteil dieses Geldes dürfte deutschen Anlegern gehören. Allein deshalb lohnt ein Blick auf die Rechtshilfepraxis der Schweiz in Fiskaldelikten.

Der Schweizer Finanzplatz erarbeitet einen großen Teil des Wohlstandes der Schweiz: 20% der Steuereinnahmen, 12% des Bruttosozialproduktes und 6% bis 8% der Beschäftigung entfallen auf diesen Sektor.[508] Wie zu zeigen sein wird, können die Kunden der Schweizer Banken dabei ein stark ausgeprägtes Bankgeheimnis für sich in Anspruch nehmen. Dieses macht es ausländischen Behörden schwer, Steuerhinterziehungen auf die Schliche zu kommen.

Im Folgenden werden als Ausgangspunkt die Steuerstraftatbestände der Schweiz beleuchtet, da diese – wie noch zu zeigen sein wird – direkten Einfluss auf die Leistung der Rechtshilfe haben. Weiterhin wird auf das Schweizer Bankgeheimnis als wesentlicher Hinderungsgrund der Rechtshilfe eingegangen sowie schließlich auf die Rechtshilfevorschriften der Schweiz in Steuerstrafsachen.

Neue Entwicklungen sind derzeit durch die Annäherung der Schweiz an die Europäische Union festzustellen. Hiermit verbunden hat sich die Schweiz in den sogenannten „Bilateralen II" zu Zugeständnissen bereit erklärt. Sowohl die EU-Zinssteuerrichtlinie also auch das Schengen-/Dublin-Abkommen könnten demnächst direkten Einfluss auf Bankgeheimnis und Rechtshilfe der Schweiz haben.

---

[507] Vgl. Süddeutsche Zeitung vom 27.03.2004.

[508] Vgl. *Nationalrat Zuppinger*, Amtl.Bull. NR 2003, 1793; Swissinfo vom 10. Februar 2004 auf http://www.swissinfo.org/sde/Swissinfo.html?siteSect= 105&sid=4514285. Laut Süddeutscher Zeitung vom 27.03.2004 trägt der Finanzsektor sogar 14% zum Schweizer Bruttosozialprodukt bei.

I) Die Steuerstraftatbestände im Bundesrecht der Schweiz

Steuerstraftatbestände finden sich in mehreren schweizerischen Gesetzen. Nämlich im Bundesgesetz vom 14. Dezember 1990 über die direkte Bundessteuer (DBG)[509], im Bundesgesetz vom 14. Dezember 1990 über die Harmonisierung der direkten Steuern der Kantone und Gemeinden (StHG)[510] sowie im Bundesgesetz vom 22. März 1974 über das Verwaltungsstrafrecht (VStrR)[511]. Diese Aufteilung ergibt sich aus den Kategorien, die das schweizerische Steuerrecht kennt: Einerseits die Einkommen- und Vermögensteuern, die dem DBG und dem StHG unterliegen; andererseits die übrigen Abgaben (Mehrwertsteuer, Zollabgaben, Verbrauchsteuern, Stempelabgaben, Verrechnungsteuer), welche durch die entsprechenden Gesetze geregelt sind, deren (Straf-)Verfolgung von Verstößen sich aber nach VStrR richtet.

Das schweizerische Steuerstrafrecht setzt sich aus folgenden Arten von Delikten zusammen:[512]

1. Ordnungswidrigkeiten (Verletzungen von Verfahrenspflichten)[513]
2. Übertretungen (Steuerhinterziehung oder Steuerverkürzung)
3. Steuervergehen (Steuerbetrug oder Abgabebetrug)

1) Steuerhinterziehung

a) Vollendete Steuerhinterziehung

Die einfache Steuerhinterziehung bzw. Steuerverkürzung ist in Art. 175 DBG bzw. Art. 56 StHG[514] geregelt.[515]

---

[509] SR 642.11.
[510] SR 642.14.
[511] SR 313.0.
[512] Vgl. *Zuppinger*, Der Steuerbetrug unter besonderer Berücksichtigung des zürcherischen Rechtes, ASA 44 (1975/76), 81, 88; *Behnisch*, Das Steuerstrafrecht im Recht der direkten Bundessteuer, S. 3 und 19f.; *Michael*, Der Steuer- und Abgabebetrug im schweizerischen Recht, 13; *Höhn/Waldburger*, Steuerrecht, § 37 Rn. 16.
[513] Da die Ordnungswidrigkeiten keine Bedeutung für die Leistung von Rechts- oder Amtshilfe haben, beschränkt sich die weitere Darstellung auf die Übertretungen und Steuervergehen.
[514] Art. 56 Abs. 1 StHG lautet: „Wer als Steuerpflichtiger vorsätzlich oder fahrlässig bewirkt, dass eine Veranlagung zu Unrecht unterbleibt oder dass eine rechtskräftige Veranlagung unvollständig ist, wer als zum Steuerabzug an der Quelle Verpflichteter vorsätzlich oder fahrlässig einen Steuerabzug nicht oder nicht vollständig vornimmt, wer vorsätzlich oder fahrlässig eine unrechtmässige Rückerstattung oder einen ungerechtfertigten Erlass erwirkt, wird mit einer Busse entsprechend seinem Verschulden bestraft, die einen Drittel bis das Dreifache, in der Regel das Einfache der hinterzogenen Steuer beträgt; bei Selbstanzeige kann die Busse bis auf einen Fünftel der hinterzogenen Steuer ermässigt werden."

Art. 175 DBG Vollendete Steuerhinterziehung

Wer als Steuerpflichtiger vorsätzlich oder fahrlässig bewirkt, dass eine Veranlagung zu Unrecht unterbleibt oder dass eine rechtskräftige Veranlagung unvollständig ist, wer als zum Steuerabzug an der Quelle Verpflichteter vorsätzlich oder fahrlässig einen Steuerabzug nicht oder nicht vollständig vornimmt, wer vorsätzlich oder fahrlässig eine unrechtmäßige Rückerstattung oder einen ungerechtfertigten Erlass erwirkt, wird mit Busse bestraft.

Die Busse beträgt in der Regel das Einfache der hinterzogenen Steuer. Sie kann bei leichtem Verschulden bis auf einen Drittel ermäßigt, bei schwerem Verschulden bis auf das Dreifache erhöht werden.

Zeigt der Steuerpflichtige die Steuerhinterziehung an, bevor sie der Steuerbehörde bekannt ist, so wird die Busse auf einen Fünftel der hinterzogenen Steuer ermäßigt.

Die Steuerhinterziehung stellt den Grundtatbestand im schweizerischen Steuerstrafrecht dar. Es handelt sich hierbei um ein Erfolgsdelikt, welches einen Steuerausfall des Gemeinwesens voraussetzt.[516] Geschütztes Rechtsgut ist der Steueranspruch des Gemeinwesens und damit dessen Vermögen.[517] Geahndet wird die Steuerhinterziehung mit der Auferlegung einer Geldbuße und einer Steuernachforderung. Dabei wird eine Steuerhinterziehung, die sowohl kantonale als auch die Bundessteuer betrifft, getrennt voneinander verfolgt und auch bestraft.[518]

(1) Objektiver Tatbestand

Der objektive Tatbestand verlangt somit zum einen den tatsächlichen Ausfall der Steuer. Eine Steuerhinterziehung liegt danach in objektiver Hinsicht dann vor, wenn eine Veranlagung zu Unrecht unterblieben, wenn sie ungenügend oder unvollständig war, bzw. wenn dem Staat Steuern vorenthalten worden sind.[519]

[515] Es gibt nur kleinere Unterschiede zwischen Art. 175 DBG und Art. 56 StHG. So sieht Art. 56 Abs. 1 a.E. vor, dass die Buße bis auf einen Fünftel der hinterzogenen Steuer ermäßigt werden kann. Art. 175 DBG schreibt dies hingegen vor.

[516] *Sieber* in: *Zweifel/Athanas*, Kommentar zum schweizerischen Steuerrecht (DBG), Art. 175 DBG Rn. 2.

[517] BGE 121 II 257, 265, 271; 121 II 273, 283.

[518] Vgl. *Vater*, Zum Unterschied zwischen Steuerbetrug und Steuerhinterziehung im Schweizer Steuerrecht, IWB Fach 5, Gruppe 2, 537, 538.

[519] *Höhn/Waldburger*, Steuerrecht, § 38 Rn. 10; *Sieber* in: *Zweifel/Athanas*, Kommentar zum schweizerischen Steuerrecht (DBG), Art. 175 DBG Rn. 20.

Als weitere Voraussetzung muss der Steuerpflichtige eine Pflichtverletzung begangen haben.[520] Diese besteht darin, dass er die Tatsache, die zur niedrigeren Veranlagung führt, vor den Steuerbehörden verheimlicht hat.[521] Als Tathandlungen kommen hierfür das Verschweigen von Tatsachen, inhaltlich unwahre, ungenaue oder mangelhafte Angaben bzw. Unterlagen, Irreführung der Steuerbehörden in Betracht.[522]

(2) Subjektiver Tatbestand

In subjektiver Hinsicht genügt für die Begehung einer Steuerhinterziehung nach dem Wortlaut der Vorschrift bereits Fahrlässigkeit. Die Bedeutung der Begriffe „Vorsatz" und „Fahrlässigkeit" bestimmt sich hierfür nach dem allgemeinen Strafrecht (Art. 18 Abs. 2 und 3 SchwStGB).[523]

b) Versuchte Steuerhinterziehung

> **Art. 176 DBG Versuchte Steuerhinterziehung**
>
> Wer eine Steuer zu hinterziehen versucht, wird mit Busse bestraft.
>
> Die Busse beträgt zwei Drittel der Busse, die bei vorsätzlicher und vollendeter Steuerhinterziehung festzusetzen wäre.

Ähnlich auch der Wortlaut des Art. 56 Abs. 2 StHG.[524] Der Übergang von der straflosen Vorbereitung zum strafbaren Versuch ist zu dem Zeitpunkt anzunehmen, an dem der zur Tat entschlossene Täter entsprechend seinem Vorsatz mit der Ausführung der Tat beginnt.[525] Das Versuchsstadium bei der Steuerhinterziehung beginnt regelmäßig mit Einreichung der Steuererklärung.[526] Eine versuchte Steuerverkürzung kann solange vorliegen, als die betreffende Veranlagung noch im ordentlichen Verfahren durchgeführt oder abgeändert werden kann. Die Steuerverkürzung gilt daher als vollendet, sobald das Recht zur Nachholung der unterbliebenen Veranlagung verjährt oder die unvollständige

---

[520] *Behnisch*, Das Steuerstrafrecht im Recht der direkten Bundessteuer, S. 355f.; *Michael*, Der Steuer- und Abgabebetrug im schweizerischen Recht, 14.

[521] *Höhn/Waldburger*, Steuerrecht, § 38 Rn. 12; *Sieber* in: *Zweifel/Athanas*, Kommentar zum schweizerischen Steuerrecht (DBG), Art. 175 DBG Rn. 7ff..

[522] Vgl. *Michael*, Der Steuer- und Abgabebetrug im schweizerischen Recht, S. 14.

[523] *Behnisch*, Das Steuerstrafrecht im Recht der direkten Bundessteuer, S. 358 i.V.m. S. 80ff..

[524] Art. 56 Abs. 2 StHG: „Wer Steuern zu hinterziehen versucht, wird mit einer Busse bestraft, die zwei Drittel der bei vollendeter Begehung auszufällenden Busse beträgt."

[525] *Stratenwerth*, Schweizerisches Strafrecht AT 1, § 12 Rn. 20ff..

[526] *Sieber* in: *Zweifel/Athanas*, Kommentar zum schweizerischen Steuerrecht (DBG), Art. 176 DBG Rn. 2.

Veranlagung in Rechtskraft erwachsen ist.[527] Der Übergang von der versuchten zur vollendeten Steuerhinterziehung liegt dann beim Eintritt der Rechtskraft der Rückerstattungs- bzw. Erlassverfügung (vgl. Art. 68 Abs. 3 S. 2 bzw. Art. 167 Abs. 3 DBG). Der objektive Tatbestand der versuchten Steuerhinterziehung kann auch durch Unterlassen erfüllt werden – beispielsweise indem die steuerpflichtige Person ihren Mitwirkungspflichten nicht nachkommt.[528]

2) Steuerbetrug

Der Steuerbetrug ist in Art. 186 DBG geregelt. Eine ähnliche Vorschrift findet sich in Art. 59 StHG.[529] Die Vorschrift ist im Übrigen fast identisch mit dem früheren Art. 130bis Abs. 1 BdBSt[530], welcher ab dem 1. Januar 1995 durch das DBG abgelöst wurde (vgl. Art. 201 DBG).

> **Art. 186 DBG Steuerbetrug**
>
> Wer zum Zwecke einer Steuerhinterziehung im Sinne der Artikel 175-177 gefälschte, verfälschte oder inhaltlich unwahre Urkunden wie Geschäftsbücher, Bilanzen, Erfolgsrechnungen oder Lohnausweise und andere Bescheinigungen Dritter zur Täuschung gebraucht, wird mit Gefängnis oder mit Busse bis zu 30 000 Franken bestraft.
>
> Die Bestrafung wegen Steuerhinterziehung bleibt vorbehalten.

a) Objektiver Tatbestand

Der Steuerbetrug dient wie auch die Steuerhinterziehung dem Schutz der Ordnung, welche die Durchsetzung des Steueranspruchs gewährleisten soll.[531] Er

---

[527] Vgl. *Sieber* in: *Zweifel/Athanas*, Kommentar zum schweizerischen Steuerrecht (DBG), Art. 176 DBG Rn. 3; vgl. zu Art. 56 Abs. 2 StHG *Sieber* in: *Zweifel/Athanas*, Kommentar zum schweizerischen Steuerrecht (StHG), Art. 56 StHG Rn. 21a.

[528] Vgl. *Sieber* in: *Zweifel/Athanas*, Kommentar zum schweizerischen Steuerrecht (DBG), Art. 176 DBG Rn. 6.

[529] Bundesgesetz über die Harmonisierung der direkten Steuern der Kantone und Gemeinden (SR 642.14). Art. 59: „Wer zum Zwecke der Steuerhinterziehung gefälschte, verfälschte oder inhaltlich unwahre Urkunden zur Täuschung gebraucht, wer als zum Steuerabzug an der Quelle Verpflichteter abgezogene Steuern zu seinem oder eines andern Nutzen verwendet, wird mit Gefängnis oder mit Busse bis zu 30 000 Franken bestraft.
Die Bestrafung wegen Steuerhinterziehung bleibt vorbehalten.
Die allgemeinen Bestimmungen des Strafgesetzbuches sind anwendbar, soweit das Gesetz nichts anderes vorschreibt."

[530] Bundesratsbeschluss über die Erhebung einer direkten Bundessteuer vom 9. Dezember 1940 (SR 642.11); früher WStB; nun ersetzt durch das DBG.

[531] *Zuppinger*, Der Steuerbetrug unter Berücksichtigung des zürcherischen Rechts, SchwZfStrR 91 (1975), 113, 117; BGE 110 IV 24, 28.

unterscheidet sich von der einfachen Steuerhinterziehung durch das Merkmal des Gebrauchmachens gefälschter, verfälschter oder inhaltlich unwahrer Urkunden.[532] Bereits bei der Einführung des Steuerbetrugs in das damalige WStB (später BdBSt) hatte es Diskussionen über die Ausgestaltung des Tatbestandes als Urkundendelikt gegeben. Nach *Pfund*[533] hätte das materielle Recht des VStrR – und somit auch der Abgabebetrug des Art. 14 VStrR[534] – ohne Schwierigkeiten in das WStB übernommen werden können. Hierdurch hätte eine Vereinheitlichung des Steuerstrafrechts erreicht werden können. Letztlich entschied sich der schweizerische Gesetzgeber aber gegen eine solche Anwendung des VStrR und für die Ausgestaltung des Steuerbetrugs als Urkundendelikt.[535] Dieselbe Kontroverse keimte im Gesetzgebungsverfahren des DBG erneut auf. Zunächst war eine Anlehnung des Steuerbetruges an den Abgabebetrug des VStrR und somit an das „Arglistmodell" geplant.[536] Ständerat und Nationalrat hielten letztendlich jedoch an der schon im BdBSt angelegten Kombination aus Betrugs- und Urkundendelikt fest.

Der Tatbestand des Steuerbetruges schützt somit zusätzlich zum Steueranspruch des Gemeinwesens das Vertrauen in Urkunden, welche nach dem Willen des Steuerpflichtigen im Verkehr mit den Steuerbehörden verwendet werden sollen.[537] Daher wird bei der Abgrenzung von Steuerbetrug und Steuerhinterziehung auch vom „Urkundenmodell" gesprochen.[538] Diese Abgrenzung ist insbesondere dann problematisch, wenn es zu unterscheiden gilt, ob es sich bei eingereichten Schriftstücken um strafrechtlich relevante Falschbeurkunden oder nur um einfache schriftliche Lügen handelt. Deren Verwendung wäre strafrechtlich nämlich nicht erfasst.[539]

---

532 Im Gegensatz zum StHG werden im DBG „Geschäftsbücher, Bilanzen, Erfolgsrechnungen oder Lohnausweise und andere Bescheinigungen Dritter" als solche Urkunden aufgezählt.

533 *Pfund*, Das Gestrüpp unseres Steuerstrafrechts, ASA 48 (1979/80), 1, 29f..

534 Vgl. hierzu unten A)I)3) Abgabebetrug, S. 136.

535 Vgl. *Pfund*, Das Gestrüpp unseres Steuerstrafrechts, ASA 48 (1979/80), 1, 5.

536 Vgl. Entwurf zum DBG bei *Behnisch*, Das Steuerstrafrecht im Recht der direkten Bundessteuer, S. 370.

537 *Donatsch*, Zum Verhältnis zwischen Steuerhinterziehung und Steuerbetrug nach dem Steuerharmonisierungs- und dem Bundessteuergesetz, ASA 60 (1991/1992), 289, 301; *Donatsch* in: *Zweifel/Athanas*, Kommentar zum schweizerischen Steuerrecht (StHG), Art. 59 StHG Rn. 4.

538 Vgl. *Michael*, Der Steuer- und Abgabebetrug im schweizerischen Recht, S. 318; *Donatsch*, Zum Verhältnis zwischen Steuerhinterziehung und Steuerbetrug nach dem Steuerharmonisierungs- und dem Bundessteuergesetz, ASA 60 (1991/1992), 289, 303.

539 Vgl. *Paltzer*, Der Abgabe- und Steuerbetrug im schweizerischen Bundessteuerrecht, S. 67 mit Beispiel BGE 96 IV 150, 152ff..

Im Gegensatz zum Abgabebetrug und zur einfachen Steuerhinterziehung ist der Steuerbetrug als bloßes Tätigkeitsdelikt ausgestaltet.[540] Der Unwertgehalt des Steuerbetrugs gemäß DBG und StHG besteht ausschließlich aus einem Handlungsunwert, während Abgabebetrug und Steuerhinterziehung sich aus einem Handlungs- und einem Erfolgsunwert zusammensetzen.[541] Der objektive Tatbestand ist daher bereits dann erfüllt, wenn der Täter von den unwahren oder unechten Urkunden Gebrauch macht. Da der Erfolg kein Tatbestandsmerkmal des Steuerbetrugs ist, ist nur ein unvollendeter (Art. 21 SchwStGB), allenfalls ein untauglicher (Art. 23 SchwStGB) Versuch denkbar, nicht aber ein vollendeter Versuch gemäß Art. 22 SchwStGB.

Hierin besteht der einzige Unterschied zur früheren Fassung des Steuerbetruges in Art. 130bis Abs. 1 BdBSt, welcher die Formulierung „Wer *bei* einer Steuerhinterziehung..." verwendete. Diese Formulierung ließ aufgrund der Mehrdeutigkeit des Wortes „bei" mehrere Interpretationsmöglichkeiten zu.[542] Die Lehre war sich schließlich weitgehend einig, dass ein Steuerbetrug gemäß Art. 130bis Abs. 1 BdBSt das Vorliegen einer vollendeten Steuerhinterziehung voraussetzte;[543] die Möglichkeit eines versuchten Steuerbetruges schied daher bereits tatbestandsmäßig aus.[544] Der Steuerbetrugstatbestand des BdBSt stellte ein Erfolgsdelikt dar.[545]

b) Subjektiver Tatbestand

Der subjektive Tatbestand erfordert zum einen vorsätzliches Handeln, zum anderen die Absicht, die Steuerbehörde zu täuschen und Steuern zu hinterziehen.[546] Im Gegensatz zur Steuerhinterziehung ist eine fahrlässige Begehung des Steuerbetruges nicht möglich.[547]

---

540 *Richner/Frei/Kaufmann*, Handkommentar zum DBG, Art. 186 DBG Rn. 1ff.; *Donatsch* in: *Zweifel/Athanas*, Kommentar zum schweizerischen Steuerrecht (DBG), Art. 186 DBG Rn. 8.

541 *Donatsch*, Zum Verhältnis zwischen Steuerhinterziehung und Steuerbetrug nach dem Steuerharmonisierungs- und dem Bundessteuergesetz, ASA 60 (1991/1992), 289, 303.

542 *Pfund*, Das Gestrüpp unseres Steuerstrafrechts, ASA 48 (1979/80), 1, 7.

543 Vgl. *Michael*, Der Steuer- und Abgabebetrug im schweizerischen Recht, S. 36; *Behnisch*, Das Steuerstrafrecht im Recht der direkten Bundessteuer, S. 188.

544 *Pfund*, Das Gestrüpp unseres Steuerstrafrechts, ASA 48 (1979/80), 1, 10f..

545 *Behnisch*, Das Steuerstrafrecht im Recht der direkten Bundessteuer, S. 188; *Kubli*, Der leichte und der schwere Steuerbetrug, ASA 52 (1983/84), 241, 249.

546 *Donatsch* in: *Zweifel/Athanas*, Kommentar zum schweizerischen Steuerrecht (DBG), Art. 186 DBG Rn. 37ff.; *Paltzer*, Der Abgabe- und Steuerbetrug im schweizerischen Bundessteuerrecht, S. 30f..

547 *Paltzer*, Der Abgabe- und Steuerbetrug im schweizerischen Bundessteuerrecht, S. 30; *Michael*, Der Steuer- und Abgabebetrug im schweizerischen Recht, S. 63.

3) Abgabebetrug

a) Vollendeter Abgabebetrug

Die Definition des Abgabebetruges gemäß Art. 14 Abs. 2 VStrR hat für die Leistung von Rechtshilfe entscheidende Bedeutung, da in den schweizerischen Rechtshilfevorschriften des IRSV[548] auf den Abgabebetrug gemäß Art. 14 VStrR Bezug genommen wird.[549]

Für die Leistung von Rechtshilfe kommt es daher darauf an, ob eine Tat als Abgabebetrug zu qualifizieren ist. Diese Frage beurteilt sich allein nach den Grundsätzen des schweizerischen Rechts. Es ist unerheblich, ob das fragliche Verhalten nach dem Recht des ersuchenden Staates ebenfalls als Abgabebetrug gilt oder ob es dort nur als Steuerhinterziehung geahndet wird.[550]

Der Anwendungsbereich des Verwaltungsstrafgesetzes ist gemäß Art. 1 VStrR dann gegeben, wenn „die Verfolgung und Beurteilung von Widerhandlungen einer Verwaltungsbehörde des Bundes übertragen" ist. Dies ist unter anderem für die Verrechnungsteuer, Warenumsatzsteuer, Getränkesteuer, Tabaksteuer, Stempel-, Zoll- und Schwerverkehrsabgabe der Fall.[551] Das VStrR gilt folglich nur für die indirekten Steuern.

Art. 14 Abs. 2 VStrR wurde in Anlehnung an den strafrechtlichen Tatbestand des Betruges in Art. 146 SchwStGB[552] (Art. 148 a.F.) formuliert:

> **Artikel 14 VStrR**
>
> Wer die Verwaltung, eine andere Behörde oder einen Dritten durch Vorspiegelung oder Unterdrückung von Tatsachen arglistig irreführt oder sie in einem Irrtum arglistig bestärkt und so für sich oder einen andern unrechtmäßig eine Konzession, eine Bewilligung oder ein Kontingent, einen Beitrag, die Rückerstattung von Abgaben, eine

---

548 Verordnung des Bundesrates vom 24. Februar 1982 über internationale Rechtshilfe in Strafsachen (SR 351.11).

549 Siehe unten A)III)2) Der rechtshilfefähige Abgabebetrug, S. 147.

550 BGE 125 II 250, 252, 253; 115 Ib 68.

551 Vgl. *Michael*, Der Steuer- und Abgabebetrug im schweizerischen Recht, S. 103.

552 Schweizerisches Strafgesetzbuch vom 21. Dezember 1937 (SR 311.0). Art. 146 Abs. 1 StGB: „Wer in der Absicht, sich oder einen andern unrechtmässig zu bereichern, jemanden durch Vorspiegelung oder Unterdrückung von Tatsachen arglistig irreführt oder ihn in einem Irrtum arglistig bestärkt und so den Irrenden zu einem Verhalten bestimmt, wodurch dieser sich selbst oder einen andern am Vermögen schädigt, wird mit Zuchthaus bis zu fünf Jahren oder mit Gefängnis bestraft."

> andere Leistung des Gemeinwesens erschleicht, oder bewirkt, dass der Entzug einer Konzession, einer Bewilligung oder eines Kontingents unterbleibt, wird mit Gefängnis oder mit Busse bestraft.
>
> Bewirkt der Täter durch sein arglistiges Verhalten, dass dem Gemeinwesen unrechtmäßig und in einem erheblichen Betrag eine Abgabe, ein Beitrag oder eine andere Leistung vorenthalten oder dass es sonst am Vermögen geschädigt wird, so ist die Strafe Gefängnis bis zu einem Jahr oder Busse bis zu 30 000 Franken.
>
> Sieht das einzelne Verwaltungsgesetz für die entsprechende nicht arglistig begangene Widerhandlung einen höheren Höchstbetrag der Busse vor, so gilt dieser auch in den Fällen der Absätze 1 und 2.

Der Abgabebetrug ist somit durch ein arglistiges Verhalten gekennzeichnet, durch das dem Gemeinwesen unrechtmäßig und in einem erheblichen Betrag eine Abgabe, ein Beitrag oder eine andere Leistung vorenthalten oder durch das es sonst am Vermögen geschädigt wird.

(1) Objektiver Tatbestand

Der objektive Tatbestand des Art. 14 Abs. 2 VStrR besteht – entsprechend dem Betrug gemäß Art. 146 SchwStGB – aus einem irreführendem Verhalten des Täters durch arglistiges Vorspiegeln oder arglistiges Unterdrücken von Tatsachen, dem Irrtum des Getäuschten, der Bestimmung des Getäuschten zu einer Vermögensdisposition und dem Vermögensschaden beim Gemeinwesen.[553] Die Abgrenzung zur Steuerhinterziehung erfolgt – im Gegensatz zum Steuerbetrug – nicht über die Verwendung von Falsifikaten, sondern über das Tatbestandselement der Arglist.[554] Zu diesem Modell (dem „Arglistmodell“) war man nach langer Diskussion wegen der schwierigen Abgrenzung der einfachen schriftlichen Lüge von der privatschriftlichen Urkundenfälschung gekommen.[555] Dennoch griff der schweizerische Gesetzgeber bei der Einführung des Steuerbetruges wieder auf das „Urkundenmodell“ zurück.[556]

Nach den Ausführungen des Bundesgerichtes liegt Arglist im Sinne eines Betruges gemäß Art. 146 (Art. 148 a.F.) des schweizerischen StGB vor,

---

[553] *Stratenwerth*, Schweizerisches Strafrecht BT 1, § 10 Rn. 4f..
[554] *Paltzer*, Der Abgabe- und Steuerbetrug im schweizerischen Bundessteuerrecht, S. 68.
[555] Vgl. *Pfund*, Das Gestrüpp unseres Steuerstrafrechts, ASA 48 (1979/80), 1, 5.
[556] Siehe oben A)I)2) Steuerbetrug, S. 133.

- „wenn der Täter sich zur Täuschung besonderer Machenschaften (manoeuvres frauduleuses, Lügengebäude) bedient oder
- wenn er blosse falsche Angaben macht, deren Überprüfung jedoch dem Getäuschten nicht oder nur mit besondere Mühe möglich oder nicht zumutbar ist,
- und schliesslich dann, wenn der Täter den Getäuschten von einer möglichen Überprüfung abhält oder wenn er nach den Umständen voraussieht, dass jener die Überprüfung unterlassen wird, weil ein besonderes Vertrauensverhältnis besteht (vgl. BGE 100 IV 274, 99 IV 76 Erwägung 4).“[557]

Diese Kriterien sind nach Auffassung des Bundesgerichtes auch für die Definition der Arglist beim Abgabebetrug gemäß Art. 14 Abs. 2 VStrR anzuwenden.[558] Darüber hinaus sind für das Vorliegen einer arglistigen Täuschung zum Beispiel auch ein für die Steuerbehörden „nicht durchschaubares Zusammenwirken des Steuerpflichtigen mit Dritten“ denkbar.[559]

(2) Subjektiver Tatbestand

Auf subjektiver Ebene ist für einen Abgabebetrug gemäß Art. 14 Abs. 2 VStrR Vorsatz erforderlich. Dabei muss der Vorsatz des Täters nicht nur die Erfüllung der arglistigen Täuschungshandlungen umfassen. Er muss darüber hinaus auch darauf gerichtet sein, das abgabeberechtigte Gemeinwesen in dessen Ansprüchen zu verkürzen.[560]

b) Versuchter Abgabebetrug

Ein versuchter Abgabebetrug liegt vor, wenn der Täter im Rahmen des Abgabeverfahrens zwar betrügerische Methoden angewendet hat, diese jedoch noch im Verfahren aufgedeckt werden und der angestrebte Erfolg somit vereitelt wird.[561] Der versuchte Abgabebetrug ist ebenfalls strafbar, da gemäß Art. 2 VStrR die allgemeinen Bestimmungen des Strafgesetzbuches auf das Verwaltungsstrafgesetz anwendbar sind.

---

[557] BGE 107 IV 169, 170, 171.

[558] BGE 111 Ib 242.

[559] BGE 111 Ib 242, 248.

[560] *Paltzer*, Der Abgabe- und Steuerbetrug im schweizerischen Bundessteuerrecht, S. 52; *Michael*, Der Steuer- und Abgabebetrug im schweizerischen Recht, S. 135.

[561] *Kratz*, Neuorientierung der Schweiz hinsichtlich der internationalen Zusammenarbeit in Steuerangelegenheiten, StR 1981, 333, 339; *Eschweiler*, Das deutsche und schweizerische Steuerstrafrecht im Vergleich, S. 63.

4) Ergebnis

Das schweizerische Steuerstrafrecht stellt sich bereits durch die unterschiedlichen Modelle von Steuer- und Abgabebetrug als recht komplexe Materie dar. Darüber hinaus verkomplizieren kantonale Vorschriften – auf deren Darstellung hier verzichtet wurde – das Rechtsgebiet. Daher beschloss der Chef des Eidgenössischen Finanzdepartements, eine Expertenkommission einzusetzen, die überprüfen sollte, ob eine Harmonisierung des schweizerischen Steuerstrafrechts zweckmäßig und die Schaffung eines Bundesgesetzes über die internationale Amtshilfe in Steuersachen notwendig seien. Diese Kommission hält in dem Anfang 2005 veröffentlichten Bericht jedoch eine grundlegende Änderung des geltenden Steuerstrafrechts „nicht für dringend notwendig".[562] Änderungen schlägt die Kommission lediglich bzgl. der Verfahrensvorschriften bei Steuerhinterziehungen vor.

Insbesondere das Festhalten an der Unterscheidung zwischen Steuer- und Abgabebetrug muss verwundern. Ausschlaggebend war hierbei jedoch unter anderem die Befürchtung, eine Umgestaltung dieses Modells könnte zu einer Ausweitung der Durchbrechungen des Bankgeheimnisses führen.[563] Auch zukünftig wird daher wohl die Unterscheidung von Steuer- und Abgabebetrug Bestand haben und – wie im weiteren Verlauf der Untersuchung zu zeigen sein wird – direkten Einfluss auf die Gewährung von Rechts- und Amtshilfe behalten.

II) Das Schweizer Bankgeheimnis

1) Grundlagen und Inhalt des Schweizer Bankgeheimnisses

Das Bankgeheimnis der Schweiz beruht zum einen auf dem Persönlichkeitsrecht des Kunden. Nach Art. 13 der Schweizer Bundesverfassung (BV)[564] ist der Schutz der Privatsphäre jeder Person garantiert. Dieser Grundrechtsschutz muss gemäß Art. 35 Abs. 1 BV in der gesamten Rechtsordnung zur Geltung kommen.[565]

Das Recht jeder Person auf Schutz ihrer Persönlichkeit und damit auch auf Schutz der Privatsphäre in finanziellen Angelegenheiten ist in den Art. 28ff. des

---

[562] Bericht der Expertenkommission für ein Bundesgesetz über Steuerstrafrecht und internationale Amtshilfe in Steuersachen, http://www.estv.admin.ch/data/d/steuerstrafrecht/bericht.pdf, Tz. 2.1.3.6.
[563] Bericht der Expertenkommission für ein Bundesgesetz über Steuerstrafrecht und internationale Amtshilfe in Steuersachen, Tz. 2.1.3.5.
[564] Bundesverfassung der Schweizerischen Eidgenossenschaft vom 18. April 1999 (SR 101).
[565] *Capitani*, Bankgeheimnis und historische Forschung, S. 14.

schweizerischen Zivilgesetzbuches (ZGB)[566] unmittelbar festgelegt. Insbesondere das Bankgeheimnis kann als „Ausfluss der zivilrechtlichen Regeln über den Persönlichkeitsschutz aufgefasst werden".[567] Die Verletzung des Bankgeheimnisses stellt einen Eingriff in das Persönlichkeitsrecht des Bankkunden und somit eine unerlaubte Handlung dar. Der Verletzte kann in diesem Fall Ansprüche aus Art. 28 ZGB i.V.m. Art. 41 und 40 OR[568] geltend machen.[569]

Weiterhin beruht das Bankgeheimnis auf dem vertraglichen Vertrauensschutz zwischen der Bank und dem Kunden.[570] Verletzt die Bank ihre Schweigepflicht, so erfüllt sie eine selbstständige Nebenpflicht des Vertrages nicht. Dies begründet einen Anspruch auf Schadensersatz gemäß Art. 97 Abs. 1 OR.[571]

Drittens steht das Bankgeheimnis unter dem strafrechtlichen Schutz gegen eine Verletzung (vgl. Art. 47 BankG[572]). Danach wird ein Bankier oder Mitarbeiter einer Bank, der Geheimnisse seiner Kunden oder Dritter offenbart, mit Gefängnis oder Buße bestraft. Im Gegensatz zu anderen Berufsgeheimnissen (vgl. Art. 321[573] und 18 Abs. 1 SchwStGB) ist bereits die fahrlässige Verletzung des

[566] Schweizerisches Zivilgesetzbuch (ZGB) vom 10. Dezember 1907 (SR 210). Artikel 28: „Wer in seiner Persönlichkeit widerrechtlich verletzt wird, kann zu seinem Schutz gegen jeden, der an der Verletzung mitwirkt, das Gericht anrufen.
Eine Verletzung ist widerrechtlich, wenn sie nicht durch Einwilligung des Verletzten, durch ein überwiegendes privates oder öffentliches Interesse oder durch Gesetz gerechtfertigt ist."

[567] BGE 95 I 439, 447; 102 Ia 516, 521; *Aubert/Kernen/Schönle*, Das schweizerische Bankgeheimnis, S. 29f..

[568] Bundesgesetz vom 30. März 1911 betreffend die Ergänzung des Schweizerischen Zivilgesetzbuches (Fünfter Teil: Obligationenrecht) (SR 220).

[569] *Aubert/Kernen/Schönle*, Das schweizerische Bankgeheimnis, S. 36.

[570] BBl. 1970 I, 1161; *Aubert/Kernen/Schönle*, Das schweizerische Bankgeheimnis, S. 48ff..

[571] *Aubert/Kernen/Schönle*, Das schweizerische Bankgeheimnis, S. 38f..

[572] Bundesgesetz über die Banken und Sparkassen (BankG) vom 8. November 1934 (SR 952.0).
Artikel 47: „Wer ein Geheimnis offenbart, das ihm in seiner Eigenschaft als Organ, Angestellter, Beauftragter oder Liquidator einer Bank, als Untersuchungs- oder Sanierungsbeauftragter der Bankenkommission, als Organ oder Angestellter einer anerkannten Revisionsstelle anvertraut worden ist oder das er in dieser Eigenschaft wahrgenommen hat, wer zu einer solchen Verletzung des Berufsgeheimnisses zu verleiten sucht, wird mit Gefängnis bis zu sechs Monaten oder mit Busse bis zu 50 000 Franken bestraft.
Handelt der Täter fahrlässig, so ist die Strafe Busse bis zu 30000 Franken.
Die Verletzung des Berufsgeheimnisses ist auch nach Beendigung des amtlichen oder dienstlichen Verhältnisses oder der Berufsausübung strafbar.
Vorbehalten bleiben die eidgenössischen und kantonalen Bestimmungen über die Zeugnispflicht und über die Auskunftspflicht gegenüber einer Behörde."

[573] Art. 321 StGB: „Geistliche, Rechtsanwälte, Verteidiger, Notare, nach Obligationenrecht zur Verschwiegenheit verpflichtete Revisoren, Ärzte, Zahnärzte, Apotheker, Hebammen sowie ihre Hilfspersonen, die ein Geheimnis offenbaren, das ihnen infolge ihres Berufes anvertraut worden ist, oder das sie in dessen Ausübung wahrgenommen haben, werden, auf Antrag, mit Gefängnis oder mit Busse bestraft. [...]"

Bankgeheimnisses strafbar. Hiermit wollte der schweizerische Gesetzgeber von 1934 die schweren Folgen einer Verletzung des Bankgeheimnisses und die Unabhängigkeit der Schweiz von ausländischer Verwaltungsgesetzgebung unterstreichen.[574] Im Gegensatz zu den Berufsgeheimnissen, die gemäß Art. 321 SchwStGB nur auf Antrag verfolgt werden, wird die Verletzung des Bankgeheimnisses außerdem von Amts wegen verfolgt. Allein an dieser Tatsache lässt sich der Stellenwert des Bankgeheimnisses in der Schweiz ablesen. Über das private Interesse des Bankkunden hinaus schützt das schweizerische Bankgeheimnis nämlich insbesondere auch öffentliche Interessen.[575]

Das Bankgeheimnis beinhaltet die Geheimhaltungspflicht der Bank bezüglich aller wirtschaftlichen und persönlichen Angelegenheiten des Bankkunden.[576] Hierzu gehört auch die Tatsache des Bestehens einer Geschäftsbeziehung an sich.[577] Dies gilt jedoch nur, soweit nicht höhere Interessen privater oder öffentlicher Art vorgehen.[578] Im Bankengesetz werden ausdrücklich die Bestimmungen anderer Gesetze vorbehalten, gemäß deren der Bankier verpflichtet ist, einer Behörde Auskunft zu geben oder auch vor Gericht auszusagen (vgl. Art. 47 Abs. 4 BankG). So obliegt den schweizerischen Banken eine die Geheimhaltung verdrängende „Meldepflicht", wenn Zweifel an der rechtmäßigen Herkunft von Vermögenswerten und somit ein Verdacht auf Geldwäsche besteht.[579] Außerdem ist eine Offenbarung von Kundendaten zulässig, wenn der Kunde hiermit einverstanden ist.[580]

2) Das Bankgeheimnis auf dem Weg in die Schweizer Verfassung?

Den Rang eines verfassungsmäßigen Rechts spricht das Bundesgericht dem Bankgeheimnis ausdrücklich ab. Vielmehr „handelt es sich nur um eine gesetzliche Norm, die gegebenenfalls gegenüber staatsvertraglichen Verpflich-

---

[574] Vgl. *Aubert/Kernen/Schönle*, Das schweizerische Bankgeheimnis, S. 69f..

[575] Vgl. hierzu auch A)IV) Mögliche Gründe für die Privilegierung der Steuerstraftaten, S. 152.

[576] *Aubert/Kernen/Schönle*, Das schweizerische Bankgeheimnis, S. 75ff..

[577] *Capitani*, Bankgeheimnis und historische Forschung, S. 15; *Aubert/Kernen/Schönle*, Das schweizerische Bankgeheimnis, S. 77.

[578] *Hufschmid*, Die Voraussetzungen der Aufhebung des Bankgeheimnisses, ASA 72 (2003/04), 433, 437; *Mueller*, Wegleitung zum schweizerischen Bankgeheimnis, S. 66ff..

[579] *Götzenberger*, Finanzplatz Schweiz, DSWR 2005, 80, 81; *Mueller*, Wegleitung zum schweizerischen Bankgeheimnis, S. 76f.; vgl. Art. 305ter Abs. 1 und 2 StGB: „Wer berufsmässig fremde Vermögenswerte annimmt, aufbewahrt, anlegen oder übertragen hilft und es unterlässt, mit der nach den Umständen gebotenen Sorgfalt die Identität des wirtschaftlich Berechtigten festzustellen, wird mit Gefängnis bis zu einem Jahr, mit Haft oder Busse bestraft. Die von Absatz 1 erfassten Personen sind berechtigt, den inländischen Strafverfolgungsbehörden und den vom Gesetz bezeichneten Bundesbehörden Wahrnehmungen zu melden, die darauf schliessen lassen, dass Vermögenswerte aus einem Verbrechen herrühren."

[580] *Capitani*, Bankgeheimnis und historische Forschung, S. 19.

tungen der Schweiz zurückzutreten hat".[581] Dem Bankgeheimnis kommt bislang nicht der Rang eines geschriebenen oder ungeschriebenen verfassungsmäßigen Rechts zu. Bei Kollision mit anderen Interessen kann es im Übrigen nicht stets den Vorrang beanspruchen.[582]

Bereits seit längerer Zeit wird in den schweizerischen Parlamenten, der schweizerischen Öffentlichkeit und der juristischen Literatur darüber diskutiert, die Garantie des schweizerischen Bankgeheimnisses in die Verfassung aufzunehmen. Der erste Vorstoß in dieser Richtung wurde durch die Fraktion der Schweizerischen Volkspartei unternommen, die am 17. Juni 2002 eine entsprechende Parlamentarische Initiative in den Nationalrat getragen hat. Darin wurde beantragt, Artikel 13 der Bundesverfassung um einen Absatz 3 mit folgendem Wortlaut zu ergänzen: „Das Bankkundengeheimnis ist gewährleistet".[583] Zur Begründung des Antrags wurden Diskretion und Privatsphäre als wesentliche Standortvorteile der Schweiz angeführt. Die Privatsphäre des Bankkunden zu schützen sei ein für die schweizerische Demokratie selbstverständliches Rechtsgut. Der Druck auf das schweizerische Bankgeheimnis ziele darauf ab, eine generelle Einsicht- und Kontrollmöglichkeit des Staates auch gegenüber privaten Vermögensanlagen durchzusetzen. Um eine solche Entwicklung – den Verlust der Privatsphäre bezüglich Vermögensanlagen – zu verhindern, müsse das Bankkundengeheimnis durch die Verankerung in der Bundesverfassung massiv gestärkt werden. Die Verfassungsänderung sei auch deshalb notwendig, weil mit den Beratungen der bilateralen Verträge mit der EU und mit dem Druck der OECD auf das Bankkundengeheimnis dem „gut funktionierendem Finanzplatz Schweiz eine große Gefahr" drohe.[584]

Von der Gegenseite im Nationalrat gab es deutlich kritische Stimmen zum Bankgeheimnis an sich. Das Bankgeheimnis diene nur dazu, Steuerhinterziehern im In- und Ausland Schutz zu gewähren. Unter anderem hieß es: „Wenn man die Wirtschaftswirklichkeit treffend bezeichnen wollte, müsste man nämlich von einem ‚Steuerhinterziehungsgeheimnis' reden."[585] Die Befürworter eines verfassungsmäßig verankerten Bankgeheimnisses machten sich „zu den Verfechtern einer immensen Betrügerei, die somit, wahrscheinlich zum ersten Mal auf der

[581] BGE 104 Ia 49, 53.
[582] BGE 104 Ia 49, 53; 115 Ib 68, 83.
[583] Parlamentarische Initiative 02.432 vom 17.06.2002 „Wahrung des Bankkundengeheimnisses".
[584] *Nationalrat Zuppinger*, Amtl.Bull. NR 2003, 1793.
[585] *Nationalrat Strahm*, Amtl.Bull. NR 2003, 1792.

Welt, in den Rang einer hohen Staatstugend erhoben würde".[586] Der Spruch „Das Bankgeheimnis ist unverhandelbar" führe die Schweiz letztlich in die Isolation.[587]

Ende 2003 wurde die Parlamentarische Initiative im Nationalrat mit deutlicher Mehrheit angenommen. Der Ständerat stimmte ebenfalls zu. Im weiteren Verfahren werden nun die parlamentarischen Kommissionen für Wirtschaft und Abgaben eine Vorlage ausarbeiten. Entschieden ist somit vorerst noch nichts. Die Kommission muss zunächst prüfen, ob und in welcher Form das Bankgeheimnis Verfassungsrang erhalten soll. Die letztendliche Entscheidung über diese Verfassungsänderung wird dann ggf. das schweizerische Volk in einer Volksabstimmung zu treffen haben.

Weitreichende Veränderungen durch eine Verankerung des Bankgeheimnisses in der Verfassung sind indes nicht zu erwarten. Es geht vielmehr um eine symbolische Unterstützung des Bankgeheimnisses für die Außenpolitik der Schweiz – insbesondere in den Verhandlungen mit der Europäischen Union. Selbst wenn das Bankgeheimnis in die Verfassung aufgenommen würde, bestünden dessen Ausnahmen im Strafrecht, bei Geldwäsche und auch in der Rechtshilfe fort. Auch eine weitere Lockerung des Bankgeheimnisses bei Steuerhinterziehungen wäre durch die Aufnahme in die Verfassung nicht unmöglich. Wie bei allen Grundrechten der Schweizer Bundesverfassung sind Eingriffe in Grundrechte ausnahmsweise nach Artikel 36 BV möglich.

Während die alte Schweizer Bundesverfassung spezielle Schrankenregelungen für Grundrechte kannte, regelt Art. 36 BV n.F. generell die Voraussetzungen für die Einschränkung von Grundrechten.[588] Ein Eingriff ist demnach gerechtfertigt, wenn die Einschränkung des Grundrechtes auf einer gesetzlichen Grundlage beruht (Art. 36 Abs. 1 BV) und durch ein öffentliches Interesse oder durch den Schutz von Grundrechten Dritter gerechtfertigt ist (Art. 36 Abs. 2 BV). Weiterhin müssen die Einschränkungen verhältnismäßig sein (Art. 36 Abs. 3 BV) und dürfen nicht den Kerngehalt des Grundrechtes betreffen (Art. 36 Abs. 4 BV).

III) Rechtshilfe nach dem IRSG

Vor Inkrafttreten des Bundesgesetzes über die internationale Rechtshilfe in Strafsachen vom 20. März 1981 (IRSG)[589] galt als Grundsatz der schweizerischen

---

[586] *Nationalrat Vanek*, Amtl. Bull NR 2003, 1791; kritisch zum Verfassungsrang des Bankgeheimnis auch *Bär*, Seid umschlungen, Millionen, S. 423.
[587] *Nationalrat Strahm*, Amtl.Bull. NR 2003, 1792.
[588] *Schweizer* in: *Ehrenzeller/Mastronardi/Schweizer/Vallender*, St. Galler Kommentar, Art. 36 BV Rn. 1.
[589] SR 351.1.

Rechtsordnung, dass zur Verfolgung von politischen, militärischen und fiskalischen Delikten keine Rechtshilfe gewährt wird.[590] Von diesem Grundsatz wurden bis dahin nur zwei Ausnahmen gemacht: Zum einen wurde Rechtshilfe immer dann geleistet, wenn diese zur Entlastung des Verfolgten diente. Zum anderen wurde im Rechtshilfevertrag mit den USA von 1974[591] unter genau beschriebenen Voraussetzungen Rechtshilfe zur Bekämpfung des organisierten Verbrechens auch wegen Verletzung von steuerlichen Vorschriften zugesichert. Nach Auffassung des schweizerischen Bundesrates sollte dieser Vertrag aber nicht als Schritt in Richtung der Preisgabe des Grundsatzes der Nichtleistung von Rechtshilfe in Steuersachen bewertet werden.[592]

Während auf internationaler Ebene zahlreiche Bestrebungen zur Erweiterung der internationalen Zusammenarbeit in Fiskalsachen im Gange waren,[593] hielt die Schweiz am Grundsatz der Nichtleistung fest. Dieser schweizerischen Zurückhaltung wurde immer wieder mit Erstaunen, Unverständnis und offener Kritik begegnet.[594] Die europäischen Staaten wie auch die Vereinigten Staaten von Amerika warfen der Schweiz vor, durch den Geheimnisschutz Steuerhinterziehungen in größtem Ausmaß zu ermöglichen und die Ahndung von Wirtschaftsdelikten praktisch unmöglich zu machen.[595]

Die Schweiz ist zwar Vertragsstaat des EuRhÜbk[596], welches am 20.12.1966 ratifiziert wurde und am 20.03.1967 für die Schweiz in Kraft getreten ist. Jedoch ergibt sich wegen der Möglichkeit zur Verweigerung der Rechtshilfe in fiskalischen Delikten gemäß Art. 2 lit. a EuRhÜbk keine Verpflichtung bzgl. dieser Handlungen.[597] Darüber hinaus hat die Schweiz am 17.11.1981 sogar das 1. Zusatzprotokoll zum EuRhÜbk[598] unterzeichnet und hierzu den Vorbehalt abgegeben, Rechtshilfe nur bei Vorliegen eines Abgabebetruges im Sinne des

---

590 *Dreßler*, Rechts- und Amtshilfe in Steuerangelegenheiten durch die Schweiz, StBp 1986, 193.

591 Siehe hierzu unten A)V)1) DBA Schweiz-USA, S. 156.

592 Vgl. *Widmer*, Die internationale Rechtshilfe bei Abgabebetrug, ASA 51 (1982/83), 513, 514; BBl. 1974 II, 598.

593 Siehe oben 1. Kapitel: Internationale Übereinkommen.

594 Vgl. *Locher*, Internationale Zusammenarbeit in Fiskalsachen in schweizerischer Sicht, ASA 50 (1981/82), 97, 106; *Markees*, Der Geheimnisschutz im Rechtshilfeverfahren in Strafsachen, SchwZStrR 1976, 179, 181.

595 Vgl. *Markees*, Der Geheimnisschutz im Rechtshilfeverfahren in Strafsachen, SchwZStrR 1976, 179, 181.

596 Siehe hierzu oben A)I) Das Europäische Übereinkommen über die Rechtshilfe in Strafsachen, S. 101.

597 Siehe oben 1. Kapitel A)I)2)b)(2) Fiskalische strafbare Handlungen, S. 103.

598 Siehe oben 1. Kapitel A)I)3)a) Erstes Zusatzprotokoll, S. 107.

schweizerischen Rechts zu leisten. Ratifiziert worden ist das 1. Zusatzprotokoll von der Schweiz allerdings bis heute nicht.[599]

Als Konsequenz auf international geäußerte Kritik wurde schließlich 1981 das IRSG erlassen. Die Schweiz hat die Leistung von Rechtshilfe nunmehr gesetzlich geregelt. Das IRSG findet gemäß Art. 1 Abs. 1 IRSG nur dann Anwendung, wenn nicht ein anderes Gesetz oder eine im konkreten Fall anwendbare internationale Vereinbarung ausdrücklich oder sinngemäß etwas anderes bestimmt. Ergänzt wird das IRSG durch die Verordnung des Bundesrates vom 24. Februar 1982 (IRSV)[600], die zusammen mit dem IRSG am 1. Januar 1983 in Kraft getreten ist. Eine Revision des IRSG im Jahr 1997[601] hat Änderungen zur Beschleunigung des Rechtshilfeverfahrens bewirkt, jedoch keine Modifikation hinsichtlich der Rechtshilfefähigkeit einfacher Fiskaldelikte.[602]

1) Artikel 3 IRSG

Art. 3 Abs. 1 und 2 IRSG regeln die Rechtshilfe für politische und militärische Straftaten, die nur unter bestimmten Bedingungen geleistet wird. Art. 3 Abs. 3 IRSG ist die zentrale Vorschrift in Bezug auf die Rechtshilfe in Steuerstrafsachen und gilt als wichtigste „Bresche in die schweizerische Mauer gegen die Zusammenarbeit mit dem ausländischen Fiskus“[603]:

> Einem Ersuchen wird nicht entsprochen, wenn Gegenstand des Verfahrens eine Tat ist, die auf eine Verkürzung fiskalischer Abgaben gerichtet erscheint oder Vorschriften über währungs-, handels- oder wirtschaftspolitische Maßnahmen verletzt. Jedoch kann einem Ersuchen um Rechtshilfe nach dem dritten Teil des Gesetzes entsprochen werden, wenn Gegenstand des Verfahrens ein Abgabebetrug ist.

Der schweizerische Gesetzgeber tat sich schwer mit dieser als „Schicksalsartikel“ bezeichneten Vorschrift, die das gut geschützte schweizerische Bankgeheimnis zumindest teilweise angreifbar macht.[604] Die Vorstellungen über die Gestaltung

---

599 Vgl. zum aktuellen Ratifikationsstand des 1. Zusatzprotokolls zum EuRhÜbk: http://conventions.coe.int/Treaty/Commun/ChercheSig.asp?NT=099&CM=7&DF=04/08/2005&CL=GER.

600 SR 351.11.

601 AS 1997, 114.

602 Vgl. *Seelmann*, Die schweizerische Rechtshilfe in Strafsachen und der Abgabebetrug, NJW 1998, 732, 733.

603 So *Bernasconi*, Schweizerisches Bankgeheimnis und ausländischer Fiskus im Rahmen der internationalen Rechts- und Amtshilfe, StR 2000, 702.

604 Vgl. zur Entstehungsgeschichte des Art. 3 Abs. 3 IRSG auch *Hopf*, Die internationale Amts- und Rechtshilfe der Schweiz in Fiskalangelegenheiten aufgrund des IRSG, S. 44ff..

der Rechtshilfe in fiskalischen Straftaten gingen weit auseinander. So schlug der Bundesrat in der Botschaft zum IRSG vor, Rechtshilfe für fiskalische Delikte dann zu ermöglichen, „wenn die Ablehnung wesentliche Interessen der Schweiz erheblich beeinträchtigen kann".[605] Eine Formulierung, die wohl nur in den wenigsten Fällen die Leistung von Rechtshilfe nach sich gezogen hätte. Der Nationalrat wollte dagegen Rechtshilfe zulassen, „wenn Gegenstand des (ausländischen) Verfahrens ein Abgabebetrug oder damit verbundene Urkundendelikte sind".[606] Die Textstelle „oder damit verbundene Urkundendelikte" wurde schließlich weggelassen, da Herstellung und Verwendung gefälschter Urkunden bereits Tatbestandselement des Abgabe- oder Steuerbetruges sei.[607]

In wohl allen Ausführungen, die Art. 3 Abs. 3 betreffen, ist heute zu lesen, dass Satz 2 zwar als „Kann-Vorschrift" formuliert sei. Tatsächlich sei der entscheidenden Behörde jedoch kein Ermessen eingeräumt.[608] Kurz vor Inkrafttreten des IRSG schien dies noch anders. So sah *Kratz* auch bei eindeutigem Vorliegen eines Abgabebetruges keine Verpflichtung der Behörde, tatsächlich Rechtshilfe zu leisten.[609] Es handele sich vielmehr um eine „Kann-Vorschrift", die für die Durchführung von Rechtshilfemaßnahmen einen gewissen Ermessensspielraum eröffne. Argumentationshilfe zu dieser Ansicht liefert Art. 1 Abs. 4 IRSG, nach dem aus dem IRSG heraus kein Anspruch auf zwischenstaatliche Zusammenarbeit in Strafsachen abgeleitet werden kann.

Erst durch die Entscheidung vom 27. November 1985 stellte das Schweizerische Bundesgericht[610] das Gegenteil klar. Hierbei verwies es zum einen auf die Praxis des Bundesamtes für Polizeiwesen, und zum anderen auf die parlamentarischen Beratungen im Nationalrat und im Ständerat über die Zusatzprotokolle des Europarates zur Auslieferung und zur internationalen Rechtshilfe in Strafsachen[611]. Nach Auffassung des Bundesgerichts räumt Art. 3 Abs. 3 S. 2 den Behörden somit keinen Ermessensspielraum ein, da dies ansonsten eine „der Willkür nahekommenden Rechtsunsicherheit" zur Folge hätte. Letztlich handelt es sich hierbei um eine Rechtsentwicklung contra legem.

---

605 BBl. 1976 II, 454.
606 Sten.Bull. NR 1979, S. 678.
607 Sten.Bull. SR 1980, 210.
608 Vgl. *Frei*, Internationale Strafrechtshilfe in Fiskalsachen, ST 1988, 58, 59; *Knist*, Kapitalvermögen und Steuerhinterziehung, S. 151.
609 *Kratz*, Neuorientierung der Schweiz hinsichtlich der internationalen Zusammenarbeit in Steuerangelegenheiten, StR 1981, 333, 341.
610 BGE 111 Ib 242.
611 *Bundesrat Friedrich*, Amtl.Bull. NR 1984, 602; *Nationalräte Sager*, a.a.O., 605, und *Braunschweig*, a.a.O., 596; kritisch hierzu *Ständerat Masoni*, Amtl.Bull. SR 1985, 503.

Wenn ein Abgabebetrug vorliegt – und somit eine Rechtshilfeleistung möglich ist – beschränkt sich diese auf die Beweiserhebung. Art. 3 Abs. 3 S. 2 IRSG verweist ausschließlich auf die Vorschriften des dritten Teils des Gesetzes. Diese umfassen insbesondere die Zustellung von Schriftstücken, Beweiserhebungen, Herausgabe von Akten, Durchsuchungen von Personen und Räumen, Beschlagnahme und die Gegenüberstellung und Durchlieferung von Personen.[612] Eine Auslieferung, Übernahme von Strafverfolgung oder Strafvollstreckung wegen Abgabebetruges ist demnach nicht möglich.

2) Der rechtshilfefähige Abgabebetrug

Eine entscheidende Frage ist, was nach schweizerischem Recht unter einem rechtshilfefähigen Abgabebetrug im Sinne des IRSG zu verstehen ist. Denn die schweizerische Behörde, die über das ausländische Rechtshilfebegehren zu entscheiden hat, muss prüfen, ob der im Begehren geschilderte Sachverhalt in der Schweiz als Abgabebetrug strafbar wäre.[613] Das IRSG selbst enthält keine diesbezügliche Definition. Jedoch wurde in der Verordnung des Bundesrates vom 24. Februar 1982 über internationale Rechtshilfe in Strafsachen (IRSV) eine Bestimmung getroffen, die den Begriff des Abgabebetruges aufnimmt. § 24 Abs. 1 IRSV verweist auf Art. 14 Abs. 2 des Verwaltungsstrafrechts (VStrR):

> **Art. 24 IRSV Abgabebetrug**
>
> Sofern die Anwendung prozessualen Zwanges erforderlich ist, wird die Rechtshilfe nach Artikel 3 Absatz 3 des Rechtshilfegesetzes für strafbare Handlungen gewährt, die einen Abgabebetrug im Sinne von Artikel 14 Absatz 2 des Verwaltungsstrafrechts darstellen.
>
> Ein Ersuchen darf nicht allein mit der Begründung abgelehnt werden, dass das schweizerische Recht nicht dieselbe Art von Abgaben oder keine Abgabenbestimmungen derselben Art vorsieht.
>
> Bestehen Zweifel über die Merkmale der im Ersuchen erwähnten Abgaben, holt das Bundesamt oder die kantonale Vollzugsbehörde die Stellungnahme der Eidgenössischen Steuerverwaltung ein.

---

[612] *Grüninger/Keller*, Internationale Amts- und Rechtshilfe durch Informationsaustausch, ASA 60 (1991/92), 513, 518.

[613] *Frei*, Die Rechtshilfe bei Abgabebetrug gemäss Art. 3 Abs. 3 IRSG, ASA 50 (1981/82), 337, 341.

Der für die Rechtshilfe ausschlaggebende Tatbestand des Abgabebetruges ist dementsprechend nach Art. 14 Abs. 2 VStrR zu beurteilen.[614] Dieser Verweis wurde in der Literatur kritisiert, da das VStrR nur für indirekte Steuern gelte, nicht aber für die direkten Bundessteuern oder die kantonalen Einkommen- und Vermögensteuern.[615] Wie oben dargestellt, gilt für die direkten Steuern der Straftatbestand des Steuerbetruges gemäß Art. 186 DBG bzw. Art. 59 StHG.

Nach Auffassung des Bundesgerichtes ist für die Auslegung des Begriffes des Abgabebetruges im Sinne des Art. 3 Abs. 3 IRSG stets die Regelung des Art. 14 Abs. 2 VStrR maßgebend[616] – unabhängig davon, ob direkte oder indirekte Steuern betroffen sind. Die herrschende Lehre hat sich dieser Auffassung mittlerweile angeschlossen.[617] Demnach ist es nicht erforderlich, dass der Steuerpflichtige die Steuerbehörden mit Hilfe von falschen, gefälschten oder inhaltlich unwahren Urkunden täuscht. Es genügen somit die oben[618] beschriebenen Fälle einer arglistigen Täuschung. Der Auffassung des schweizerischen Bundesgerichtes ist zuzustimmen. Zum einen entspricht diese Ansicht dem Gesetzestext, der sich ausdrücklich auf den „Abgabebetrug“ bezieht. Zum anderen konkretisiert Art. 24 Abs. 1 IRSV diesen Begriff hinsichtlich Art. 14 Abs. 2 VStrR. Hierbei ist vom schweizerischen Gesetzgeber keine Unterscheidung zwischen direkten und indirekten Steuern getroffen worden mit der Folge, dass bzgl. beider Steuerarten die Erfüllung der Tatbestandsvoraussetzungen des Abgabebetruges die Rechtshilfefähigkeit nach sich zieht.

Fraglich ist allerdings, ob Art. 3 Abs. 3 S. 2 IRSG nur den vollendeten Abgabebetrug betrifft oder ob auch der versuchte Abgabebetrug rechtshilfefähig ist. *Kratz* argumentiert, dass es unsinnig wäre, wenn Rechtshilfe zugelassen werde, um einen eingetretenen Schaden aufzudecken, die Zusammenarbeit aber

---

614 *Grüninger/Keller*, Internationale Amts- und Rechtshilfe durch Informationsaustausch, ASA 60 (1991/92), 513, 523.

615 *Widmer*, Die internationale Rechtshilfe bei Abgabebetrug, ASA 51 (1982/83), 513ff.; *Wagner*, Die Voraussetzungen für die Gewährung internationaler Rechtshilfe in Strafsachen, BJM 1985, 113, 125; *Füglister*, Steuerbetrug oder Abgabebetrug?, ASA 55 (1986/87), 403ff..

616 BGE 111 Ib 242ff.; 115 Ib 68ff..

617 Vgl. *Hess*, Die Möglichkeiten und Grenzen der Schweiz auf dem Gebiete der internationalen Zusammenarbeit in Steuersachen, ASA 71 (2002/03), 125, 127f.; *Grüninger/Keller*, Internationale Amts- und Rechtshilfe durch Informationsaustausch, ASA 60 (1991/92), 513, 523; *Waldispühl/Blättler*, Neues zur internationalen Amtshilfe der Schweiz, ST 2005, 99; *Bernasconi*, Das Schweizer Bankgeheimnis und das neue Rechtshilfegesetz in Strafsachen, ST 1/1983, 10, *Beilstein*, Stand der Rechtshilfe und der internationalen Zusammenarbeit in Steuersachen, SZW 1995, 105, 117f..

618 Siehe A)I)3)a) Vollendeter Abgabebetrug, S. 136.

verweigere, um genau einen solchen Schaden zu vermeiden.[619] *Bernasconi* kommt zum selben Ergebnis mit dem Hinweis, der Gesetzgeber hätte in Art. 3 Abs. 3 IRSG ausdrücklich darauf hinweisen müssen, wenn er die Rechtshilfe für den versuchten Abgabebetrug hätte ausschließen wollen.[620] Diese Argumentation für sich genommen erscheint freilich zweifelhaft, denn dem Wortlaut des Art. 3 Abs. 3 IRSG ist die Einbeziehung des versuchten Abgabebetruges gerade nicht zu entnehmen.

Für das Verwaltungsstrafrecht sind jedoch – wie oben ausgeführt – gemäß Art. 2 VStrR die allgemeinen Bestimmungen des Strafgesetzbuches anwendbar. Da somit auch im innerstaatlichen Recht der Schweiz der versuchte Abgabebetrug strafbar ist, kann für seine Rechtshilfefähigkeit nichts Anderes gelten als für die des vollendeten Abgabebetruges. Es würde vielmehr einen Einbruch in den Grundsatz der beiderseitigen Strafbarkeit bedeuten, wenn man die Regelung des Art. 3 Abs. 3 S. 2 IRSG auf den vollendeten Abgabebetrug beschränken wolle.[621] Dieser Argumentation zufolge ist von der Rechtshilfefähigkeit des versuchten Abgabebetruges auszugehen.

3) Weitere Voraussetzungen der Rechtshilfe nach dem IRSG

Das IRSG schreibt weitere Voraussetzungen für die Leistung der Rechtshilfe vor. Diese können die Rechtshilfe hinsichtlich fiskalischer Straftaten einschränken. Voraussetzung der Rechtshilfeleistung durch strafprozessuale Zwangsmaßnahmen ist zunächst gemäß Art. 64 Abs. 1 IRSG die beiderseitige Strafbarkeit. Die Schweiz leistet demzufolge keine Rechtshilfe für Handlungen, die im schweizerischen Recht nicht strafbar sind.[622] Hierbei ist nicht von einer völlig kongruenten Strafbarkeit auszugehen. So leistet die Schweiz im Bereich der direkten Steuern Rechtshilfe auch dann, wenn zwar ein Abgabebetrug, nicht jedoch ein Steuerbetrug vorliegt.[623] Ein Rechtshilfeersuchen darf im Übrigen gemäß Art. 24 Abs. 2 IRSV nicht mit der Begründung abgelehnt werden, dass das

---

[619] *Kratz*, Neuorientierung der Schweiz hinsichtlich der internationalen Zusammenarbeit in Steuerangelegenheiten, StR 1981, 333, 340.

[620] Vgl. *Bernasconi*, Das Schweizer Bankgeheimnis und das neue Rechtshilfegesetz in Strafsachen, ST 1/1983, 10, 15 und Fn. 37.

[621] Vgl. *Kratz*, Neuorientierung der Schweiz hinsichtlich der internationalen Zusammenarbeit in Steuerangelegenheiten, StR 1981, 333, 339f.; *Eschweiler*, Das deutsche und schweizerische Steuerstrafrecht im Vergleich, S. 117.

[622] Vorbehalten bleiben gemäß Art. 63 Abs. 5 und Art. 64 Abs. 2 IRSG Maßnahmen zur Entlastung des Verfolgten; vgl. *Widmer*, Die internationale Rechtshilfe bei Abgabebetrug, ASA 51 (1982/83), 513, 521; *Hopf*, Die internationale Amts- und Rechtshilfe der Schweiz in Fiskalangelegenheiten aufgrund des IRSG, S. 71.

[623] Siehe oben A)III)2) Der rechtshilfefähige Abgabebetrug, S. 147.

schweizerische Recht nicht dieselbe Art von Abgaben oder keine Abgabenbestimmungen derselben Art vorsieht.[624]

Darüber hinaus verlangt der Grundsatz der Spezialität, dass die durch Rechtshilfe erhaltenen Auskünfte und Schriftstücke nicht in Verfahren wegen Taten verwendet werden dürfen, bei denen die Rechtshilfe ausgeschlossen ist; vgl. Art. 67 Abs. 1 IRSG. Somit ist eine Verwendung der im Wege der Rechtshilfe erlangten Informationen für die Steuerveranlagung ausgeschlossen.[625]

Nach dem Prinzip der Gegenseitigkeit gemäß Art. 8 Abs. 1 IRSG leistet die Schweiz Rechtshilfe nur dann, wenn der ersuchende Staat ein entsprechendes Gegenrecht gewährt. Gemäß Art. 1a IRSG ist außerdem den Hoheitsrechten, der Sicherheit, der öffentlichen Ordnung oder anderen wesentlichen Interessen der Schweiz Rechnung zu tragen. Es wird somit keine Rechtshilfe gewährt, wenn diese gegen den ordre public verstoßen würde. Dies wäre z.B. der Fall bei Steuern mit konfiskatorischem oder diskriminierendem Charakter, die gegen das Schweizer Rechtsempfinden verstoßen.[626] Das Bankgeheimnis hat jedoch grundsätzlich gegenüber den staatsvertraglichen Verpflichtungen der Schweiz zurückzutreten.[627]

Weiterhin leistet die Schweiz gemäß Art. 66 IRSG keine Rechtshilfe, wenn der Grundsatz des „ne bis in idem" – also das Verbot der Doppelbestrafung – verletzt wird. Zudem muss der Grundsatz der Verhältnismäßigkeit gewahrt sein.[628] Dies hat unter anderem zur Folge, dass die Schweiz in Bagatellfällen gemäß Art. 4 IRSG keine Rechtshilfe leistet. Die Schweizer Behörden fordern in diesem Zusammenhang, dass durch die Tat ein beträchtlicher Steuerbetrag hinterzogen

[624] Ausgenommen sind allerdings Steuern, die aus Schweizer Sicht einen konfiskatorischen oder diskriminierenden Charakter aufweisen; vgl. *Widmer*, Die internationale Rechtshilfe bei Abgabebetrug, ASA 51 (1982/83), 513, 525f..

[625] Vgl. BGE 115 Ib 373, Erwägung 8; *Knist*, Kapitalvermögen und Steuerhinterziehung, S. 152; *Behnisch*, Das Steuerstrafrecht im Recht der direkten Bundessteuer, S. 348f.; a.A. *Frei*, Internationale Strafrechtshilfe in Fiskalsachen, ST 1988, 58, 61, demzufolge die im Wege der Rechtshilfe erlangten Informationen im Falle einer Verurteilung wegen einer Tat, die als Abgabebetrug qualifiziert worden ist, im Veranlagungsverfahren betreffend die Steuer, die Gegenstand des Strafverfahrens bildete, verwendet werden dürfen.

[626] Vgl. *Carl/Klos*, Leitfaden zur internationalen Amts- und Rechtshilfe in Steuersachen, S. 238; *Reich*, Internationale Rechtshilfe der Schweiz in Fiskalstrafsachen, in: FS Trechsel, 285, 296.

[627] Siehe oben A)II)2) Das Bankgeheimnis auf dem Weg in die Schweizer Verfassung?, S. 141.

[628] Vgl. *Bernasconi*, Das Schweizer Bankgeheimnis und das neue gerichtliche Rechtshilfegesetz in Fiskalsachen, ST 2/1983, 2, 6f.; *Hopf*, Die internationale Amts- und Rechtshilfe der Schweiz in Fiskalangelegenheiten aufgrund des IRSG, S. 73.

worden sein muss.[629] Darüber hinaus müssen die Auskünfte für das ausländische Verfahren gemäß Art. 63 Abs. 1 IRSG erforderlich erscheinen.

4) Rechtsschutz im IRSG

Bei der Leistung internationaler Rechtshilfe steht dem Betroffenen die Möglichkeit von Rechtsbehelfen zur Seite. In diesem Bereich hat die Revision des IRSG aus dem Jahr 1997 einige Änderungen mit sich gebracht. So ist die Zahl der möglichen Rechtsbehelfe reduziert worden. Als Mangel des IRSG von 1981 wurde die mögliche Zweiteilung des Rechtshilfeverfahrens angesehen, die zuließ, sowohl gegen den Grundsatzentscheid, ob überhaupt Rechtshilfe geleistet werden kann, als auch gegen den Detailentscheid, in welchem der Umfang der Rechtshilfe festgelegt wurde, mit einer Beschwerde anzugehen.[630] Da beide Beschwerden gemäß Art. 21 Abs. 4 IRSG a.F. aufschiebende Wirkung hatten und bis an das Bundesgericht geführt werden konnten, war es dem im Ausland Beschuldigten möglich, die Beweismittelherausgabe um mehrere Jahre zu verzögern.[631] Nach der Revision des IRSG erlässt die Vollzugsbehörde, nachdem der Betroffene Gelegenheit zur Stellungnahme hatte, eine begründete Verfügung über die Gewährung und den Umfang der Rechtshilfe, Art. 80d IRSG. Nur diese Schlussverfügung ist nun noch anfechtbar und kann bis vor das Bundesgericht gebracht werden, Art. 80f IRSG.[632]

Darüber hinaus wurde zum Zweck der Verfahrensbeschleunigung die Beschwerdelegitimation neu gefasst. Beschwerdeberechtigt ist nunmehr nur noch derjenige, der persönlich und direkt von einer Rechtshilfemaßnahme betroffen ist, und ein schutzwürdiges Interesse an deren Aufhebung oder Änderung hat, Art. 80h IRSG.

---

[629] In einem konkreten Fall wurde ein solcher beträchtlicher Betrag für einen Steuerausfall in Höhe von 10.000 Schweizer Franken bejaht, vgl. *Dreßler*, Rechtshilfe in Steuerstrafsachen durch die Schweiz, wistra 1989, 161, 165.

[630] Vgl. *Messerli*, Internationale Rechtshilfe in Strafsachen – eine Standortbestimmung, SchwZfStrR 111 (1993), 121, 130.

[631] *Wyss*, Die Revision der Gesetzgebung über die internationale Rechtshilfe in Strafsachen, SJZ 93 (1997), 33, 35; kritisch hierzu bereits *Frei*, Das neue Bundesgesetz über internationale Rechtshilfe in Strafsachen, SchwZfStrR 100 (1983), 57, 64ff.; das Bundesgericht hatte Art. 21 Abs. 4 IRSG daher entgegen dem Gesetzeswortlaut so interpretiert, dass die aufschiebende Wirkung nur solchen Beschwerden zukomme, die „sich gegen Verfügungen richten, die das Rechtshilfeverfahren abschliessen und zum Inhalt haben, dass die zuständige Behörde die Übermittlung der eingezogenen Auskünfte beschliesst"; BGE 113 Ib 257, Erwägung 4b.

[632] Von diesem Grundsatz sind lediglich zwei Ausnahmen vorgesehen, die zum einen bei der Beschlagnahme von Vermögenswerten und Wertgegenständen sowie zum anderen bei Anwesenheit von ausländischen Prozessbeteiligten (Art. 80e lit. b IRSG) zum Tragen kommen. Die jeweiligen Zwischenverfügungen sind entgegen dem oben genannten Grundsatz selbstständig mit einer Beschwerde anfechtbar.

Der Bank, bei der Kontounterlagen beschlagnahmt werden, stehen damit keine Beschwerdemöglichkeiten zu. Weiterhin wird der Vollzug von Rechtshilfemaßnahmen durch eine Beschwerde nicht mehr gehemmt. Es gibt somit keine Möglichkeit mehr, den Vollzug eines Ersuchens durch Erhebung einer Beschwerde zu stoppen.[633] Nur noch die Beschwerde gegen die Schlussverfügung entfaltet gemäß Art. 80l IRSG aufschiebende Wirkung.

Teilweise wurden die Änderungen als Einschränkung der rechtsstaatlichen Grundsätze kritisiert.[634] Festzuhalten ist jedoch, dass der Betroffene nach dem IRSG über das Rechtshilfeersuchen informiert wird und dabei Gelegenheit zur Stellungnahme erhält. Weiterhin kann er mithilfe einer Beschwerde gegen die Schlussverfügung vorgehen. Vor der Revision des IRSG war es dem Betroffenen möglich, die Durchführung der Rechtshilfe über lange Zeit zu behindern. Ein Rechtshilfeersuchen konnte damit ein langwieriges und mühsames Unterfangen werden. Die Revision hat zwar die Rechte des Betroffenen eingeschränkt, an der Rechtsstaatlichkeit des Verfahrens bestehen aber keine Zweifel.

IV) Mögliche Gründe für die Privilegierung der Steuerstraftaten

Es stellt sich die Frage, warum die Schweiz so vehement darauf beharrt, in Fällen der Steuerhinterziehung keine Rechtshilfe leisten zu wollen. Während in Deutschland der Zugriff auf die Kontostammdaten mithilfe des Kontenabrufverfahrens für unterschiedliche Zwecke erleichtert wird, und damit das Bankgeheimnis ausgehöhlt wird, hält die Schweiz an ihrem Bankgeheimnis fest und leistet im Fall von Steuerstraftaten nur eingeschränkt Rechts- bzw. Amtshilfe.

Bereits als sich das IRSG noch im Entwurfsstadium befand, wies *Markees* darauf hin, dass es für die Schweiz aus „innenpolitischen Gründen“ nicht realisierbar sei, diesen Grundsatz aufzugeben oder auch nur wesentlich zu lockern.[635] Außerdem lasse sich für solche Delikte keine gemeinsame Rechtsüberzeugung in der Staatengemeinschaft nachweisen. Zudem würden wegen der unterschiedlichen Umschreibung der strafbaren Vergehen in den einzelnen Staaten Probleme bzgl. der zu fordernden beiderseitigen Strafbarkeit auftreten.[636] Da in der Schweiz selbst eine Steuerhinterziehung nicht strafrechtlich verfolgt werde, mangele es gänzlich an der – im internationalen Rechtshilfeverkehr üblichen – beiderseitigen

[633] *Wyss*, Die Revision der Gesetzgebung über die internationale Rechtshilfe in Strafsachen, SJZ 93 (1997), 33, 36.

[634] Vgl. *Schwob*, Ausbau der Amts- und Rechtshilfe in der Schweiz – Sauberer Finanzplatz auf Kosten Einschränkung rechtsstaatlicher Grundsätze, SJZ 97 (2001), 169ff..

[635] *Markees*, Die Verstärkung der zwischenstaatlichen Bekämpfung der Kriminalität, in: FG Schultz, 430, 438f..

[636] So *Nationalrat Koller*, StenBull. NR 1979, 674.

Strafbarkeit. Schließlich wird in der schweizerischen Diskussion auch regelmäßig darauf hingewiesen, dass es nicht Aufgabe der Schweiz sein könne, für die Durchsetzung des internen Fiskalrechts eines fremden Staates zu sorgen. Andere Staaten sollten ihre Steuersysteme so attraktiv gestalten wie die Schweiz – dann würde das Geld nicht in die Schweiz fließen, sondern im Heimatland bleiben. Angesichts der immensen wirtschaftlichen Bedeutung des grenzüberschreitend angelegten Kapitals für die Schweizer Banken wirkt diese Argumentation freilich fadenscheinig und im Wesentlichen interessengeleitet.

Die Reichweite und Ausgestaltung der strafbaren fiskalischen Vergehen gehen international tatsächlich auseinander. Diesbezügliche Probleme ließen sich jedoch überwinden – und wie am Funktionieren des internationalen Rechtshilfeverkehrs zu erkennen ist, ist dies möglich, wenn es denn rechtspolitisch gewollt ist. Gerade am Willen zur Rechtshilfe in Steuerstrafsachen fehlt(e) es den gern als „Steueroasen“ bezeichneten Ländern aber vielfach, da sie ihren Bankenstandort als gefährdet ansehen. So berührt die Rechtshilfe in Fiskalangelegenheiten zum einen die Kreditwirtschaft, welche auf die derzeitige Ausgestaltung des Bankgeheimnisses verzichten und damit Wettbewerbsvorteile verlieren würde. Zum anderen betrifft eine diesbezügliche Änderung auch die fiskalischen Belange des Staates selbst, da meist enorme Steuersummen von den Banken in den Staatshaushalt fließen. 14 Prozent – so viel wie kein anderer Wirtschaftszweig trägt die Schweizer Finanzbranche zum Sozialprodukt bei.[637] So betonte der Bundesrat schon 1957: „Es lässt sich nicht bestreiten, dass gerade das Bankgeheimnis eine Stütze des schweizerischen Wirtschaftssystems ist, die in ihrer Bedeutung weit über private Sonderinteressen hinausragt. Es trägt zweifellos in wesentlichem Maße dazu bei, dass der Schweiz das für eine moderne Volkswirtschaft unentbehrliche Kapital in genügendem Ausmaß zur Verfügung steht. Der Schutz des Bankgeheimnisses ist daher eine Aufgabe, die mindestens indirekt erhebliche wirtschaftliche Interessen des Staats berührt.“[638]

In der schweizerischen juristischen Literatur werden teilweise flammende Reden für das Bankgeheimnis gehalten und selbiges gegen alle Angriffe von außen verteidigt. *Blattner* sieht in den internationalen Bemühungen, die Schweiz zu einer weitergehenden Rechtshilfe in Steuerstrafsachen zu bringen, lediglich das Begehren von Neidern des Schweizerischen Bankenplatzes: „Der Erfolg des Vermögensverwaltungsplatzes Schweiz ärgert die Konkurrenz. Das alte Sprichwort «Viel Ehr, viel Feind» trifft auch hier zu.“[639]

---

[637] Vgl. Süddeutsche Zeitung vom 27.03.2004.
[638] Entscheid des Bundesrates vom 23. September 1957, VEB 7 (1957) 11, 32f..
[639] *Blattner*, Das Bankkundengeheimnis in der Schweiz, in: FG Chapuis, 9, 16.

Teilweise haben Banken und Kunden Art. 1 Abs. 2 IRSG angeführt, um eine Rechtshilfeleistung im konkreten Fall auszuschließen. Danach ist bei der Anwendung des IRSG „den Hoheitsrechten, der Sicherheit, der öffentlichen Ordnung oder anderen wesentlichen Interessen der Schweiz Rechnung zu tragen." Sie führten dabei an, die Gewährung von Rechtshilfe würde auf eine Aushöhlung des Bankgeheimnisses hinauslaufen und verletze damit ein wesentliches Interesse der Schweiz.[640] Das Schweizerische Bundesgericht hat sich dieser Argumentation jedoch nicht angeschlossen. Dem Bankgeheimnis komme nicht der Rang eines geschriebenen oder ungeschriebenen verfassungsmäßigen Rechts zu. Es könne bei Kollision mit anderen Interessen nicht stets den Vorrang beanspruchen.[641] Werde lediglich eine Auskunft über Bankbeziehungen einiger weniger inländischer oder ausländischer Kunden erteilt, handele es sich nie um wesentliche Interessen der Schweiz. Lediglich wenn das Bankgeheimnis durch die verlangte Auskunft geradezu ausgehöhlt oder der „gesamten schweizerischen Wirtschaft Schaden" zugefügt würde, wären wesentliche Interessen der Schweiz betroffen.[642] In den meisten Fällen wird es daher nicht möglich sein, sich erfolgreich auf Art. 1 Abs. 2 IRSG zu berufen und dadurch die Rechtshilfeleistung zu verhindern.

Kritik am Bankgeheimnis der Schweiz gibt es nicht nur von Politikern der europäischen Nachbarstaaten, sondern auch von Wirtschaftsethikern. *Thielemann* und *Ulrich* treten den politischen Wortführern der Schweiz entgegen, die dem Bankgeheimnis die Funktion zusprechen, die Steuern international niedrig zu halten. Durch Steuerflucht gingen den EU-Staaten vielmehr Milliarden-Beträge an Steuereinnahmen verloren.[643] Dies habe für die abhängig Beschäftigten dieser Staaten nicht eine tiefere, sondern eine höhere Steuerbelastung zur Folge.[644]

Selten kommt es vor, dass sich ein Schweizer selbst kritisch zum Bankgeheimnis äußert. Eine Ausnahme war hier Anfang 2004 der Bankier *Hans J. Bär*, der jahrzehntelang gemeinsam eine der größten Schweizer Privatbanken – die Bank Julius Bär in Zürich – geleitet hat. In seiner Autobiographie „Seid umschlungen, Millionen" äußert er unter anderem: „Es ist ein defensives Instrument, das die Schweiz vom allgemeinen Wettbewerb verschont und das uns, um ein Churchill-

[640] *Krauskopf*, Das Bankgeheimnis in der Rechtshilfepraxis, in FS Kleiner, 383, 387.
[641] BGE 104 Ia 49, 53; 115 Ib 68, 83.
[642] BGE 115 Ib 68, 83; so auch *Kratz*, Neuorientierung der Schweiz hinsichtlich der internationalen Zusammenarbeit in Steuerangelegenheiten, StR 1981, 333, 343, der betont, dass „andere wesentliche Interessen der Schweiz" lediglich eine „ultima ratio" bilden. Sie dürften bei der Frage, ob im Falle eines Abgabebetruges Rechtshilfe zu leisten sei, keine Rolle spielen.
[643] Allein für Deutschland jährlich etwa 10 bis 15 Milliarden Schweizer Franken.
[644] *Ulrich* im Tages-Anzeiger (Schweiz) vom 13.01.2004; vgl. auch *Thielemann/Ulrich*, Brennpunkt Bankenethik, S. 84ff..

Wort aufzunehmen, «fett, aber impotent» macht."[645] In einem Interview mit der Weltwoche wurde er noch deutlicher. Darin wertet er es als ethisch fragwürdig, nur bei Steuerbetrug dem ausländischen Fiskus Auskunft zu erteilen, nicht aber beim Delikt der Steuerhinterziehung. Das Bankgeheimnis lade Ausländer dazu ein, ihr Schwarzgeld in die Schweiz zu bringen.[646] Abschaffen würde er das Bankgeheimnis zwar nicht, den Schutz aber begrenzen.[647] Diese Äußerungen haben in den schweizerischen Medien hohe Wellen geschlagen.[648] Insbesondere aus Bankenkreisen gab es heftigen Gegenwind zu den Äußerungen *Bärs*.[649]

Wegen der hier aufgeführten schweizerischen politischen und juristischen Auffassungen gestalten sich jegliche Verhandlungen über eine weitergehenden Rechtshilfe der Schweiz in Steuerstrafsachen als schwierig.[650] Umso erstaunlicher scheint es in diesen Zusammenhang, dass die Schweiz den USA schon seit Jahren weitergehende Rechts- und Amtshilfemöglichkeiten einräumt als den europäischen Nachbarländern.[651]

V) Amtshilfe: Doppelbesteuerungsabkommen der Schweiz

Entsprechend dem Vorbehalt der Schweiz zum OECD-MA[652] ist die Auskunftsklausel des Art. 26 OECD-MA als eingeschränkt anzusehen auf das Ziel korrekter Anwendung der Abkommensvorschriften. Kein Vertragsstaat kann von der Schweiz mehr an Auskunftsbeschaffung und Angabenübermittlung erwarten, als

[645] *Bär*, Seid umschlungen, Millionen, S. 423, vgl. auch FAZ vom 26. März 2004, S. 23.

[646] *Niederberger/Somm*, Interview mit Hans J. Bär, Weltwoche 2004 (Nr. 11), 74, 75, vgl. auch Süddeutsche Zeitung vom 27.03.2004.

[647] *Niederberger/Somm*, Interview mit Hans J. Bär, Weltwoche 2004 (Nr. 11), 74, 75; vgl. auch NZZ Online vom 26.03.2004 auf http://www.nzz.ch/dossiers/2002/bankgeheimnis/ 2004.03.26-wi-article9HVQK.html.

[648] Die Agentur für politische Kommunikation ermittelte: Im März 2004 erschienen in den 22 größten Schweizer Tages- und Wochenzeitungen 134 Artikel, in denen das Stichwort „Bank(kunden)geheimnis" insgesamt 472-mal genannt wurde. Damit hatte sich die Medienpräsenz des Bankgeheimnisses im Vergleich zu den zwei Vormonaten mehr als verdoppelt; http://www.afpk.ch/bankgeheimnis/monitor.asp.

[649] Statement der Julius Bär Gruppe vom 15.03.2004: Die Aussagen von *Hans J. Bär* – Ehrenpräsident der Julius Bär Holding – sind seine persönliche Meinung als Privatperson, reflektierten aber nicht die Meinung der Julius Bär Gruppe. Und weiter: „Die Julius Bär Gruppe unterstützt alle Bemühungen zur Beibehaltung des Bankkundengeheimnisses vollumfänglich und sieht keinen Grund, dasselbe zu verändern." Vgl. außerdem die Aussagen des Geschäftsführers der Vereinigung der Schweizerischen Privatbankiers *Michel Dérobert*: „Herr Bär ist pensioniert. Er sieht die Dinge nicht mehr so genau. Außerdem sind die Dossiers etwas kompliziert." (Weltwoche, Ausgabe 13/04).

[650] Vgl. aber Ausführungen zu den Bilateralen II; sieht unten A)VI) Die Bilateralen II, S. 160.

[651] Siehe unten A)V)1) DBA Schweiz-USA, S. 156.

[652] Siehe oben 1. Kapitel B)I)1) Art. 26 OECD-MA 1963/1977, S. 114.

es schweizerischem Recht und schweizerischer Verwaltungspraxis entspricht.[653] Von diesem Grundprinzip hat die Schweiz auf dem Gebiet der Doppelbesteuerungsabkommen mittlerweile zwei Ausnahmen zugelassen. Schon länger besteht ein entsprechend erweitertes DBA zwischen der Schweiz und den Vereinigten Staaten von Amerika. Seit kurzem kann auch die Bundesrepublik Deutschland von einer weitergehenden Amtshilfeleistung ausgehen.

1) DBA Schweiz-USA

Das Doppelbesteuerungsabkommen zwischen der Schweiz und den USA[654] ist deshalb bemerkens- und erwähnenswert, weil von Seiten der Schweiz gegenüber den USA (im Gegensatz zu anderen Staaten) besonders weitreichende Amtshilfe gewährleistet wird.

Bereits im DBA von 1951[655] hatten die beiden Staaten eine auf Betrugsdelikte beschränkte erweiterte Auskunftsklausel vereinbart.[656] Der Staatsvertrag zwischen der Schweizerischen Eidgenossenschaft und den Vereinigten Staaten von Amerika über die gegenseitige Rechtshilfe in Strafsachen vom 25. Mai 1973[657] enthält ebenso eine Ausnahme zur sonstigen Rechtshilfepraxis der Schweiz. Gemäß Art. 7[658] in Verbindung mit Art. 2[659] des Staatsvertrages war die Gewährung von Rechtshilfe auch in Steuersachen unter bestimmten Bedingungen möglich, wenn sich die Verfahren auf Angehörige des organisierten Verbrechens bezogen.[660] Systematisch bedeutet dieser Vertrag daher eine Zäsur.[661] Nach Auffassung des Bundesrates kann dieser Staatsvertrag allerdings nicht als Schritt

653 *Pieper*, Rechts- und Amtshilfe in Steuerangelegenheiten durch die Schweiz, S. 24.

654 Abkommen vom 2. Oktober 1996 zwischen der Schweizerischen Eidgenossenschaft und den Vereinigten Staaten von Amerika zur Vermeidung der Doppelbesteuerung auf dem Gebiet der Steuern vom Einkommen (SR 0.672.933.61).

655 AS 1951, 892.

656 Vgl. *Holenstein*, Die neue Amtshilfeklausel im DBA Schweiz-Deutschland, IWB Fach 5, Gruppe 2 (2004), 555, 556.

657 AS 1977, 42 (SR 0.351.933.6).

658 Siehe Anhang.

659 Siehe Anhang.

660 Vgl. auch *Hauser*, Aktuelle Fragen zum schweizerischen Bankgeheimnis, JZ 1985, 871, 878; *Hopf*, Die internationale Amts- und Rechtshilfe der Schweiz in Fiskalangelegenheiten aufgrund des IRSG, S. 119ff..

661 Vgl. *Grüninger/Keller*, Internationale Amts- und Rechtshilfe durch Informationsaustausch, ASA 60 (1991/92), 513, 522.

in Richtung der Preisgabe des Grundsatzes der Nichtleistung von Rechtshilfe in Steuersachen bewertet werden.[662]

Das Doppelbesteuerungsabkommen Schweiz-USA sieht in Art. 26[663] einen Informationsaustausch der zuständigen Behörden zur Vermeidung „von Betrugsdelikten und dergleichen". In der englischen Fassung heißt es an dieser Stelle „tax fraud and the like". Unter Betrugsdelikten im Sinne des Abkommens ist gemäß Ziffer 10[664] des Protokolls[665] zum DBA Schweiz-USA ein solches betrügerisches Verhalten zu verstehen, welches eine gesetzwidrige und wesentliche Herabsetzung des Steuerbetrages bewirkt oder bezweckt. Konkret gemeint ist der Abgabebetrug des Art. 14 VStrR.[666] Gemäß Ziffer 8 lit. a[667] der gleichzeitig abgeschlossenen Verständigungsvereinbarung[668] gilt diese Definition auch für „andere rechtliche Mittel". Es wird hier ausdrücklich Bezug genommen auf das IRSG; somit gilt diese Zusatzvereinbarung auch für die Rechtshilfe zwischen Schweiz und USA.

Unklarheit bestand im Folgenden aber über die Auslegung des in Art. 26 beigefügten Begriffes „und dergleichen". Außerdem kritisierten die USA die Amtshilfebestimmungen als zu ineffizient, da die Schweiz den Begriff des Abgabebetruges nach Auffassung der amerikanischen Behörden zu eng auslege und darüber hinaus die Verfahrensdauer in der Schweiz als zu lang erachtet wurde.[669] Aus diesem Grund erfolgte eine Konkretisierung der rechtshilfefähigen Betrugsdelikte in einer neuen Verständigungsvereinbarung vom 23. Januar 2003[670]. Ziffer 4[671] dieser Vereinbarung enthält eine nicht abschließende

---

[662] Botschaft des Bundesrates an die Bundesversammlung betreffend den Staatsvertrag mit den Vereinigten Staaten von Amerika über gegenseitige Rechtshilfe in Strafsachen vom 28. August 1974 in: BBl. 1974 II, 580ff.; vgl. hierzu auch *Locher*, Internationale Zusammenarbeit in Fiskalsachen in schweizerischer Sicht, ASA 50 (1981/82), 97, 100.

[663] Siehe Anhang.

[664] Siehe Anhang.

[665] Protokoll vom 2. Oktober 1996 zum Abkommen zwischen der Schweizerischen Eidgenossenschaft und den Vereinigten Staaten von Amerika zur Vermeidung der Doppelbesteuerung auf dem Gebiet der Steuern vom Einkommen (SR 0.672.933.61).

[666] *Schwob*, Ausbau der Amts- und Rechtshilfe in der Schweiz – Sauberer Finanzplatz auf Kosten Einschränkung rechtsstaatlicher Grundsätze, SJZ 97 (2001), 169, 175.

[667] Siehe Anhang.

[668] Verständigungsvereinbarung vom 2. Oktober 1996 mit Änderungen vom 14. Mai 1997 zum Abkommen zwischen der Schweizerischen Eidgenossenschaft und den Vereinigten Staaten von Amerika zur Vermeidung der Doppelbesteuerung auf dem Gebiet der Steuern vom Einkommen (SR 0.672.933.61).

[669] Vgl. *Hess*, Die Möglichkeiten und Grenzen der Schweiz auf dem Gebiete der internationalen Zusammenarbeit in Steuersachen, ASA 71 (2002/03), 125, 132f..

[670] Abzurufen unter http://www.estv.admin.ch/data/dba/publ_dba/us_agree.pdf.

[671] Siehe Anhang.

Aufzählung von Verhalten, die unter „Betrugsdelikte und dergleichen" im Sinne des Doppelbesteuerungsabkommens fallen sollen. Ausdrücklich sind dies auch Verhalten, die darauf gerichtet sind, natürliche oder juristische Personen zu betrügen, selbst wenn dies nicht die Begehung eines Abgabebetrugs zum Ziel hat. Die Schweiz leistet daher Amtshilfe auch für Taten, die im schweizerischen Veranlagungsverfahren nicht begangen werden können, aber den gleichen Unrechtsgehalt haben wie ein Abgabebetrug.[672]

Darüber hinaus beschreibt die Vereinbarung in einem Anhang 14 konkrete Verhaltensweisen, die „Betrugsdelikte und dergleichen" darstellen. Darunter finden sich in der Mehrzahl solche Handlungen, die auch den Tatbestand des Abgabebetruges erfüllen würden. Einige Beispiele erfüllen diesen aber gerade nicht.[673] Sie sollen dennoch gemäß der Verständigungsvereinbarung amtshilfe- und damit auch rechtshilfefähig sein.

Grundsätzlich wird damit an der Voraussetzung eines Abgabebetruges festgehalten. Einige Ausnahmen werden zwar zugelassen, ohne dass hierfür jedoch ein nachvollziehbares System zu erkennen wäre. Insgesamt ist die Normierung daher als misslungen anzusehen.

2) DBA Schweiz-Deutschland

Das Doppelbesteuerungsabkommen Schweiz-Deutschland sah ursprünglich keine Amtshilfe für Betrugsdelikte vor.[674] Das DBA Schweiz-Deutschland sah in Art. 27 Abs. 1 den Austausch derjenigen Auskünfte vor, die für die richtige Durchführung des Abkommens notwendig sind. Vereinbart war somit lediglich die sog. „kleine" Auskunftsklausel.[675] Die Frage, ob der nach dem Abkommen zur Besteuerung allein zuständige Staat die betreffenden Einkünfte voll erfasst hat, fällt unter die Durchsetzung des innerstaatlichen Rechts. Eine diesbezügliche Auskunft ist daher vom DBA Schweiz-Deutschland nicht gedeckt.[676]

---

672 *Reich/Beusch*, Entwicklungen im Steuerrecht, SJZ 99 (2003), 273, 275f..

673 Fallbeispiele 4, 7, 10 und 11; vgl. hierzu *Hufschmid*, Die Voraussetzungen der Aufhebung des Bankgeheimnisses, ASA 72 (2003/04), 433, 461ff..

674 Vgl. *Knist*, Kapitalvermögen und Steuerhinterziehung, S. 137; *Pieper*, Rechts- und Amtshilfe in Steuerangelegenheiten durch die Schweiz, S. 24ff..

675 *Lotz*, Schweizerische Rechts- und Amtshilfe in Steuerstrafsachen nach der Revision des DBA Deutschland-Schweiz, RIW 2004, 276, 277.

676 Vgl. *Locher/Meier/Siebenthal/Kolb*, DBA Schweiz-Deutschland 1971 und 1978, B.27.1. Nr. 24; *Holenstein*, Amtshilfe der Schweiz in Steuerstrafsachen, PStR 2005, 67; *Grüninger/Keller*, Internationale Amts- und Rechtshilfe durch Informationsaustausch, ASA 60 (1991/92), 513, 519.

Das Revisionsprotokoll zum Doppelbesteuerungsabkommen zwischen der Schweiz und der Bundesrepublik Deutschland vom 12. März 2002[677] erweitert den bisherigen Anwendungsbereich. Neben dem DBA der Schweiz mit den USA ist das DBA Schweiz-Deutschland das zweite Abkommen mit einer gegenüber der „kleinen" Auskunftsklausel erweiterten Amtshilfeklausel. Mittlerweile hat die Schweiz ähnliche Vereinbarungen auch mit Norwegen (2002) und Österreich (2004) getroffen.[678] Amtshilfe gemäß Art. 27 Abs. 1 lit. b DBA Schweiz-Deutschland gewährt die Schweiz nun auch „zur Durchführung des innerstaatlichen Rechts bei Betrugsdelikten". Die Einleitung eines Steuerstrafverfahrens ist für die Leistung der Amtshilfe nicht erforderlich, da die Amtshilfe nicht primär der Strafverfolgung dient.[679]

Als Betrugsdelikt ist gemäß Art. VI Ziff. 3 lit. a S. 1 des Revisionsprotokolls ein Verhalten anzusehen, welches in beiden Vertragsstaaten als Steuervergehen gilt und mit Freiheitsstrafe bedroht ist.[680] Im Bereich der Einkommen- und Vermögensteuern ist demnach Amtshilfe möglich, wenn ein Steuerbetrug gemäß Art. 186 DBG bzw. Art. 59 StHG vorliegt. Voraussetzung hierfür ist die Verwendung gefälschter, verfälschter oder inhaltlich unwahrer Urkunden.[681] Das Bankgeheimnis steht der Beschaffung von Urkundenbeweisen bei Banken und deren Weiterleitung an die zuständige Behörde des ersuchenden Staates in Fällen von Betrugsdelikten nicht entgegen, vgl. Art. VI Ziff. 3 lit. a S. 2 des Revisionsprotokolls.

Das Vorliegen eines direkten Zusammenhangs zwischen dem betrügerischen Verhalten und der gewünschten Amtshilfemaßnahme wird gemäß Art. VI Ziff. 3 lit. a S. 3 des Revisionsprotokolls der Auskunftserteilung vorausgesetzt. Demnach ist die Ersttat amtshilfefähig, die Zweittat hingegen nicht. Als Zweittat ist hierbei die Anlage von aus einem betrügerischen Verhalten stammenden Mitteln in der Schweiz zu verstehen.[682] Amtshilfefähig ist nur die Ersttat, die vorliegt, wenn die Vermögenswerte gerade im Rahmen des betrügerischen Verhaltens auf das Konto des Täters gelangen.[683]

---

677 SR 0.672.913.623; BGBl. II 2003, 67.

678 Vgl. *Waldispühl/Blättler*, Neues zur internationalen Amtshilfe der Schweiz, ST 2005, 99, 104.

679 *Holenstein*, Die neue Amtshilfeklausel im DBA Schweiz-Deutschland, IWB Fach 5, Gruppe 2 (2004), 555, 557.

680 Vgl. *Holenstein*, Schweiz: Revision des Steuerstrafrechts, PStR 2005, 190; *Holenstein*, Amtshilfe der Schweiz in Steuerstrafsachen, PStR 2005, 67.

681 Siehe oben zu den Tatbestandsvoraussetzungen des Steuerbetruges: A)I)2) Steuerbetrug, S. 133.

682 Vgl. *Waldburger*, Die Revision des schweizerisch-deutschen Doppelbesteuerungsabkommens, FStR 2004, 40, 43.

683 *Holenstein*, Die neue Amtshilfeklausel im DBA Schweiz-Deutschland, IWB Fach 5, Gruppe 2 (2004), 555, 558.

Während für die Rechtshilfe ein Abgabebetrug ausreicht, muss für die Amtshilfe ein Steuerbetrug vorliegen. Im Ergebnis legt die Schweiz an die Leistung der Amtshilfe also strengere Voraussetzungen als an eine Rechtshilfeleistung. Die Schweizer Abkommenspolitik bei Doppelbesteuerungsabkommen sieht vor, mit jedem Vertragsstaat bilateral eine Klausel auszuhandeln, welche die Amtshilfe bei Steuerbetrugsdelikten im Sinne des schweizerischen Rechts erlaubt.[684] Es kommt somit zu einer Ausweitung der Informationsmöglichkeiten im Rahmen der Amtshilfe – jedoch jeweils beschränkt auf das Vorliegen eines Steuerbetruges.

VI) Die Bilateralen II

1) Chronologie

Bei der Volksabstimmung im Mai 2000 stimmten 67,2 Prozent der stimmberechtigten Schweizer für die bilateralen Verträge der Schweiz mit der Europäischen Union – die Bilateralen I.[685] Das Mandat für sieben zu verhandelnde Themen weiterer bilateraler Verträge erteilte der Schweizer Bundesrat am 27. Juni 2001. Im Juli 2001 begann daraufhin in Brüssel die neue bilaterale Verhandlungsrunde Europäische Union – Schweiz. Die drei Verhandlungsmandate in den Bereichen Zinsbesteuerung, Dienstleistungen sowie verstärkte Zusammenarbeit in Justiz, Polizei, Asyl und Migration (Schengen/Dublin) verabschiedete der Bundesrat am 30. Januar 2002.[686]

Nach einigen Querelen, die Flugbeschränkungen Deutschlands gegenüber der Schweiz sowie EU-Zölle auf Reimporte und die Verschärfung der Grenzkontrollen zu Deutschland betrafen,[687] gelang doch noch eine Einigung: Am 6. März 2003 haben die EU-Finanzminister die zwischen der Schweiz, der EU-Kommission und der griechischen EU-Präsidentschaft erzielte politische Einigung gutgeheißen und damit die Gleichwertigkeit der von der Schweiz angebotenen Lösung im Sinn der Richtlinie anerkannt.[688] Im Juni 2003 einigten sich die EU-Finanzminister auf die Zinsbesteuerungsrichtlinie der Europäischen Union[689], machten somit den Weg frei für das Zinssteuer-Abkommen mit der Schweiz und

---

[684] Vgl. Bericht der Expertenkommission für ein Bundesgesetz über Steuerstrafrecht und internationale Amtshilfe in Steuersachen, Tz. 2.3.1.

[685] Vgl. http://www.europa.admin.ch/ba/abstimmung/resultate/d/resultat.htm; siehe zu den Bilateralen I *Integrationsbüro EDA/EVD*, Die sieben Bilateralen Abkommen Schweiz – Europäische Union von 1999.

[686] Vgl. Bilaterale Abkommen II CH-EU: Chronologie, http://www.europa.admin.ch/nbv/expl/zeitplan/d/index.htm.

[687] Vgl. NZZ vom 23.03.2004, S. 13; NZZ vom 15.03.2004, S. 8.

[688] Vgl. *Beer/Jau*, Fragen zur Umsetzung der EU-Richtlinie zur Zinsbesteuerung in der Schweiz, ST 2003, 1121, 1122.

[689] Siehe oben 1. Kapitel D)I) Entstehung der Zinsrichtlinie, S. 124.

stimmten einem entsprechenden Entwurf zu.[690] Am 30. März 2004 stimmte schließlich das Europäische Parlament dem Abkommen über die Zinsbesteuerung mit der Schweiz zu.[691] Am 26. Oktober 2004 unterzeichneten EU und Schweiz schließlich die Bilateralen Abkommen II und das Protokoll zur Ausdehnung der Freizügigkeit.[692] Das Schweizer Volk stimmte am 5. Juni 2005 bei einer fakultativen Volksabstimmung mit 54,6% der Stimmen für die Teilnahme am Schengen/Dublin-Abkommen.[693] Für die übrigen Bereiche waren keine Referenden erforderlich geworden.

2) Inhalt der Bilateralen II

Drei der unterzeichneten Abkommen haben Auswirkungen auf den grenzüberschreitenden Informationsaustausch. Zum einen ist dies das „Abkommen zwischen der schweizerischen Eidgenossenschaft und der EG über Regelungen, die den in der Richtlinie 2003/48/EG des Rates im Bereich der Besteuerung von Zinserträgen festgelegten Regelungen gleichwertig sind“[694]. Weiterhin das „Abkommen über die Zusammenarbeit zwischen der Schweizerischen Eidgenossenschaft einerseits und der Europäischen Gemeinschaft und ihren Mitgliedstaaten andererseits zur Bekämpfung von Betrug und sonstigen rechtswidrigen Handlungen, die ihre finanziellen Interessen beeinträchtigen“[695]. Drittens das „Abkommen zwischen der schweizerischen Eidgenossenschaft, der Europäischen Union und der Europäischen Gemeinschaft über die Assoziierung dieses Staates bei der Umsetzung, Anwendung und Entwicklung des Schengen-Besitzstandes“[696].

a) Zinsbesteuerungsabkommen

Das Zinsbesteuerungsabkommen verpflichtet die Schweiz zu einem Steuerrückbehalt auf grenzüberschreitende Zinszahlungen an natürliche Personen mit Wohnsitz ein einem Mitgliedstaat der Europäischen Union. Danach muss die Schweiz den EU-Staaten nicht bekannt geben, auf welchen Konten die Steuer belastet wurde. Der Rückbehalt beträgt gemäß Art. 1 Abs. 1 S. 2 des Abkommens zunächst 15%. Er steigt ab 2008 auf 20% und ab 2011 auf 35%. Von diesen Einnahmen werden gemäß Art. 8 Abs. 1 des Abkommens drei Viertel an die EU-

---

690 *Integrationsbüro EDA/EVD*, Bilaterale Abkommen II Schweiz – Europäische Union, S. 6.
691 P5_TA(2004)0201.
692 Vgl. NZZ vom 27.10.2004, S. 13.
693 Vgl. Bilaterale Abkommen II CH-EU: Chronologie, http://www.europa.admin.ch/nbv/expl/zeitplan/d/index.htm.
694 SR 0.642.026.81.
695 SR 0.351.926.81.
696 SR 0.360.268.1.

Staaten abgeliefert – den Rest behält die Schweiz. Auf ausdrückliche Anweisung des Zinsempfängers kann der Rückbehalt gemäß Art. 2 des Abkommens durch eine freiwillige Meldung der Zinszahlung an den Fiskus des Steuersitzlandes ersetzt werden.

Das Abkommen enthält in Art. 10 eine Amtshilfeklausel. Diese bezieht sich jedoch ausschließlich auf die Besteuerung der unter das Abkommen fallenden Einkünfte.[697] Demnach tauschen die Schweiz und die Mitgliedstaaten der EU „für die unter das Abkommen fallenden Erträge Informationen über Handlungen aus, die nach den Rechtsvorschriften des ersuchten Staates als Steuerbetrug gelten oder ein ähnliches Delikt darstellen." Als „ähnlich" gelten dabei ausschließlich solche Straftaten, die nach dem Recht des ersuchenden Staates denselben Unrechtsgehalt wie ein Steuerbetrug aufweisen.[698]

Umgesetzt wurden die Anforderungen des Abkommens im Zinsbesteuerungsgesetz (ZBstG),[699] welches am 1. Juli 2005 in Kraft getreten ist. Das Verfahren der Amtshilfe nach dem ZBstG kann in zwei Abschnitte unterteilt werden: Das Auskunftsverfahren, in welchem die verlangten Informationen eingeholt werden und das Übermittlungsverfahren, in welchem die Informationen den ausländischen Behörden weitergeleitet werden.[700] In beiden Verfahrenabschnitten wird der Betroffene beteiligt. So eröffnet die Schweizerische Steuerverwaltung gemäß Art. 18 Abs. 1 ZBstG die an die Informationsinhaber gerichtete Verfügung auch der betroffenen Person. Stimmt diese der Aushändigung der Informationen schriftlich zu, findet ein vereinfachtes Verfahren statt. Die Informationen werden dann umgehend an die ausländische Behörde übermittelt, und das Verfahren wird geschlossen, vgl. Art. 22 ZBstG. Weigert sich der Informationsinhaber gegen die Herausgabe der Information oder widerspricht der Betroffene, erlässt die Steuerverwaltung eine Herausgabeverfügung. Gegen diese können keine Rechtsmittel eingelegt werden.[701] Ist die Finanzverwaltung im Besitz der ersuchten Information, erlässt sie eine Schlussverfügung, in der sie über die Übermittlung entscheidet.[702] Die Schlussverfügung über die Übermittlung von Informationen wird dem Betroffenen gemäß Art. 23 Abs. 2 ZBstG bekannt

[697] Vgl. *Holenstein*, Schweiz: Grenzüberschreitender Informationsaustausch nach In-Kraft-Treten der 'Bilateralen II', PStR 2005, 118, 119.

[698] Art. 10 Abs. 1 S. 2 des Abkommens.

[699] Bundesgesetz vom 17. Dezember 2004 zum Zinsbesteuerungsabkommen mit der Europäischen Gemeinschaft (Zinsbesteuerungsgesetz), SR 641.91.

[700] Vgl. *Waldispühl/Blättler*, Neues zur internationalen Amtshilfe der Schweiz, ST 2005, 99, 100.

[701] Vgl. *Waldispühl/Blättler*, Neues zur internationalen Amtshilfe der Schweiz, ST 2005, 99, 101.

[702] Art. 23 Abs. 1 ZBstG.

gegeben und unterliegt gemäß Art. 24 Abs. 1 ZBstG der Verwaltungsgerichtsbeschwerde an das Bundesgericht. Andere Rechtsmittel sind jedoch nicht vorgesehen. Hiermit will die Schweiz offensichtlich ein recht zügiges Amtshilfeverfahren sicherstellen.[703]

b) Betrugsbekämpfungsabkommen

Mit dem Betrugsbesteuerungsabkommen strebt die EU die Verankerung einer umfassenden Rechtshilfepflicht in Bezug auf alle Vergehen gegen die finanziellen Interessen der EU und ihrer Mitgliedstaaten an.[704] Das Abkommen ist gemäß seines Art. 2 nur auf die Amts- und Rechtshilfe bei den indirekten Steuern anwendbar. Art. 2 Abs. 4 schließt die direkten Steuern – wie die Einkommensteuer – von der Anwendung des Abkommens ausdrücklich aus.

Gemäß Art. 1 Abs. 2 kann die Amts- oder Rechtshilfe „nicht allein mit der Begründung abgelehnt werden, dass das Ersuchen eine Straftat betrifft, die in der ersuchten Vertragspartei als Steuerdelikt eingestuft ist, oder dass das Recht der ersuchten Vertragspartei eine bestimmte Art von Abgaben oder Ausgaben nicht kennt oder nicht dieselbe Art von Rechtsvorschriften oder dieselbe rechtliche Einstufung der Taten enthält wie das Recht der ersuchenden Vertragspartei". Vom Anwendungsbereich des Abkommens wird mithin auch die Steuerhinterziehung erfasst, sofern die hinterzogene Steuer den Betrag von 25.000 Euro überschreitet.[705] Damit wird die Schweiz verpflichtet, entgegen den Vorgaben des Bankgeheimnisses Rechtshilfe zu leisten. Dies schließt auch Zwangsmaßnahmen ein.

Die von der Schweiz geforderte Aufrechterhaltung der doppelten Strafbarkeit für Zwangsmaßnahmen ist zukünftig für diesen Bereich obsolet – das Bankgeheimnis steht dem Informationsaustausch nicht entgegen.[706] Darüber hinaus leistet die Schweiz im Bereich der Geldwäsche Rechtshilfe, wenn die Vermögenswerte nach schweizerischem Recht aus einem Abgabebetrug oder gewerbsmäßigen

[703] Vgl. *Waldispühl/Blättler*, Neues zur internationalen Amtshilfe der Schweiz, ST 2005, 99, 101.
[704] *Epiney*, Rechtshilfe in Strafsachen in der EU, EuZW 2003, 421, 427.
[705] Vgl. Art. 3 Abs. 1 des Abkommens, demzufolge die Behörde der ersuchten Vertragspartei „ein Ersuchen um Zusammenarbeit ablehnen [kann], wenn der verkürzte oder erschlichene Betrag 25 000 EUR oder der Wert der unerlaubt ein- oder ausgeführten Waren 100 000 EUR voraussichtlich nicht übersteigt, es sei denn, die Tat wird wegen ihrer Art oder wegen der Person des Verdächtigen von der ersuchenden Vertragspartei als sehr schwerwiegend betrachtet."
[706] Vgl. auch *Integrationsbüro EDA/EVD*, Bilaterale Abkommen II Schweiz – Europäische Union, S. 25; *Holenstein*, Schweiz: Grenzüberschreitender Informationsaustausch nach In-Kraft-Treten der 'Bilateralen II', PStR 2005, 118, 121.

Schmuggel stammen. Damit wird nun auch das Waschen des Erlöses aus einem rechtshilfefähigen Abgabebetrug rechtshilfefähig.[707]

c) Schengen/Dublin

Das Abkommen von Schengen erleichtert die Rechtshilfe in Strafsachen.[708] Fraglich ist, welche neuen Verpflichtungen sich für die Schweiz aufgrund dieses Übereinkommens ergeben. Hierbei ist zu unterscheiden zwischen den indirekten und den direkten Steuern. Zwar regelt Schengen die Rechtshilfe im Bereich der indirekten Steuern, doch enthält das Abkommen zur Betrugsbekämpfung eine weitergehende Zusammenarbeit, die sogar Steuerhinterziehungen (ab 25.000 Euro) umfasst.[709]. Die Rechtshilfe bei indirekten Steuern richtet sich daher nach dem Abkommen zur Betrugsbekämpfung. Das Schengenabkommen verpflichtet die Schweiz bezüglich der indirekten Steuern nicht zu einer Ausweitung der Rechtshilfe.

Bislang sind die direkten Steuern nicht vom Schengener Rechtsbestand umfasst, so dass der Schweiz diesbezüglich keine Verpflichtungen erwachsen. Sollte das Schengenabkommen dahingehend weiterentwickelt werden, dass es auch die Rechtshilfe bei direkter Steuern beinhalten soll, hat sich die Schweiz in Art. 7 Abs. 5 lit. a einen Vorbehalt zusichern lassen.[710] Kommt es demnach zu einer Weiterentwicklung Schengens, durch welche bei den direkten Steuern das Prinzip der doppelten Strafbarkeit aufgehoben und damit der Schweiz auch bei Hinterziehungsdelikten eine Rechtshilfeverpflichtung aufgeben wird, darf die Schweiz eine unbefristete Ausnahme für sich in Anspruch nehmen. In den

---

[707] *Integrationsbüro EDA/EVD*, Bilaterale Abkommen II Schweiz – Europäische Union, S. 25.

[708] Siehe oben 1. Kapitel A)II) Art. 48 bis 53 Schengener Durchführungsübereinkommen, S. 109.

[709] Siehe oben A)VI)2)b) Betrugsbekämpfungsabkommen, S. 163; vgl. im Übrigen auch die Vernehmlassungserläuterungen zu den Abkommen von Schengen und Dublin, http://www.europa.admin.ch/nbv/off/vernehm/d/schengen_expl.pdf, S. 44.

[710] Art. 7 Abs. 5 a) des Abkommens lautet: „Bewirken Bestimmungen eines neuen Rechtsakts oder einer neuen Massnahme, dass die Mitgliedstaaten die Erledigung von Rechtshilfeersuchen in Strafsachen oder die Anerkennung von Anordnungen zur Durchsuchung und/oder zur Beschlagnahme von Beweisen aus einem anderen Mitgliedstaat nicht mehr den Bedingungen des Artikels 51 des Schengener Durchführungsübereinkommens unterwerfen können, kann die Schweiz dem Rat und der Kommission innerhalb der in Absatz 2 Buchstabe a festgelegten Frist von 30 Tagen notifizieren, dass sie den Inhalt dieser Bestimmungen nicht akzeptiert und diese nicht in ihre innerstaatliche Rechtsordnung umsetzt, soweit diese Bestimmungen auf Ersuchen um oder Anordnungen zur Durchsuchung und Beschlagnahme in Bezug auf Ermittlungen oder Verfolgungen von strafbaren Handlungen im Bereich der direkten Steuern Anwendung finden, die, falls in der Schweiz begangen, nach schweizerischem Recht nicht mit einer Freiheitsstrafe bedroht wären. In diesem Fall wird dieses Abkommen entgegen Absatz 4 nicht als beendet angesehen.“

Vernehmlassungserläuterungen heißt es hierzu: „Das Bankgeheimnis wird im Bereich der direkten Steuern vollumfänglich gewahrt und die Schweiz kann ihre bisherige Rechtshilfepolitik in diesem zentralen Fiskalbereich weiterverfolgen."[711]

VII) Ergebnis

Die Schweiz rückt mit den Bilateralen I und II näher an die Europäische Union. Im Rahmen dieser Entwicklung ist die Schweiz zu einer begrenzten Ausweitung der Amts- und Rechtshilfe bei Fiskaldelikten bereit. Die Schweiz ist grundsätzlich aber nur in Bezug auf Abgabebetrug (Rechtshilfe) bzw. Steuerbetrug (Amtshilfe) zur Informationshilfe bereit. Geringfügige Durchbrechungen dieser Grundsätze finden sich in den neu vereinbarten DBA (z.B. mit den USA und Deutschland) sowie im Abkommen zur Betrugsbekämpfung. Auf lange Sicht wird die Schweiz am Bankgeheimnis und an den Einschränkungen zur Informationshilfe festhalten. Diese Position hat die Schweiz auch in den Bilateralen Verhandlungen II durchsetzen können.

B) Rechtshilfe- und Amtshilfe in Fiskalsachen durch Österreich

Auch Österreich ist für deutsche Anleger als Bankenstandort attraktiv – deutsche Staatsangehörige deponieren derzeit mehr als 50 Milliarden Euro bei österreichischen Banken.[712] Damit ist Österreich für deutsche Anleger – hinter der Schweiz und Luxemburg – der Kapitalanlagemarkt Nummer drei. Insbesondere kurz hinter der deutsch-österreichischen Grenze profitieren die Banken von den deutschen Geldanlegern. So verwalten die Banken eines 300-Einwohner-Dorfes kurz hinter der Grenze ca. vier Mrd. Euro ausländisches Vermögen.[713] Nach der Einführung des Kontenabrufverfahrens zum 1. April 2005 haben die österreichischen Banken mit einem zusätzlichen Transfer von 500 Millionen Euro nach Österreich gerechnet.[714]

Österreichische Banker verweisen auf das von der Verfassung geschützte Bankgeheimnis und darauf, dass es in Österreich kein mit dem deutschen Kontenabrufverfahren vergleichbares Instrument gibt. Von Seiten der Europäischen Union wurde das österreichische Bankgeheimnis bislang nicht angetastet. Die in der Zinsrichtlinie[715] vorgesehene Ausnahme ermöglicht es Österreich, auf nicht absehbare Zeit an seinem Geheimnisschutz festzuhalten.

---

711 Vernehmlassungserläuterungen zu den Abkommen von Schengen und Dublin, http://www.europa.admin.ch/nbv/off/vernehm/d/schengen_expl.pdf, S. 44.
712 Vgl. Financial Times Deutschland vom 01.04.2005, S. 32.
713 Vgl. Stern vom 14.04.2005, S. 168; Handelsblatt (Beilage) vom 11.05.2005, S. D04.
714 Vgl. Financial Times Deutschland vom 01.04.2005, S. 32.
715 Siehe oben 1. Kapitel D) Informationsaustausch aufgrund der EU-Zinsrichtlinie, S. 124.

Auch im Rahmen der Amts- und Rechtshilfe schränkt Österreich die Möglichkeiten zum Auskunftsaustausch ein. Welche Möglichkeiten sich deutschen Gerichten bzw. den deutschen Finanzbehörden eröffnen, ist Schwerpunkt der folgenden Ausführungen.

I) Das österreichische Bankgeheimnis

Gemäß § 38 Abs. 1 Bankwesengesetz (BWG) dürfen Kreditinstitute, ihre Gesellschafter, Organmitglieder, Beschäftigte sowie sonst für Kreditinstitute tätige Personen Geheimnisse, die ihnen ausschließlich aufgrund der Geschäftsbeziehungen mit Kunden anvertraut oder zugänglich gemacht worden sind, nicht offenbaren oder verwerten.

Beim Bankgeheimnis Österreichs handelt es sich um eine primär zivilrechtliche Regelung, die eine vertragliche Nebenpflicht zu allen Bankgeschäften zwischen Bank und Kunde bildet.[716] Diese kommt auch dann zum Tragen, wenn ein Bankvertrag gar nicht abgeschlossen wird oder sich als nichtig herausstellt.[717] Die erstmalige gesetzliche Regelung des österreichischen Bankgeheimnisses erfolgte im Kreditwesengesetz (öKWG) 1979. Zuvor beruhte das Bankgeheimnis ausschließlich auf vertragsrechtlicher Grundlage, die sich als schuldrechtliche Nebenpflicht der Beziehung zwischen Kreditinstitut und Kunde darstellt.[718] Im Jahr 1993 wurde durch das Finanzmarktanpassungsgesetz das Bankwesen neu geregelt und das öKWG durch das Bankwesengesetz abgelöst. Dabei hat § 38 BWG die Bestimmung des § 23 öKWG übernommen.

Die Bestimmung des Bankgeheimnisses wurde in Österreich zwar nie in Verfassungsrang erhoben, jedoch wurde 1993 in § 38 BWG ein neuer Absatz 5 eingefügt. Danach können § 38 Abs. 1 bis 4 BWG nur mit dem Präsenz- und Konsensquorum, das nach der österreichischen Bundesverfassung für Verfassungsgesetze notwendig ist, geändert werden. Mindestens die Hälfte der Abgeordneten des Nationalrates müssen anwesend sein, und mindestens zwei Drittel müssen der Änderung zustimmen, vgl. § 38 Abs. 5 BWG.[719]

Die Durchbrechungsmöglichkeiten des Bankgeheimnisses sind in § 38 Abs. 2 BWG geregelt. Die Verpflichtung zur Wahrung des Bankgeheimnisses besteht gemäß § 38 Abs. 2 Nr. 1 BWG nicht im Zusammenhang mit eingeleiteten

---

716 *Kurz/Leitner*, Das österreichische Bankgeheimnis im Steuerstrafverfahren, IStR 1994, 506; vgl. zur Rechtsnatur des Bankgeheimnisses in Österreich *Jabornegg/Strasser/Floretta*, Das Bankgeheimnis, S. 31ff..

717 *Jabornegg/Strasser/Floretta*, Das Bankgeheimnis, S. 33.

718 *Ortner*, Das Bankgeheimnis, S. 21.

719 ÖBGBl. 1993/532.

gerichtlichen Strafverfahren gegenüber den Strafgerichten und mit eingeleiteten Strafverfahren wegen vorsätzlicher Finanzvergehen, ausgenommen Finanzordnungswidrigkeiten, gegenüber den Finanzstrafbehörden.

Durch § 101 BWG erfährt das Bankgeheimnis zudem einen strafrechtlichen Schutz, indem seine Verletzung eine strafbare Handlung darstellt. Die Tathandlung des § 101 BWG besteht in einem Offenbaren oder Verwerten von Tatsachen, die dem Schutz des Bankgeheimnisses unterliegen.[720]

II) Rechtshilfe nach dem ARHG

Die wichtigsten innerstaatlichen österreichischen Rechtsquellen bezüglich der Rechtshilfe sind das Auslieferungs- und Rechtshilfegesetz (ARHG)[721] und die hierzu ergangene Durchführungsverordnung (ARHV)[722]. Das Verhältnis zwischen den multi- und bilateralen Übereinkommen einerseits und dem ARHG andererseits regelt § 1 ARHG. Danach findet das Gesetz nur insoweit Anwendung, als durch zwischenstaatliche Vereinbarungen nichts anderes bestimmt ist. Folglich haben zwischenstaatliche Vereinbarungen Vorrang vor dem ARHG.

1) Gegenseitigkeit

Als Voraussetzung für ein Rechtshilfeersuchen fordert der OGH zunächst die in § 3 Abs. 1 ARHG normierte Gegenseitigkeit.[723] Demnach darf einem Rechtshilfeersuchen nur dann entsprochen werden, wenn der ersuchende Staat auch einem gleichartigen österreichischen Ersuchen nachkommen würde.[724] Davon ist auszugehen, wenn eine zwischenstaatliche Vereinbarung oder eine Zusicherung des anderen Staates besteht.[725] Ausreichend ist auch, wenn aus dem bisherigen Verhalten des anderen Staates geschlossen werden kann, dass er einem gleichartigen österreichischem Ersuchen entsprechen würde.[726]

Eine andere Situation ergibt sich jedoch zwischen den Vertragsparteien des EuRhÜbk. Zwischen diesen besteht das Erfordernis der Gegenseitigkeit nämlich nicht, da sich die Vertragsstaaten gemäß Art. 1 Abs. 1 des Übereinkommens

---

[720] *Ortner*, Das Bankgeheimnis, S. 27.
[721] ÖBGBl. 1979/529.
[722] Verordnung des Bundesministers für Justiz vom 30.04.1980 über den Auslieferungsverkehr und den zwischenstaatlichen Rechtshilfeverkehr in Strafsachen, öBGBl. 1980/219.
[723] OGH vom 16.12.1993 – 15 Os 167/93-8, EvBl. 1994, 72.
[724] *Schwaighofer*, Auslieferung und Internationales Strafrecht, S. 46f..
[725] *Linke/Epp/Dokoupil/Felsenstein*, Internationales Strafrecht, § 3 ARHG Anm. 1.
[726] *Linke/Epp/Dokoupil/Felsenstein*, Internationales Strafrecht, § 3 ARHG Anm. 1.

verpflichtet haben, hinsichtlich aller strafbaren Handlungen, die im ersuchenden Staat von den Justizbehörden zu verfolgen sind, Rechtshilfe zu leisten.[727]

2) Beiderseitige gerichtliche Strafbarkeit

Gemäß § 51 Abs. 1 Nr. 1 1. Alt. ARHG entspricht Österreich einem ausländischen Rechtshilfeersuchen dann nicht, wenn die dem Ersuchen zugrunde liegende Handlung nicht eine nach österreichischem Recht mit gerichtlicher Strafe bedrohte Tat darstellt. Die Rechtshilfe ist daher abzulehnen, wenn die Handlung in Österreich straflos ist oder nur als Verwaltungsübertretung (Ordnungswidrigkeit) geahndet wird.[728] Das Rechtshilfegericht muss folglich die gerichtliche Strafbarkeit aufgrund der dem Ersuchen beigelegten Sachverhaltsdarstellungen und seiner rechtlichen Beurteilung (§ 56 ARHG) sowohl im ersuchenden Staat als auch im ersuchten Staat nachprüfen.[729]

Auch diesbezüglich sieht das EuRhÜbk eine andere Regelung vor. Nach Art. 1 EuRhÜbk verpflichten sich die Vertragsparteien, soweit wie möglich Rechtshilfe zu leisten, wenn die Tat eine nach dem Recht des ersuchenden Staates gerichtlich strafbare Handlung darstellt. Das EuRhÜbk verlangt somit gerade keine beiderseitige Strafbarkeit, die gerichtliche Strafbarkeit nach dem Recht des ersuchten Staates ist daher nicht erforderlich.[730] Zu dieser Bestimmung hat Österreich jedoch die in Art. 23 Abs. 1 EuRhÜbk gewährte Möglichkeit genutzt und einen entsprechenden Vorbehalt abgegeben. Demnach leistet Österreich nur dann Rechtshilfe, wenn eine nach österreichischem Recht gerichtlich strafbare Handlung verfolgt wird.[731] Die anderen Vertragsparteien haben im Gegenzug gemäß Art. 23 Abs. 3 EuRhÜbk die Möglichkeit, gegenüber Österreich nur dann Rechtshilfe zu leisten, wenn sie ihrerseits mit Rechtshilfe rechnen können. Hierdurch wird das Prinzip der Gegenseitigkeit gewahrt.[732]

---

[727] Vgl. *Schwaighofer*, Auslieferung und Internationales Strafrecht, S. 46.

[728] *Linke/Epp/Dokoupil/Felsenstein*, Internationales Strafrecht, § 51 ARHG Anm. 2.

[729] *Schwaighofer*, Auslieferung und Internationales Strafrecht, S. 94ff., 238f.; *Linke/Epp/Dokoupil/Felsenstein*, Internationales Strafrecht, § 51 ARHG Anm. 2; *Felsenstein*, Grundlagen der zwischenstaatlichen Zusammenarbeit in Strafsachen, ÖJZ 1986, 614, 645.

[730] Vgl. *Grützner/Pötz*, Internationaler Rechtshilfeverkehr in Strafsachen, Vorbemerkungen zum EuRhÜbk, Rn. 5.

[731] Vgl. *Felsenstein*, Grundlagen der zwischenstaatlichen Zusammenarbeit in Strafsachen, ÖJZ 1986, 614, 645.

[732] *Grützner/Pötz*, Internationaler Rechtshilfeverkehr in Strafsachen, Art. 23 EuRhÜbk, Fn. 46.

3) Rechtshilfe in Fiskaldelikten

a) Vorbehalt des § 2 ARHG

§ 2 ARHG sieht einen allgemeinen Vorbehalt vor. Danach darf einem ausländischen Ersuchen nur dann entsprochen werden, wenn die öffentliche Ordnung oder andere wesentliche Interessen der Republik Österreich nicht verletzt werden. Dies entspricht dem Grundsatz des Art. 2 lit. b EuRhÜbk, der Eingriffe in die Souveränität, die Sicherheit und die öffentliche Ordnung oder die Verletzung anderer wesentlicher Interessen als Grund für die Nichtgewährung von Rechtshilfe einräumt.

Unter der „öffentlichen Ordnung" i.S.d. § 2 ARHG sind die grundlegenden Prinzipien der österreichischen Rechtsordnung zu verstehen.[733] Dazu gehören die Wahrung der Grundrechte, der Menschenwürde, der Hoheitsrechte sowie der Schutz der öffentlichen Sicherheit.[734] Zu den „anderen wesentlichen Interessen" zählen entsprechend des Vorbehalts Österreichs zu Art. 2 lit. b EuRhÜbk die Wahrung der in den österreichischen Rechtsvorschriften vorgesehenen Geheimhaltungspflichten,[735] deren Offenbarung schwere wirtschaftliche Schäden hervorrufen könnte.[736] Hierzu wird auch das Bankgeheimnis gezählt, da es der Sicherung der volkwirtschaftlich lebensnotwendigen Funktionen des Kreditapparates diene.[737] Dieselbe Konsequenz ergibt sich im Übrigen auch aus § 51 Abs. 1 Nr. 3 ARHG, demzufolge die Leistung von Rechtshilfe ausgeschlossen ist, wenn sie Geheimhaltungsverpflichtungen verletzt, die nach den österreichischen Vorschriften auch gegenüber Strafgerichten zu wahren sind. Hierzu gehört neben dem Steuergeheimnis auch das Bankgeheimnis.[738]

Fraglich ist daher, inwieweit eine Durchbrechung des Bankgeheimnisses im Rahmen der Rechtshilfe für das Ausland eine Verletzung des ordre public darstellen könnte. Nach einigen Stimmen in der österreichischen Literatur muss bei jedem Rechtshilfeersuchen des Auslandes eine Interessenabwägung zwischen der Aufrechterhaltung des Bankgeheimnisses gegenüber den Interessen an einer

---

[733] *Lanser*, Österreichische Rechtshilfe in Strafsachen, wistra 1999, 213, 214.
[734] *Linke/Epp/Dokoupil/Felsenstein*, Internationales Strafrecht, § 2 ARHG Anm. 2.
[735] EuRhÜbk, Vorbehalt zu Art. 2 lit. b.
[736] *Linke/Epp/Dokoupil/Felsenstein*, Internationales Strafrecht, § 2 ARHG Anm. 2; *Lanser*, Österreichische Rechtshilfe in Strafsachen, wistra 1999, 213, 214.
[737] Vgl. *Beiser*, Das österreichische Bankgeheimnis (§ 23 KWG) im Verhältnis zum Ausland, ÖJZ 1985, 178, 179; *Ulrich*, Überlegungen zum Bankgeheimnis, in: *Ruppe*, Geheimnisschutz im Wirtschaftsleben, 283, 290.
[738] Vgl. *Schwaighofer*, Auslieferung und Internationales Strafrecht, S. 240; *Linke/Epp/-Dokoupil/Felsenstein*, Internationales Strafrecht, § 51 ARHG Anm. 4.

positiven Erledigung des Rechtshilfeersuchens stattfinden.[739] Das Interesse Österreichs am Schutz des Bankgeheimnisses umfasst in erster Linie „das allgemeine Interesse an einem funktionierendem Kreditapparat".[740] Darüber hinaus seien die Interessen der Kreditunternehmen und deren Kunden zu wahren.[741] Dies geht freilich zu weit, da der Begriff „wesentliche Interessen des Staates" jedenfalls nicht auf die Kunden und Unternehmen zu beziehen ist.

In der Literatur wurden die Interessen Österreichs an der Wahrung des Bankgeheimnisses teilweise höher eingeschätzt als die Interessen zur Rechtshilfe an das Ausland. Insbesondere für Fiskaldelikte sei dies der Fall, da in Österreich nur die Verkürzung inländischer Abgaben strafbar sei[742], und das Interesse Österreichs an der Verfolgung ausländischer Abgabenverkürzungen nur gering sei.[743]

Nach höchstrichterlicher Rechtsprechung des OGH ist dies jedoch nicht der Fall. Das allgemeine Interesse Österreichs an einem funktionsfähigen Kreditapparat, das im Grunde ein volkswirtschaftliches Interesse ist, ist nach Ansicht des OGH weniger gewichtig als die anderen Belange, die der Wahrung der Hoheitsrechte oder der inneren Sicherheit dienen.[744] Nach der Rechtsprechung des OGH steht der Vorbehalt des § 2 ARHG der Rechtshilfeleistung und einer damit verbundenen Durchbrechung des Bankgeheimnisses nicht entgegen.

b) Spezialitätsprinzip

Nach dem Grundsatz der Spezialität wird Rechtshilfe nur dann geleistet, wenn gewährleistet ist, dass das Ergebnis der Rechtshilfe ausschließlich in dem dem Ersuchen zugrundeliegenden Verfahren verwendet wird. Die Leistung der Rechtshilfe nach dem ARHG hängt zwar zunächst nicht von der Voraussetzung der Spezialität ab. Jedoch könnte der ersuchende Staat die Ergebnisse der Rechtshilfe in einem Verfahren verwerten, für das Österreich die Rechtshilfe

---

[739] Vgl. *Beiser*, Das österreichische Bankgeheimnis (§ 23 KWG) im Verhältnis zum Ausland, ÖJZ 1985, 178, 179.

[740] *Ulrich*, Überlegungen zum Bankgeheimnis, in: *Ruppe*, Geheimnisschutz im Wirtschaftsleben, 283, 290.

[741] *Fischer*, Neuere Entwicklungen auf dem Gebiet des zwischenstaatlichen Auskunftsverkehrs in Steuersachen, DB 1984, 738ff..

[742] § 2 FinStrG.

[743] So *Beiser*, Das österreichische Bankgeheimnis (§ 23 KWG) im Verhältnis zum Ausland, ÖJZ 1985, 178, 179.

[744] OGH 16.12.1993, 15 Os 167/93, EvBl 1994/72 = wistra 1995, 38; siehe auch Anm. *Carl/Klos*, Bankermittlungen in Österreich im Rahmen der Amts- und Rechtshilfegewährung in Steuersachen, wistra 1995, 95ff..

verweigert hätte.[745] Daher hat Österreich in seiner Erklärung zum 1. ZPRhÜbk die Gewährleistung der Spezialität zur Bedingung für die Leistung der Rechtshilfe in Fiskalsachen gemacht.[746]

c) Sonderregeln für die Rechtshilfe in Fiskaldelikten im ARHG

Im Rahme der Rechtshilfe bei Fiskaldelikten sind überdies besondere Regelungen des ARHG zu berücksichtigen. Gemäß § 51 Abs. 1 Nr. 1 2. Alt. ARHG ist die Rechtshilfe unzulässig, wenn die dem Ersuchen zugrunde liegende Tat gemäß §§ 14 und 15 ARHG nicht auslieferungsfähig ist. Dazu gehören politisch strafbare Handlungen sowie militärische Delikte und gemäß § 15 Nr. 2 ARHG solche strafbaren Handlungen, „die nach österreichischem Recht ausschließlich [...] in der Verletzung von Abgaben-, Monopol-, Zoll- oder Devisenvorschriften oder von Vorschriften über die Warenbewirtschaftung oder über den Außenhandel bestehen." Folglich leistet Österreich zunächst keine Rechtshilfe bei fiskalischen Delikten.

Österreich ist zwar Vertragsstaat des EuRhÜbk, jedoch kann auch gemäß Art. 2 lit. a EuRhÜbk die Rechtshilfe verweigert werden, wenn sich das Ersuchen auf eine fiskalisch strafbare Handlung bezieht.[747] Diesbezüglich hatte Österreich bei der Ratifikation des Übereinkommens einen Vorbehalt abgegeben. Danach würde Österreich „die Rechtshilfe für die in lit. a aufgezählten strafbaren Handlungen verweigern."[748] Diesen Vorbehalt hat Österreich 1983 allerdings zurückgezogen und gleichzeitig formell festgehalten, dass es – soweit nicht das Zusatzprotokoll zum EuRhÜbk zur Anwendung kommt – Art. 2 lit. a EuRhÜbk „in Hinkunft seiner innerstaatlichen Gesetzgebung (Bundesgesetz vom 4. Dezember 1979 über die Auslieferung und die Rechtshilfe in Strafsachen, BGBl 1979/529) anwenden" wird.[749] Somit kommt die stets oben genannte Regelung des § 51 Abs. 1 ARHG zum Tragen.

Kapitel I Art. 1 des Zusatzprotokolls zum Europäischen Übereinkommen über die Rechtshilfe in Strafsachen erweitert wiederum die Verpflichtung zur Rechtshilfe. Danach dürfen die Vertragsparteien die Rechtshilfe nicht allein aus dem Grund verweigern, dass das Ersuchen eine strafbare Handlung betrifft, welche die ersuchte Vertragspartei als fiskalisch strafbare Handlung ansieht.[750] Auch bei der

---

[745] Vgl. *Schwaighofer*, Auslieferung und Internationales Strafrecht, S. 241.
[746] ÖBGBl. 1983/303.
[747] Siehe oben 1. Kapitel A)I)1)b) Einschränkungen der Rechtshilfepflicht gemäß Art. 2 EuRhÜbk, S. 102.
[748] ÖBGBl. 1969/41.
[749] ÖBGBl. 1983/303.
[750] Siehe oben 1. Kapitel A)I)3)a) Erstes Zusatzprotokoll, S. 107.

Ratifizierung dieses Protokolls hatte Österreich eine Erklärung abgegeben, das Kapitel I des Protokolls „nur hinsichtlich Abgaben-, Steuer- und Zollstrafsachen anzunehmen".[751] 1994 zog die Republik Österreich diesen Vorbehalt schließlich zurück, da die Verweigerung der Rechtshilfe für die angeführten Fiskaldelikte i.w.S. mit dem Erfordernis einer wirksamen internationalen Kooperation bei der Bekämpfung der Wirtschaftskriminalität nicht im Einklang stehe.[752] Gegenüber den Vertragsstaaten des Zusatzprotokolls – und somit auch gegenüber der Bundesrepublik Deutschland – ist daher von Seiten Österreichs grundsätzlich hinsichtlich aller Fiskaldelikte Rechtshilfe zu leisten.

Fraglich ist, inwieweit eine Durchbrechung des Bankgeheimnisses im Rahmen der Rechtshilfe in Fiskaldelikten für das Ausland möglich ist. Nach Ansicht von *Arnold*[753] konnte das österreichische Bankgeheimnis des öKWG gegenüber dem Ausland nicht durchbrochen werden. Erstens seien unter dem Begriff der „Strafgerichte" und „Finanzbehörden" des (damaligen) § 23 Abs. 2 Nr. 1 öKWG nur inländische zu verstehen. Eine andere Ansicht vertraten hierzu *Linke/Epp/Dokoupil/Felsenstein:* Dass die ersuchte Behörde eine inländische ist, ändere nichts daran, dass die ersuchende Behörde eine ausländische ist.[754] Zweitens – so *Arnold* – sei aber der Begriff der „vorsätzlichen Finanzvergehen, ausgenommen Finanzordnungswidrigkeiten" derselben Vorschrift ein terminus technicus des österreichischen FinStrG.[755] Daher könne das Bankgeheimnis nur hinsichtlich inländischer Verfahren durchbrochen werden. Drittens fehle bei ausländischen Rechtshilfeersuchen sowohl für das Kreditunternehmen als auch für die ersuchte Behörde jegliche Kontrollmöglichkeit, ob tatsächlich ein entsprechendes Verfahren anhängig sei und ob die gewünschte Auskunft damit in Zusammenhang stehe.[756]

Nach der Rechtsprechung des VwGH[757] wird das Bankgeheimnis jedoch durchbrochen, wenn die Rechtshilfe im Zusammenhang mit einem ausländischen Strafverfahren steht, welches den in § 38 BWG genannten inländischen Finanzstrafverfahren entspricht. Die österreichischen Behörden legen in der Praxis Wert darauf, dass das entsprechende Finanzstrafverfahren wegen des Verdachts der Steuerhinterziehung bereits durch Bescheid eingeleitet ist. Die Durchbrechung des Bankgeheimnisses ist erst nach Einleitung des gerichtlichen

[751] BGBl. II 1991, 910.
[752] Vgl. *Lanser*, Österreichische Rechtshilfe in Strafsachen, wistra 1999, 213, 215.
[753] *Arnold*, Das Bankgeheimnis, ZGV Sonderdruckbeilage 1/1981, 1, 14f..
[754] *Linke/Epp/Dokoupil/Felsenstein*, Internationales Strafrecht, S. 70.
[755] *Arnold*, Das Bankgeheimnis, ZGV Sonderdruckbeilage 1/1981, 1, 14f..
[756] *Arnold*, Das Bankgeheimnis, ZGV Sonderdruckbeilage 1/1981, 1, 15.
[757] VwGH vom 21.10.1983 – 82/17/0087, ÖStZB 1984, 189.

Strafverfahrens möglich.[758] Mittlerweile hat sich die herrschende österreichische Meinung dieser Sichtweise angeschlossen und hält eine Durchbrechung des Bankgeheimnisses durch ein deutsches Steuerstrafverfahren für möglich.[759]

III) Rechtshilfeverträge Deutschland-Österreich

Gemäß § 1 ARHG finden die Regelungen des ARHG „nur insoweit Anwendung, als in zwischenstaatlichen Vereinbarungen nichts anderes bestimmt ist." Der Ausschluss der Rechtshilfe in fiskalischen Delikten könnte daher ohnehin nur Geltung beanspruchen, wenn und soweit es nicht für den Rechtshilfeverkehr zwischen der Bundesrepublik Deutschland und Österreich zwischenstaatliche Vereinbarungen gibt, die das in Rede stehende Verbot außer Kraft setzen.

1) Gerichtliche Rechtshilfe

Der Vertrag zwischen der Bundesrepublik Deutschland und der Republik Österreich über die Ergänzung des Europäischen Übereinkommens über die Rechtshilfe in Strafsachen und die Erleichterung seiner Anwendung[760] trifft insbesondere Bestimmungen bezüglich der fiskalischen Delikte. Nach dem genannten Vertrag verzichten die beiden Länder zunächst auf die Voraussetzung der gegenseitigen Strafbarkeit. Österreich leistet für deutsche Strafverfahren bereits dann Rechtshilfe, wenn in Deutschland zur Verfolgung der Tat Justizbehörden, in Österreich aber nur Verwaltungsbehörden zuständig sind.[761]. Im Hinblick auf § 38 Abs. 2 Nr. 1 BWG bedeutet dies: Die Durchbrechung des Bankgeheimnisses ist auch möglich, wenn die Tat in Österreich nicht als gerichtlich strafbares Delikt, sondern nur als vorsätzliches Finanzvergehen zu ahnden ist.[762]

Weiterhin wird nach Art. IV Abs. 1 des Vertrages Rechtshilfe auch in Verfahren wegen Zuwiderhandlungen gegen Abgaben-, Steuer-, Zoll- und Monopolvorschriften geleistet. Gemäß Art. IV Abs. 3 S. 1 RhVertr-Österreich-BRD stehen die „nach den Vorschriften der Vertragsstaaten bestehenden Geheimhaltungs-

---

758 Vgl. *Carl/Klos*, Leitfaden zur internationalen Amts- und Rechtshilfe in Steuersachen, S. 243.

759 Vgl. für alle *Kaligin*, Rechts- und Amtshilfe ausländischer Staaten in Steuerstrafsachen, StraFo 2002, 6, 11.

760 Vertrag vom 31.01.1972 zwischen der Republik Österreich und der Bundesrepublik Deutschland über die Ergänzung des Europäischen Übereinkommens über die Rechtshilfe in Strafsachen vom 20.04.1959 und die Erleichterung seiner Anwendung; in Kraft getreten am 01.02.1977; BGBl. II 1975, 1157.

761 Vgl. Art. 1 RhVertr-Österreich-BRD.

762 *Schütz*, Die Aufhebung des Bankgeheimnisses aufgrund eines ausländischen Rechtshilfeersuchens in Strafsachen, JBl 1996, 502, Fn. 30; *Carl/Klos*, Leitfaden zur internationalen Amts- und Rechtshilfe in Steuersachen, S. 245.

pflichten in fiskalischen Angelegenheiten [...] der nach diesem Artikel zu leistenden Rechtshilfe nicht entgegen.“ Österreich kann somit gegenüber Deutschland die Rechtshilfe nicht mit Hinweis auf sein Bankgeheimnis verweigern. Die Umstände oder Tatsachen, die den Behörden im Zusammenhang mit einem Rechtshilfeersuchen bekannt werden, unterliegen gemäß Art. IV Abs. 3 S. 2 RhVertr-Österreich-BRD den Geheimhaltungspflichten in fiskalischen Angelegenheiten der Behörden in beiden Ländern. Hierdurch wird die Wahrung des Steuergeheimnisses geschützt.

Im Ergebnis kann ein österreichisches Kreditinstitut einem Auskunftsbegehren einer mit der Erledigung eines deutschen Rechtshilfeersuchens betrauten Behörde nicht zum Schutz des Bankgeheimnisses widersprechen. Bei der Erledigung eines auf den RhVertr-Österreich-BRD gestützten Rechtshilfeersuchens stehen den österreichischen Finanzstrafbehörden daher die gleichen Befugnisse zu wie in inländischen Verfahren. Die Durchbrechung des Bankgeheimnisses ist dabei bereits aufgrund eines von einem deutschen Amtsgericht erlassenen Durchsuchungs- und Beschlagnahmebeschluss zulässig.[763]

2) Verwaltungsbehördliche Rechtshilfe

Der Vertrag zwischen der Bundesrepublik Deutschland und der Republik Österreich über Rechtsschutz und Rechtshilfe in Abgabensachen vom 04.10.1954[764] regelt im Wesentlichen die verwaltungsbehördliche Rechtshilfe zwischen den beiden Staaten. Unter einem Steuerstrafverfahren i.S.d. § 38 Abs. 2 Nr. 1 BWG ist nach der Rechtsprechung des VwGH[765] und des VfGH[766] vor dem Hintergrund dieses Vertrages auch ein Verfahren zu verstehen, das bei einer deutschen Behörde anhängig ist. Insofern ermöglicht der Vertrag die Aufhebung des Bankgeheimnisses auch im Rahmen der verwaltungsbehördlichen Rechtshilfe. Der Rechtshilfevertrag gibt der Steuerfahndung damit – so *Kaligin* – ein „umfangreiches und praktikables“ Instrument, auslandsbezogenen Sachverhalten nachzugehen.[767]

Gemäß Art. 3 des Vertrages sind die Behörden im Ermittlungs-, Feststellungs- und Rechtsmittelverfahren, im Sicherungs- und Vollstreckungsverfahren sowie im Verwaltungsstrafverfahren auf der Grundlage der Gegenseitigkeit zur Rechtshilfe

---

763 Vgl. *Müller/Wabnitz/Janovsky*, Wirtschaftskriminalität, S. 305; VGH vom 16.12.1993, ÖBA 1994, 728.

764 BStBl. I 1955, 434; öBGBl. 1955/249.

765 VwGH vom 21.10.1983 – 82/17/0087, ÖStZB 1984, 189.

766 VfGH vom 20.03.1986 – B 410/85, ÖStZB 1987, 267.

767 Vgl. *Kaligin*, Rechts- und Amtshilfe ausländischer Staaten in Steuerstrafsachen, StraFo 2002, 6, 11f..

verpflichtet. Insofern regelt der Vertrag entgegen seiner Bezeichnung nicht nur die verwaltungsbehördliche Rechtshilfe, er betrifft vielmehr auch die Amtshilfe zwischen den Finanzbehörden.[768]

IV) Amtshilfe: DBA Österreich-Deutschland

1) DBA 1954 bis DBA 2000

Das am 04.10.1954 unterzeichnete Abkommen zwischen der Republik Österreich und der Bundesrepublik Deutschland zur Vermeidung der Doppelbesteuerung auf dem Gebiete der Steuern vom Einkommen und vom Vermögen sowie der Gewerbesteuern und der Grundsteuern[769] löste das Vorgängerabkommen aus dem Jahr 1922 ab. Ein Änderungsabkommen wurde 1992 unterzeichnet, es ließ allerdings die Bestimmungen zum Informationsaustausch unverändert.[770] Art. 20 S. 1 DBA Österreich-Deutschland lautete:

„Die obersten Finanzbehörden der Vertragsstaaten werden sich Mitteilungen machen, die nach den Steuergesetzen der beiden Vertragsstaaten verlangt werden können und die erforderlich sind, um dieses Abkommen durchzuführen, insbesondere um Steuerverkürzungen zu vermeiden."

Streitig war, inwiefern diese Vorschrift als „kleine Auskunftsklausel" oder „große Auskunftsklausel" zu verstehen sein sollte. Während ein Teil der Lehre hierin eine „kleine Klausel" sehen wollte, sprach sich insbesondere die Finanzverwaltung für den großen Auskunftsverkehr aus.[771] Ohnehin erweiterte jedoch der Vertrag zwischen der Republik Österreich und der Bundesrepublik Deutschland über Rechtsschutz und Rechtshilfe in Abgabensachen vom 04.10.1954 den Auskunftsaustausch auf die „große Klausel".[772] Der Anwendungsbereich dieses

---

[768] Siehe hierzu im nächsten Abschnitt B)IV) Amtshilfe: DBA Österreich-Deutschland, S. 175.
[769] BGBl. II 1955, 750.
[770] BGBl. II 1994, 122.
[771] *Loukota/Jirousek*, Leitfaden – zum revidierten österreichisch-deutschen Doppelbesteuerungsabkommen, Rn. 472; vgl. zu diesem Streitpunkt im Übrigen *Lang/Schuch*, DBA Deutschland/Österreich, Art. 20 Rn. 8ff. sowie *Till*, Zwischenstaatliche Amts- und Rechtshilfe, S. 175ff. und *Engelschalk* in: *Vogel/Lehner*, DBA-Kommentar, Art. 26 OECD-MA Rn. 89, jeweils m.w.N..
[772] Vgl. *Lang/Schuch*, DBA Deutschland/Österreich Art. 20 Rn. 9; *Wilhelm*, Schwerpunkte des DBA Deutschland – Österreich ab 1.1.2003, in: Die Besteuerung auslandsbezogener Einkünfte, S. 81, 105. Vgl. im Übrigen zu diesem – häufig als „Amtshilfevertrag" bezeichneten – Abkommen zwischen Deutschland und Österreich von 1954 und seiner geplanten Neufassung *Jirousek*, Zwischenstaatliche Amtshilfe in Steuersachen; *Jirousek*, Der neue deutsch-österreichische Amtshilfevertrag, ÖStZ 1999, 497. Demnach soll der neue Amtshilfevertrag unter anderem eine dem neuen Art. 26 DBA Österreich-Deutschland entsprechende Datenschutzklausel enthalten.

Vertrages ist im Übrigen weitreichender als der des DBA, da sich der sachliche Geltungsbereich gemäß Art. 1 S. 1 des Vertrages auf alle Abgaben mit steuerlichem Charakter erstreckt, welche für den Bund, die Länder und die Gemeinden erhoben werden.[773] Ein formeller Unterschied in der Amtshilfe nach dem DBA und diesem „Amtshilfevertrag" bestand weiterhin darin, dass der Informationsaustausch nach dem DBA ausschließlich zwischen den obersten Finanzbehörden erfolgen konnte, während die Amtshilfe nach dem Amtshilfevertrag im Wege der Mittelbehörden, in dringenden Fällen auch auf Ebene der Finanzämter geleistet wird, vgl. Art. 4 des Vertrages.[774]

Der oben genannte Streitpunkt, inwiefern das DBA eine „kleine Auskunftsklausel" oder eine „große Auskunftsklausel" enthält, ist durch das neue Abkommen vom 24.08.2000[775] als erledigt anzusehen. Das neue Abkommen orientiert sich im Wesentlichen an den Vorschriften des OECD-MA. Auch sein neuer Art. 26 ist diesem nachempfunden. (Die Neuerung des OECD-MA 2000 im Hinblick auf die Ausweitung auf Steuern jeder Art und Bezeichnung[776] ist im DBA Österreich-Deutschland von 2000 noch nicht enthalten.) Art. 26 Abs. 1 S. 1 des DBA lautet nun:

„Die zuständigen Behörden der Vertragsstaaten tauschen die Informationen aus, die zur Durchführung dieses Abkommens oder des innerstaatlichen Rechts der Vertragsstaaten betreffend die unter das Abkommen fallenden Steuern erforderlich sind, soweit die diesem Recht entsprechende Besteuerung nicht dem Abkommen widerspricht."

Art. 26 DBA Österreich-Deutschland enthält somit die „große Auskunftsklausel", nach der sich der Austausch von Informationen nicht nur auf Fragen bezieht, die zur Durchführung des Abkommens erforderlich sind. Es bezieht sich vielmehr auch auf solche, die originär das innerstaatliche Recht der Vertragsstaaten betreffen.[777]

Über das OECD-MA hinausgehend enthält Art. 26 DBA Österreich-Deutschland

---

[773] Ausgenommen sind lediglich die vom Bund verwalteten Verbrauchsteuern sowie die Zölle und Monopolabgaben. Diese sind allerdings erfasst vom Vertrag über Rechts- und Amtshilfe in Zoll-, Verbrauchsteuer- und Monopolangelegenheiten zwischen der Bundesrepublik Deutschland und der Republik Österreich vom 11. September 1970 (BGBl. II 1971, 1002).

[774] Vgl. hierzu auch *Loukota/Jirousek*, Leitfaden – zum revidierten österreichisch-deutschen Doppelbesteuerungsabkommen, S. 291.

[775] BGBl. II 2002, 734.

[776] Siehe oben 1. Kapitel B)I)2) OECD-MA 2000, S. 117.

[777] Vgl. *Schuch/Haslinger* in: *Debatin/Wassermeyer*, Doppelbesteuerung, Band IV, Art. 26 DBA Österreich-Deutschland Rn. 1.

einige Einschränkungen bzgl. der Offenlegung und Weiterübermittlung von Informationen. So dürfen in einem öffentlichen Gerichtsverfahren oder in einer Gerichtsentscheidung gemäß Art. 26 Abs. 1 S. 4 DBA Österreich-Deutschland übermittelte Informationen nur dann offengelegt werden, wenn die zuständige Behörde des anderen Vertragsstaates keine Einwendungen hiergegen erhebt. Hierdurch sollen die Möglichkeiten einer Offenlegung begrenzt und der Schutz des Steuerpflichtigen vor Datenmissbrauch gestärkt werden.[778] Weiterhin ist im Gegensatz zum OECD-MA auch eine Weiterübermittlung an andere Stellen von der vorherigen Zustimmung abhängig, vgl. Art. 26 Abs. 1 S. 6 DBA Österreich-Deutschland. Auch hierdurch wird ein verstärkter Schutz des Steuerpflichtigen und der ihn betreffenden Daten gewährleistet.

2) Protokoll zum DBA Österreich-Deutschland 2000

Zum Doppelbesteuerungsabkommen zwischen Österreich und Deutschland wurde außerdem am 24.08.2000 ein Protokoll[779] vereinbart, welches ebenfalls Bestandteil des Abkommens ist. Hierin sind insbesondere Datenschutzbestimmungen enthalten, die zum Teil auch schon in Art. 26 Abs. 1 DBA Österreich-Deutschland aufgenommen worden sind.

Abs. 13 lit. a des Protokolls gibt der übermittelnden Behörde das Recht, von der ersuchenden Behörde Auskunft über die Verwendung der Daten zu verlangen. Gemäß Abs. 13 lit. b ist es Aufgabe der übermittelnden Behörde, auf die Erforderlichkeit und Verhältnismäßigkeit in Bezug auf den mit der Übermittlung verfolgten Zweck zu achten. Dem Betroffenen ist nach Abs. 13 lit. c auf Antrag Auskunft über die zu seiner Person übermittelten Informationen und über den vorgesehenen Verwendungszweck zu erteilen. Problematisch ist hierbei, dass der Betroffene nicht zwangsläufig Kenntnis vom Informationsaustausch erlangen muss und diese Regelung daher ins Leere laufen kann.[780] Die Pflicht zur Auskunftserteilung gegenüber dem Betroffenen besteht im Übrigen gemäß Abs. 13 lit. c S. 2 nicht, soweit nach einer Abwägung das öffentliche Interesse, die Auskunft nicht zu erteilen, das Interesse des Betroffenen an der Auskunftserteilung überwiegt. Abs. 13 lit. e schreibt die Löschung der übermittelten personenbezogenen Daten vor, sobald diese für den Zweck, für den

[778] *Runge*, Entwicklungstendenzen zum DBA Österreich-Deutschland, SWI 1997, 191, 201.
[779] BStBl. I 2002, 596.
[780] Siehe hierzu auch oben 1. Kapitel C) Exkurs: Rechtsschutz im Rahmen der internationalen Amtshilfe, S. 122; *Zacherl*, Doppelbesteuerungsabkommens Österreich-Deutschland aus der Sicht der österreichischen Wirtschaft, SWI 1999, 53, 58, hält die Regelung daher für unbefriedigend.

sie übermittelt wurden, nicht mehr erforderlich sind. Hiermit wird sichergestellt, dass übermittelte Daten der empfangenden Behörde zeitlich nicht unbegrenzt zur Verfügung stehen und nicht für weitere Zwecke genutzt werden.[781]

3) EG-Amtshilfegesetz

Nachdem die Republik Österreich der Europäischen Union beigetreten ist, hat sie 1994 zur Umsetzung der EG-Amtshilferichtlinie ein EG-Amtshilfegesetz[782] erlassen. Da sich hierdurch jedoch keine wesentlichen Erweiterungen hinsichtlich der Amtshilfebeziehungen gegenüber Deutschland ergeben, wurde anlässlich österreichisch-deutscher Verständigungsgespräche vereinbart, die bilaterale Amtshilfe auch nach dem Beitritt Österreichs aufgrund des DBA und der Amtshilfeverträge abzuwickeln.[783]

V) Ergebnis

Österreich ist durch den Beitritt zur Europäischen Union keine weitergehenden Verpflichtungen bzgl. der Rechts- und Amtshilfe gegenüber der Bundesrepublik Deutschland eingegangen. Schon vorher bestand für deutsche Behörden und Gerichte die Möglichkeit, entsprechende Informationen zu erlangen. Eine Durchbrechung des Bankgeheimnisses ist dabei im Rahmen der Rechtshilfe möglich.

Die Amtshilfe zwischen der Bundesrepublik Deutschland und der Republik Österreich war zunächst durch den Vertrag von 1954 geregelt. Die späteren Doppelbesteuerungsabkommen haben den Finanzbehörden weitere Auskunftsmöglichkeiten eingeräumt. So geben die Regelungen bzgl. der Amtshilfe im neuen DBA Österreich-Deutschland den Finanzbehörden auf der einen Seite die Möglichkeit zum Auskunftsaustausch im Rahmen der „großen Auskunftsklausel“. Auf der anderen Seite schützt das DBA mit dem dazugehörigen Protokoll durch entsprechende Datenschutzklauseln den Steuerpflichtigen und seine Daten. Es wurde letztlich ein vertretbarer Mittelweg zwischen den berechtigten Auskunftsinteressen des Staates und dem Individualschutz gefunden.

---

[781] Vgl. *Grützner/Pötz*, Internationaler Rechtshilfeverkehr in Strafsachen, Art. 26 DBA Österreich-Deutschland, Rn. 10.
[782] ÖBGBl. 1994/657.
[783] Vgl. *Loukota/Jirousek*, Leitfaden – zum revidierten österreichisch-deutschen Doppelbesteuerungsabkommen, Rn. 473.

Ergebnis zum 2. Teil

Der Internationalisierung der Kapitalmärkte und der damit steigenden Flexibilität der Kapitalströme ist mit einer Ausweitung der Amts- und Rechtshilfe begegnet worden. Als problematisch stellt sich hierbei die Vielzahl der Akteure dar. Neben der OECD und dem Europarat hat nunmehr auch die Europäische Union diesbezügliche Regelungen erlassen. Es ist damit zu rechnen, dass weitere Übereinkommen, Zusatzprotokolle sowie Richtlinien bzw. Verordnungen folgen werden. Dies geht auf Kosten der Nachvollziehbarkeit und Übersichtlichkeit über die Informationswege und -möglichkeiten, die den Finanzverwaltungen zur Verfügung stehen.

Österreich und die Schweiz haben sich gegenüber der Bundesrepublik Deutschland bzw. gegenüber der Europäischen Union zu tragfähigen Kompromissen bereit erklärt. Diese haben eine Einschränkung des jeweiligen Bankgeheimnisses zur Folge und machen die Einholung von Auskünften nicht nur im Falle von Steuerbetrügen sondern auch Steuerhinterziehungen möglich. Insbesondere hinsichtlich der Schweiz mag diese Feststellung zunächst überraschen. In den Verhandlungen zu den Bilateralen II hat sich die Schweiz jedoch eine Ausnahme bzgl. einer zukünftigen Ausweitung der Rechtshilfe hinsichtlich der direkten Steuern ausbedungen. Es ist davon auszugehen, dass die Schweiz auch zukünftig nur sehr restriktiv zu weiteren Zugeständnissen bereit sein wird.

Der international orientierte Kapitalanleger wird also auch zukünftig in der Schweiz Geld anlegen können, ohne damit rechnen zu müssen, dass dies dem deutschen Fiskus bekannt wird. Die Zinsbesteuerung entsprechend der EU-Zinsrichtlinie betrifft nur eine sehr begrenzte Auswahl von Anlageformen und lässt dem Anleger insofern weiterhin eine Reihe von Ausweichmöglichkeiten, um einer Besteuerung zu entgehen.

Ergebnis und Ausblick

Das Steueraufkommen zu sichern und dabei die Gleichmäßigkeit der Besteuerung zu erhalten bzw. herzustellen, muss weiterhin Leitlinie der Steuerpolitik sein. Fraglich ist, welche Instrumente hierzu angewendet werden. Wie im ersten Teil gezeigt wurde, geht mit einer stärkeren Überwachung und Kontrolle auch eine Einschränkung der Individualrechte einher.

Das Kontenabrufverfahren gemäß §§ 93 Abs. 7 und 8, 93b AO muss verfassungsrechtlichen Bedenken begegnen, da es nicht nur dem Bestimmtheitsgrundsatz widerspricht, sondern auch nicht mit dem Verhältnismäßigkeitsprinzip in Einklang zu bringen ist. Problematisch ist in diesem Zusammenhang außerdem die Einrichtung des Abrufverfahrens in § 24c KWG zur Terrorismus- und Geldwäschebekämpfung und die nachträgliche Ausweitung der Abrufmöglichkeit für fiskalische Zwecke.

Die übertriebene Kriminalisierung von Steuerhinterziehern in § 370a AO ist ebenfalls verfassungsrechtlich zweifelhaft und in den sich daraus ergebenden Konsequenzen nicht angemessen. Darüber hinaus ist die Vorschrift wegen ihrer Ausgestaltung und mangelnden Bestimmtheit eine gesetzgeberische Fehlleistung ohne Beispiel. Auch die Neufassung der Vorschrift kann die Bedenken nicht ausräumen, sondern sorgt sogar für neue Unklarheiten. Die dargestellte digitale Betriebsprüfung gemäß §§ 146, 147 AO ist sicherlich eine Notwendigkeit des digitalen Zeitalters – in der Umsetzung und Ausgestaltung ist sie jedoch ebenfalls als misslungen anzusehen. Rechtssicherheit und Rechtsschutz müssen bei Eingriffen in die Rechte des einzelnen stärkere Berücksichtigung finden. Zu erwarten – und zu wünschen – ist eine Korrektur in allen oben dargestellten Bereichen der Gesetzgebung.

Erfolgversprechend sind Kontrollmechanismen im Übrigen nur dann, wenn sie aufgrund internationaler Vereinbarungen auch über die Grenzen hinweg wirken können. So ist die in der Zinsrichtlinie angelegte Zinsbesteuerung in Österreich, Belgien, Luxemburg und auch der Schweiz ein richtiger Ansatz. Zum einen krankt dieser jedoch an der Beschränktheit seiner Wirkungsweise, zum anderen geht er mit dem automatischen Informationsaustausch über das erforderliche Maß hinaus. Da eine Reihe von Umgehungsmöglichkeiten besteht, wird die Zinsrichtlinie im Ergebnis nur eingeschränkt zum Erfolg führen können.

Rechts- und Amtshilfe in Bezug auf Fiskaldelikte sind notwendige und sinnvolle Instrumente, um die Begehung fiskalischer Straftaten zu erschweren. Der Europarat hat sich durch die Ausarbeitung des Übereinkommens über die

Rechtshilfe in Strafsachen hinsichtlich einer Vereinheitlichung der Voraussetzungen und Regelungen der Rechtshilfe verdient gemacht. Gleiches gilt für die OECD bezüglich der Vereinheitlichung der Doppelbesteuerungsabkommen. Nachfolgende multilaterale Abkommen, die die Anwendung der Rechtshilfe erleichtern und vereinfachen sollen, wirken zumindest der Normenklarheit entgegen. Teilweise gehen sie außerdem in ihrer Wirkungsweise über das erforderliche Maß hinaus.

In bilateraler Hinsicht hat sich die Republik Österreich zu einer weitgehenden Zusammenarbeit gegenüber der Bundesrepublik Deutschland bereitgefunden, die Schweiz hält hingegen an den Einschränkungen der Rechts- und Amtshilfe in Bezug auf Steuerhinterziehungen fest. Es ist nicht zu erwarten, dass sich an dieser Position in nächster Zukunft etwas ändern wird. Nicht nachvollziehbar erscheint im Übrigen das schweizerische Festhalten an unterschiedlichen Voraussetzungen hinsichtlich der Amtshilfe (Steuerbetrug) bzw. der Rechtshilfe (Abgabebetrug). Auch diesbezüglich ist nach derzeitigem Stand keine Änderung zu erwarten.

Die in den letzten Jahren von der Bundesrepublik Deutschland ausgehandelten Doppelbesteuerungsabkommen enthalten nicht nur erweiterte Auskunftsmöglichkeiten, sondern auch Datenschutz- und Geheimhaltungsvorschriften. Diese Entwicklung ist vor dem Hintergrund der betroffenen Individualrechte zu begrüßen. Die Ausweitungen, die in der Neufassung des OECD-MA zu erwarten sind, lassen hingegen eine Ausuferung der Auskunftsmöglichkeiten zulasten des Betroffenen befürchten, und sollten daher nicht vorangetrieben werden. Die derzeit gültigen DBA geben den Finanzbehörden bereits ausreichende Auskunftsmöglichkeiten an die Hand. Gänzlich verhindern wird man die im grenzüberschreitenden Kapitalverkehr auftretenden Steuerhinterziehungen letztlich auch mit einem weiteren Ausbau der Informationshilfe ohnehin nicht. Die Verhältnismäßigkeit zwischen dem Austausch von Informationen einerseits und den Rechten des einzelnen andererseits muss zukünftig noch stärker im Mittelpunkt der Gesetzgebung und der internationalen Abkommenspolitik stehen. Einer weiteren Aushöhlung der Individualinteressen für fiskalische Zwecke müssen Grenzen gesetzt werden.

Anhang

Staatsvertrag vom 25. Mai 1973 zwischen der Schweizerischen Eidgenossenschaft und den Vereinigten Staaten von Amerika über gegenseitige Rechtshilfe in Strafsachen (Auszüge)

Art. 2 Unanwendbarkeit des Vertrags

(1) Dieser Vertrag ist nicht anwendbar auf:

a. Auslieferung oder Verhaftung strafrechtlich verfolgter oder verurteilter Personen;
b. Vollstreckung von Strafentscheiden;
c. Ermittlungen oder Verfahren
   1. wegen einer strafbaren Handlung, die vom ersuchten Staat als eine politische oder als eine mit einer solchen zusammenhängende strafbare Handlung angesehen wird;
   2. wegen einer strafbaren Handlung, die eine Verletzung militärischer Pflichten darstellt;
   3. wegen Handlungen einer im ersuchenden Staat unter Militärgerichtsbarkeit stehenden Person, welche in diesem Staat eine Straftat nach dem Militärstrafgesetz darstellen, im ersuchten Staat aber nicht strafbar sind, falls sie von einer in diesem Staat nicht unter Militärgerichtsbarkeit stehenden Person begangen werden;
   4. zum Vollzug von Kartell- oder Antitrustgesetzen; oder
   5. wegen Verletzung von Vorschriften über Steuern sowie über Zollabgaben, staatliche Monopolgebühren und den Zahlungsverkehr mit dem Ausland, ausgenommen für Straftaten, die unter Nummer 26 und 30 in der dem Vertrag beigefügten Liste (Liste) aufgeführt sind, sowie für damit zusammenhängende Straftaten nach Nummer 34 und 35 dieser Liste.

(2) Ersuchen, die der Strafverfolgung einer in Artikel 6 Absatz 2 beschriebenen Person dienen, wird jedoch entsprochen, wenn sie sich auf Ermittlungen und Verfahren der in Absatz 1 Buchstabe c Ziffern (1), (4) und (5) erwähnten Art beziehen und

a. im Falle der Ziffern (1) und (4) eine Tat betreffen, die zur Unterstützung der Zwecke einer in Artikel 6 Absatz 3 beschriebenen organisierten Verbrechergruppe begangen worden ist, oder
b. im Falle der Ziffer (5) die einschlägigen Voraussetzungen nach Artikel 7 erfüllt sind.

(3) Beiträge zur Sozialversicherung und öffentlichen Krankenversicherung gelten, auch wenn sie als Steuern erhoben werden, für die Zwecke dieses Vertrags nicht als Steuern.

(4) Erfüllen die in einem Ersuchen beschriebenen Handlungen die gesetzlichen Merkmale eines Straftatbestandes, für dessen Verfolgung Rechtshilfe geleistet werden muss oder kann, wie auch eines Tatbestandes, wofür keine Rechtshilfe geleistet wird, so wird dem Ersuchen nicht entsprochen, wenn nach dem Recht des ersuchten Staats eine Strafe nur wegen des letzteren Tatbestandes verhängt werden könnte, es sei denn, dass dieser in der Liste aufgeführt ist.

Art. 7 Umfang der Rechtshilfe

(1) Im ersuchten Staat werden Zwangsmassnahmen, auf die sich Artikel 4 bezieht, in bezug auf Ermittlungs- oder Gerichtsverfahren im ersuchenden Staat selbst dann angewendet, wenn die Handlung nach dem im ersuchten Staat geltenden Recht nicht strafbar wäre oder nicht in der Liste erwähnt ist. Vorbehalten bleiben die Einschränkungen nach Absatz 2.

(2) Bei Ermittlungen und Verfahren wegen Verletzung von Vorschriften über die in Artikel 1 des Abkommens vom 24. Mai 1951 zur Vermeidung der Doppelbesteuerung erwähnten Steuern vom persönlichen Einkommen wird Rechtshilfe nach diesem Kapitel ausschliesslich dann geleistet, wenn aufgrund der vom ersuchenden Staat erteilten Auskünfte:

a. die in die Untersuchung oder das Verfahren verwickelte Person begründeterweise verdächtigt ist, zur oberen Schicht einer organisierten Verbrechergruppe zu gehören, oder als Mitglied, enger Verbündeter oder in anderer Eigenschaft an irgendeiner wichtigen Betätigung einer solchen Gruppe wesentlich beteiligt zu sein;
b. die Beweise, die erforderlich sind, um diese Person für eine Strafverfolgung mit Aussicht auf Erfolg mit Straftaten der organisierten Verbrechergruppe in Verbindung zu bringen, mit der die Person im Sinne von Artikel 6 Absatz 2 verbunden ist, nach seiner Auffassung nicht ausreichen; und
c. seine Annahme begründet ist, dass die nachgesuchte Rechtshilfe die erfolgreiche Strafverfolgung dieser Person erheblich erleichtern und zu einer genügend langen Freiheitsstrafe führen dürfte, um schwerwiegende nachteilige Folgen für die organisierte Verbrechergruppe zu bewirken.

(3) Die Absätze 1 und 2 sind nur anwendbar, wenn nach begründeter Auffassung des ersuchenden Staats die verlangten Auskünfte oder Beweismittel ohne die Mitwirkung der Behörden des ersuchten Staats nicht erlangt werden können, oder deren Beschaffung ohne diese Mitwirkung für den ersuchenden Staat oder seine Gliedstaaten eine unzumutbare Belastung bedeuten würde.

Abkommen vom 2. Oktober 1996 zwischen der Schweizerischen Eidgenossenschaft und den Vereinigten Staaten von Amerika zur Vermeidung der Doppelbesteuerung auf dem Gebiet der Steuern vom Einkommen (Auszüge)

Art. 26 Informationsaustausch

(1) Die zuständigen Behörden der Vertragsstaaten werden unter sich diejenigen (gemäss den Steuergesetzgebungen der beiden Vertragsstaaten erhältlichen) Auskünfte austauschen, die notwendig sind für die Durchführung der Bestimmungen dieses Abkommens oder für die Verhütung von Betrugsdelikten und dergleichen, die eine unter das Abkommen fallende Steuer zum Gegenstand haben. In Fällen von Steuerbetrug ist (a) der Informationsaustausch nicht durch Artikel 1 (Persönlicher Geltungsbereich) eingeschränkt und wird (b) die zuständige Behörde eines Vertragsstaates auf ausdrückliches Ersuchen der zuständigen Behörde des anderen Vertragsstaates die Auskünfte nach diesem Artikel durch Übermittlung beglaubigter Kopien von unveränderten Originalunterlagen und -dokumenten erteilen. Alle Informationen, die ein Vertragsstaat erhalten hat, sind ebenso geheim zu halten wie die aufgrund des innerstaatlichen Rechts dieses Staates beschafften Informationen und dürfen nur Personen oder Behörden (einschliesslich der Gerichte und der Verwaltungsbehörden) zugänglich gemacht werden, die mit der Veranlagung, Erhebung oder Verwaltung, der Vollstreckung oder Strafverfolgung oder mit der Entscheidung von Rechtsmitteln hinsichtlich der unter dieses Abkommen fallenden Steuern befasst sind. Diese Personen oder Behörden dürfen die Informationen nur für diese Zwecke verwenden. Auskünfte, die irgendein Handels- oder Geschäfts-, gewerbliches oder Berufsgeheimnis oder ein Geschäftsverfahren offenbaren würden, dürfen nicht ausgetauscht werden.

(2) Jeder der beiden Vertragsstaaten darf Steuern des anderen Staates wie seine eigenen Steuern insoweit einziehen, als damit verhindert wird, dass die in den Artikeln 10 (Dividenden), 11 (Zinsen), 12 (Lizenzgebühren) und 18 (Ruhegehälter und Renten) dieses Abkommens vorgesehenen Steuerbefreiungen oder Steuersatzermässigungen Personen zugute kommen, die auf diese Vergünstigungen keinen Anspruch haben.

(3) Die Bestimmungen dieses Artikels dürfen auf keinen Fall dahin ausgelegt werden, dass sie einem der Vertragsstaaten die Verpflichtung auferlegen, Verwaltungsmassnahmen durchzuführen, die von den Vorschriften oder der Verwaltungspraxis eines der beiden Vertragsstaaten abweichen, oder die seiner Souveränität, Sicherheit oder dem Ordre public widersprechen, oder Angaben zu vermitteln, die weder aufgrund seiner eigenen noch aufgrund der Gesetzgebung des ersuchenden Staates beschafft werden können.

(4) Die zuständigen Behörden können Auskünfte insoweit einem nach Absatz 6 von Artikel 25 (Verständigungsverfahren) eingesetzten Schiedsgericht zugänglich machen, als dies für die Durchführung des Schiedsgerichtsverfahrens notwendig ist. Die Mitglieder des Schiedsgerichts unterliegen den in diesem Artikel genannten Geheimhaltungsvorschriften.

Protokoll vom 2. Oktober 1996 zum Abkommen zwischen der Schweizerischen Eidgenossenschaft und den Vereinigten Staaten von Amerika zur Vermeidung der Doppelbesteuerung auf dem Gebiet der Steuern vom Einkommen (Auszüge)

10. Zu Artikel 26 (Informationsaustausch)

Es besteht Einvernehmen darüber, dass der Ausdruck «Abgabebetrug» ein betrügerisches Verhalten bedeutet, welches eine gesetzwidrige und wesentliche Herabsetzung des Betrags der einem Vertragsstaat geschuldeten Steuer bewirkt oder bezweckt.

Ein betrügerisches Verhalten wird angenommen, wenn ein Steuerpflichtiger sich zum Zwecke der Täuschung der Steuerbehörden einer falschen oder gefälschten Urkunde (beispielsweise einer doppelt geführten Buchhaltung, einer gefälschten Rechnung, einer inhaltlich unrichtigen Bilanz oder Gewinn- und Verlustrechnung, einer fiktiven Bestellung oder allgemein eines gefälschten Beweismittels) oder eines Lügengebäudes bedient oder zu bedienen beabsichtigt. Die vorstehende Aufzählung ist beispielhaft und nicht abschliessend. Der Ausdruck «Abgabebetrug» kann auch Handlungen einschliessen, die im Zeitpunkt, in dem ein Gesuch gestellt wird, als betrügerisches Verhalten gelten, für das der ersuchte Vertragsstaat nach seinem Recht oder seiner Verwaltungspraxis Auskünfte beschaffen kann.

Es besteht Einvernehmen darüber, dass der ersuchte Staat bei der Beurteilung, ob in einem Fall, der einen freien Beruf oder ein aktives Geschäft (auch in der Form eines Einzelunternehmens, einer Personengesellschaft oder eines ähnlichen Unternehmens) betrifft, ein Abgabebetrug vorliegt, davon ausgehen wird, dass die Buchführungspflichten nach dem Recht des ersuchenden Staates solche des ersuchten Staates sind.

Verständigungsvereinbarung vom 2. Oktober 1996 mit Änderungen vom 14. Mai 1997 zum Abkommen zwischen der Schweizerischen Eidgenossenschaft und den Vereinigten Staaten von Amerika zur Vermeidung der Doppelbesteuerung auf dem Gebiet der Steuern vom Einkommen (Auszüge)

8. Zu Artikel 26 (Informationsaustausch)

a) Die Definition des Abgabebetrugs im Sinne von Artikel 26 ist auch anwendbar, wenn ein Vertragsstaat gezwungen ist, auf andere rechtliche Mittel (beispielsweise auf das Bundesgesetz vom 20. März 1981 über internationale Rechtshilfe in Strafsachen) zurückzugreifen, die im Bereich der gegenseitigen Hilfeleistung unter den Vertragsstaaten für Fälle von Abgabebetrug bestehen, um bestimmte andere Formen der Hilfeleistung, wie die Einvernahme von Zeugen, in Anspruch zu nehmen.

b) Der in Artikel 26 verwendete Ausdruck «Unterlagen und Dokumente» ist umfassend zu verstehen und schliesst alle Formen von aufgezeichneten Daten ein, die von natürlichen Personen oder von öffentlichen oder privaten juristischen Personen gehalten werden.

c) Personen oder Behörden, denen in Anwendung von Artikel 26 Informationen zugänglich gemacht wurden, dürfen diese Informationen in einem öffentlichen Gerichtsverfahren oder in einer Gerichtsentscheidung offenlegen.

d) Es besteht Einvernehmen darüber, dass das schweizerische Bankgeheimnis der Beschaffung von Urkundenbeweisen bei Banken und deren Weiterleitung nach dem Abkommen an die zuständige Behörde der Vereinigten Staaten von Amerika in Fällen von Abgabebetrug nicht entgegensteht.

Verständigungsvereinbarung vom 23. Januar 2003 zu Art. 26 des Abkommens zwischen der Schweizerischen Eidgenossenschaft und den Vereinigten Staaten von Amerika zur Vermeidung der Doppelbesteuerung auf dem Gebiet der Steuern vom Einkommen (Auszüge)

4. It is understood that the following conduct constitutes "tax fraud or the like" under paragraph 1 of Article 26 of the Convention, which is also illustrated in paragraph 10 of the Protocol:

a) Conduct that is established to defraud individuals or companies, even though the aim of the behavior may not be to commit tax fraud;

b) Conduct that involves the destruction or non-production of records, or the failure to prepare or maintain correct and complete records, that a person is under a legal duty (tax or otherwise) to prepare and keep as sufficient to establish the amount of gross income, deductions, credits, or other matters required to be shown by such person in any tax return, if the person has not properly reported such amounts in any such tax return; or

c) Conduct by a person subject to tax in the requesting State that involves the failure to file a tax return that such person is under a legal duty to file and an affirmative act that has the effect of deceiving the tax authorities making it difficult to uncover or pursue the failure to file, including the concealment of assets or covering up of sources of income or the handling of one's affairs to avoid making the records that are usual in transactions of the kind.

It is understood that these examples are by way of illustration, and not by way of limitation.

Literaturverzeichnis

Anzinger, Heribert M.: *Harmonisierung der Zinsbesteuerung in der EU: Quellensteuer, Abgeltungssteuer, Informationsmodell – nur eine Frage des tragfähigen Kompromisses?*, StuW 2002, S. 261-275

Apitz, Wilfried: *Digitale Buchführung und Datenzugriff der Finanzverwaltung ab 1.1.2002*, StBp 2002, S. 33-46

Arnold, Wolf-Dieter: *Das Bankgeheimnis*, ZGV Sonderdruckbeilage 1/1981, S. 1-26

Aubert, Maurice; Kernen, Jean-Philippe; Schönle, Herbert: *Das schweizerische Bankgeheimnis*, Bern 1978

Barton, Stephan: *Verteidigerhonorar und Geldwäsche*, JuS 2004, S. 1033-1037

Baum, Michael: *BMF erläutert das Kontenabrufverfahren – Anmerkungen zum Anwendungserlass zu §§ 92 und 93 AO*, NWB Fach 2, S. 8731-8750

Baum, Michael: *Grundsätze zum Datenzugriff und zur Prüfbarkeit digitaler Unterlagen (GDPdU)*, NWB Fach 2, S. 7641-7648

Becker, Helmut: *Probleme des internationalen Auskunftsverkehrs*, in: Deutsches Anwaltsinstitut e.V. (Hrsg.): Jahrbuch der Fachanwälte für Steuerrecht (JbFSt) 1980/81, Berlin 1981, S. 122-141

Beer, Christoph; Jau, Martin: *Fragen zur Umsetzung der EU-Richtlinie zur Zinsbesteuerung in der Schweiz*, ST 2003, S. 1121-1129

Behnisch, Urs Robert: *Das Steuerstrafrecht im Recht der direkten Bundessteuer*, Bern 1991

Beilstein, Werner: *Stand der Rechtshilfe und der internationalen Zusammenarbeit in Steuersachen*, SZW 1995, S. 105-121

Beiser, Reinhold: *Das österreichische Bankgeheimnis (§ 23 KWG) im Verhältnis zum Ausland, insbesondere zur Bundesrepublik Deutschland*, ÖJZ 1985, S. 178-183

Benda, Ernst: *Steuergeheimnis: Kann der Bürger noch darauf vertrauen?*, DStR 1984, S. 351-356

Bender, Peter: *Das Zoll- und Verbrauchssteuerstrafrecht mit Verfahrensrecht*, Regensburg (Loseblatt, Stand: 06/2005)

Benecke, Andreas; Schnitger, Arne: *Internationale Amtshilfe nach der Änderung des OECD-Musterabkommens 2000*, IWB Fach 10, Gruppe 2 (2001), S. 1517-1526

Bernasconi, Paolo: *Das Schweizer Bankgeheimnis und das neue Rechtshilfegesetz in Strafsachen (Teil I)*, ST 1/1983, S. 10-15

Bernasconi, Paolo: *Das Schweizer Bankgeheimnis und das neue gerichtliche Rechtshilfegesetz in Fiskalsachen (Teil II)*, ST 2/1983, S. 2-8

Bernasconi, Paolo: *Schweizerisches Bankgeheimnis und ausländischer Fiskus im Rahmen der internationalen Rechts- und Amtshilfe*, StR 2000, S. 702-705

Bernhard, Winfred: *Harmonisierung der steuerlichen Erfassung von Zinserträgen in Europa*, DB 2001, S. 664-667

Birk, Dieter: *Steuerrecht*, 7. Aufl., Heidelberg 2004

Bittmann, Folker: *Die gewerbs- oder bandenmäßige Steuerhinterziehung und die Erfindung des gegenständlichen Nichts als geldwäscherelevante Infektionsquelle*, wistra 2003, S. 161-169

Blattner, Niklaus: *Das Bankkundengeheimnis in der Schweiz: Ein volkswirtschaftlich wertvoller Stein des Anstosses*, in: Margelisch, Claude-Alain; Winzeler, Christoph (Hrsg.): Freiheit und Ordnung im Kapitalmarktrecht, Zürich 1998, S. 9-23

Boochs, Wolfgang: *Internationale Amts- und Rechtshilfe – Formen des internationalen Informationsaustausches im Bereich der Steuern*, DStZ 1984, S. 319-323

Boos, Karl-Heinz; Fischer, Reinfrid; Schulte-Mattler, Hermann: *Kreditwesengesetz: Kommentar zu KWG und Ausführungsvorschriften*, 2. Aufl., München 2004

Bruschke, Gerhard: *Datenzugriff und Prüfung digitaler Unterlagen*, StB 2002, S. 42-47

Burchert, Bernd: *Aktuelle Fragen zur Umsetzung des Datenzugriffs durch die Finanzverwaltung*, INF 2002, S. 677-682

Burchert, Bernd: *Automatisierte Kontenabfrage durch die Finanzämter und andere Behörden ab 1.4.2005*, LSW Gruppe 17 (4/2005), S. 57-70

Burchert, Bernd: *Einführung eines Zugriffsrechts der Finanzverwaltung auf DV-gestützte Buchführungssysteme – Teil II*, INF 2001, S. 263-269

Burchert, Bernd: *Einführung eines Zugriffsrechts der Finanzverwaltung auf DV-gestützte Buchführungssysteme – Teil I*, INF 2001, S. 230-236

Burger, Armin: *Die Einführung der gewerbs- und bandenmäßigen Steuerhinterziehung sowie aktuelle Änderungen im Bereich der Geldwäsche*, wistra 2002, S. 1-8

Burgstaller, Manfred: *Spezielle Fragen der internationalen Rechtshilfe in Strafsachen*, in: Schmoller, Kurt (Hrsg.): Festschrift für Otto Triffterer, Wien, New York 1996, S. 733-753

Burkhard, Jörg: *Probleme beim EDV-Datenzugriff der Finanzverwaltung*, DStZ 2003, S. 112-117

Burkhard, W.: *Die Europäischen Übereinkommen über Auslieferung und Rechtshilfe in Strafsachen*, Kriminalistik 1969, S. 151-154

Burmeister, Frank; Uwer, Dirk: *Auswirkungen des Geldwäschebekämpfungsgesetzes auf die wirtschaftsanwaltliche Beratung – Auch ein Beitrag zur Novellierung der § 370a AO, § 261 Abs. 1 Satz 3 StGB*, AnwBl 2004, S. 199-207

Bär, Hans Julius: *Seid umschlungen, Millionen*, 3. Aufl., Zürich 2004

Bäckermann, Fritz; Helden, Wolf van: *Steuerstraftaten und Steuerordnungswidrigkeiten: mit Verfahrensrecht*, Heidelberg, Hamburg 1979

Büchner, Wolfgang; Ehmer, Jörg; Geppert, Martin; Kerkhoff, Bärbel u.a.: *Beck'scher TKG-Kommentar*, 2. Aufl., München 2000

Capitani, Werner de: *Bankgeheimnis und historische Forschung – Rechtsgutachten zuhanden des Vereins für Finanzgeschichte (Schweiz und Fürstentum Liechtenstein)*, Zürich 2002

Carl, Dieter; Klos, Joachim: *Bankermittlungen in Österreich im Rahmen der Amts- und Rechtshilfegewährung in Steuersachen – Anmerkungen zur Entscheidung des Österreichischen OGH vom 16.12.1993 – OS 167/93*, wistra 1995, S. 95-99

Carl, Dieter; Klos, Joachim: *Leitfaden zur internationalen Amts- und Rechtshilfe in Steuersachen*, Herne, Berlin 1995

Debatin, Helmut; Wassermeyer, Franz: *Doppelbesteuerung: Kommentar zu allen deutschen Doppelbesteuerungsabkommen*, Bd. I (Systematik und Kommentierung des OECD-MA), München (Loseblatt, Stand: 05/2005)

Debatin, Helmut; Wassermeyer, Franz: *Doppelbesteuerung: Kommentar zu allen deutschen Doppelbesteuerungsabkommen*, Bd. IV (Länderteil von Litauen bis Österreich), München (Loseblatt, Stand: 05/2005)

Debatin, Helmut: *Neue Entwicklungen im internationalen steuerlichen Auskunftsverkehr (I)*, DB 1977, S. 2064-2069

Detjen, Stephan: *Nach den Anschlägen in den USA werden in Berlin Sicherheitspakete auf den Weg der Gesetzgebung gebracht*, ZRP 2001, S. 532-533

De Werth, Jan: *Zur Zulässigkeit von Spontanauskünften in der Europäischen Union – Zugleich eine Anmerkung zu EuGH, Urt. v. 13.4.2000 C-420/98 W.N./Staatssecretaris von Financiën, IStR 2000, 334*, IStR 2000, S. 462-463

Ditz, Xaver: *Reichweite des digitalen Datenzugriffs der Finanzverwaltung im nationalen und internationalen Konzern*, DStR 2004, S. 2038-2041

Dolzer, Rudolf; Vogel, Klaus; Graßhof, Karin (Hrsg.): *Bonner Kommentar zum Grundgesetz*, Heidelberg 1991ff

Donatsch, Andreas: *Zum Verhältnis zwischen Steuerhinterziehung und Steuerbetrug nach dem Steuerharmonisierungs- und dem Bundessteuergesetz*, ASA 60 (1991/1992), S. 289-321

Dreier, Horst (Hrsg.): *Grundgesetz-Kommentar*, Bd. 1 (Präambel bis Art. 19), 2. Aufl., Tübingen 2004

Dreier, Horst (Hrsg.): *Grundgesetz-Kommentar*, Bd. 3 (Art. 83 bis Art. 146), Tübingen 2000

Dreßler, Günter: *Rechts- und Amtshilfe in Steuerangelegenheiten durch die Schweiz – Betrachtungen zum IRSG in der Schweiz – Teil I*, StBp 1986, S. 193-199

Dreßler, Günter: *Rechtshilfe in Steuerstrafsachen durch die Schweiz – Erfahrungen mit dem IRSG aus deutscher Sicht*, wistra 1989, S. 161-172

Drüen, Klaus-Dieter: *Verfassungsfragen der digitalen Außenprüfung*, StuW 2003, S. 205-221

Duttge, Gunnar: *Recht auf Datenschutz? Ein Beitrag zur Interpretation der grundrechtlichen Schutzbereiche*, Der Staat 1997 (Bd. 36), S. 281-308

Edlund, Patrik: *Praxiserfahrungen mit der digitalen Betriebsprüfung*, BC 2004, S. 253-256

Ehlers, Hans: *Das Steuergeheimnis nach der AO 1977*, BB 1977, S. 1361-1368

Ehrenzeller, Bernhard; Mastronardi, Philippe; Schweizer, Rainer J.; Vallender, Klaus A.: *Die Schweizerische Bundesverfassung – St. Galler Kommentar*, Zürich, Basel, Genf 2002

Eilers, Stephan: *Das Steuergeheimnis als Grenze des internationalen Auskunftsverkehrs*, Köln 1987

Eilers, Stephan: *Der Streit um den internationalen Auskunftsverkehr in Steuersachen*, CR 1988, S. 901-906

Engelken, Eva; Schürmann, Hans: *Wenn der Prüfer mit dem Laptop kommt – Firmen müssen mit digitaler Betriebsprüfung rechnen*, Handelsblatt vom 13.10.2004, S. 15

Epiney, Astrid: *Rechtshilfe in Strafsachen in der EU – Zugleich ein Beitrag zum derzeitigen Stand der Verhandlungen der EG im Rahmen der 'Bilateralen II' mit der Schweiz*, EuZW 2003, S. 421-427

Escher, Markus: *Bankenaufsichtsrechtliche Änderungen im KWG durch das Vierte Finanzmarktförderungsgesetz*, BKR 2002, S. 652-662

Eschweiler, Wilhelm: *Das deutsche und schweizerische Steuerstrafrecht im Vergleich und die internationale Rechtshilfe der Schweiz bei Fiskaldelikten*, Diss. Köln 1993

Etling-Ernst, Martina: *TKG -Telekommunikationsgesetz: Kommentar*, Ratingen 1996

Fehrenbacher, Oliver: *Steuerrecht*, Baden-Baden 2005

Felsenstein, Gert: *Grundlagen der zwischenstaatlichen Zusammenarbeit in Strafsachen*, ÖJZ 1986, S. 614-621 und 645-648

Fenchel, Udo: *Das Vierte Finanzmarktförderungsgesetz – ein Überblick*, DStR 2002, S. 1355-1362

Fischer, Lutz: *Neuere Entwicklungen auf dem Gebiet des zwischenstaatlichen Auskunftsverkehrs in Steuersachen – Zum Entwurf eines Merkblattes des Bundesministeriums der Finanzen*, DB 1984, S. 738-744

Fleißig, Eva: *Die Harmonisierung der Zinsbesteuerung in der EU*, Lohmar, Köln 2000

Flore, Ingo: *Steuerfahndungsmaßnahmen bei Banken*, in: Flore, Ingo; Dörn, Harald; Gillmeister, Ferdinand (Hrsg.): Steuerfahndung und Steuerstrafverfahren, Neuwied, Kriftel 1997, S. 141-212

Forthauser, Roman: *Geldwäscherei de lege lata et ferenda*, München 1992

Franck, Pierre: *The travaux préparatoires of the European Convention on Mutual Assistance in Criminal Matters*, in: Problems Arising from the Practical Application of the European Convention on Mutual Assistance in Criminal Matters, Straßburg 1971, S. 7-25

Franzen, Klaus; Gast-de Haan, Brigitte; Joecks, Wolfgang: *Steuerstrafrecht mit Zoll- und Verbrauchsteuerstrafrecht*, 6. Aufl., München 2005

Frei, Lionel: *Das neue Bundesgesetz über internationale Rechtshilfe in Strafsachen – neue Lösungen und neue Probleme*, SchwZfStrR 100 (1983), S. 57-71

Frei, Lionel: *Die Rechtshilfe bei Abgabebetrug gemäss Art. 3 Abs. 3 des neuen Rechtshilfegesetzes (IRSG)*, ASA 50 (1981/82), S. 337-346

Frei, Lionel: *Internationale Strafrechtshilfe in Fiskalsachen*, ST 1988, S. 58-62

Friauf, Karl Heinrich: *Das Steuergeheimnis aus verfassungsrechtlicher Sicht*, in: Deutsches Anwaltsinstitut e.V. (Hrsg.): Jahrbuch der Fachanwälte für Steuerrecht (JbFSt) 1984/85, Berlin 1985, S. 95-111

Füglister, Victor: *Steuerbetrug oder Abgabebetrug?*, ASA 55 (1986/87), S. 403-411

Galen, Margarete Gräfin von: *Die reduzierte Anwendung des Geldwäschetatbestands auf die Entgegennahme von Strafverteidigerhonorar – Drahtseilakt oder Rechtssicherheit*, NJW 2004, S. 3304-3308

Gast-de Haan, Brigitte: *Formelle Verfassungswidrigkeit des § 370a AO n.F.*, DStR 2003, S. 12-14

Goll, Eberhard: *Steuergeheimnis und abgabenrechtliche Offenbarungsbefugnis*, NJW 1979, S. 90-96

Gotzens, Markus; Schneider, Michael C.: *Geldwäsche durch Annahme von Strafverteidigerhonoraren? – Rechtslage nach der Entscheidung BGH 2 StR 513/00 vom 4. Juli 2001, wistra 2001, 379*, wistra 2002, S. 121-129

Groß, Stefan; Matheis, Philipp; Lindgens, Bernhard: *Rückstellung für Kosten des Datenzugriffs der Finanzverwaltung*, DStR 2003, S. 921-926

Groß, Stefan: *Die Anpassung der Unternehmens-EDV an die Vorgaben zum Datengriff der Finanzverwaltung*, DStR 2002, S. 1121-1125

Grüninger, Harold; Keller, Andreas H.: *Internationale Amts- und Rechtshilfe durch Informationsaustausch*, ASA 60 (1991/92), S. 513-533

Grützner, Heinrich; Pötz, Paul-Günter: *Internationaler Rechtshilfeverkehr in Strafsachen*, 2. Aufl., Heidelberg (Loseblatt, Stand: 07/2003)

Gusy, Christoph: *Informationelle Selbstbestimmung und Datenschutz: Fortführung oder Neuanfang?*, KritV 83 (2000), S. 52-64

Götzenberger, Anton-Rudolf: *Finanzplatz Schweiz*, DSWR 2005, S. 80-84

Haas, Nina: *Die Schengener Abkommen und ihre strafprozessualen Implikationen*, Wien 2001

Hagenkötter, Andreas: *Die Digitale Steuerprüfung – Neue Formen des Datenzugriffs der Finanzverwaltung seit 1.1.2002*, NJW 2002, S. 1977-1983

Hantzsch, Dieter: *Der Datenzugriff durch die Finanzverwaltung – Anmerkungen aus der Sicht der Betriebsprüfungspraxis*, Hamburg 2001

Harms, Monika: *Steuerliche Beratung im Dunstkreis des Steuerstrafrechts*, Stbg 2005, S. 12-19

Harms, Monika: *§ 370a AO – Optimierung des steuerstrafrechtlichen Sanktionensystems oder gesetzgeberischer Fehlgriff?*, in: Hirsch, Hans Joachim; Wolter, Jürgen; Brauns, Uwe (Hrsg.): Festschrift für Günter Kohlmann, Köln 2003, S. 413-426

Harnischfeger, Walter: *Brennpunkte der digitalen Betriebsprüfung – Gegenwärtige Rechtslage*, DSWR 2004, S. 258-262

Harnischfeger, Walter: *Brennpunkte der digitalen Betriebsprüfung – Teil 2: Steuerrelevante Daten im Zusammenhang mit dem Datenzugriff der Finanzverwaltung*, DSWR 2005, S. 173-178

Hauser, Robert: *Aktuelle Fragen zum schweizerischen Bankgeheimnis*, JZ 1985, S. 871-879

Hauser, Robert: *Das Europäische Abkommen über die Rechtshilfe in Strafsachen vom 20. April 1959*, SchwZfStrR 83 (1967), S. 225-241

Heerspink, Frank: *Selbstanzeige – Neues und Künftiges*, BB 2002, S. 910-915

Heerspink, Frank: *Steuerhinterziehung als Geldwäschevortat*, AO-StB 2002, S. 132-136

Heerspink, Frank: *Änderungen durch das Steuerverkürzungsbekämpfungsgesetz*, AO-StB 2002, S. 88-92

Hellmann, Rainer: *Zinssteuerstreit seit 30 Jahren*, EU-Magazin 4/2003, S. 9-11

Hentschel, Carsten: *Neue und erweiterte Befugnisse der Finanzämter durch das Steuerverkürzungsbekämpfungsgesetz*, NJW 2002, S. 1703-1705

Hess, Eric: *Die Möglichkeiten und Grenzen der Schweiz auf dem Gebiete der internationalen Zusammenarbeit in Steuersachen*, ASA 71 (2002/03), S. 125-139

Hetzer, Wolfgang: *Der Geruch des Geldes – Ziel, Inhalt und Wirkung der Gesetze gegen Geldwäsche*, NJW 1993, S. 3298-3301

Hetzer, Wolfgang: *Geldwäsche und Steuerhinterziehung*, WM 1999, S. 1306-1318

Hetzer, Wolfgang: *Quantensprung in der Geldwäschebekämpfung – Gewerbs- und bandenmäßige Steuerhinterziehung als Vortat (§ 261 StGB)*, DStZ 2002, S. 175-179

Hetzer, Wolfgang: *Systemgrenzen der Geldwäschebekämpfung?*, ZRP 1999, S. 245-253

Hetzer, Wolfgang: *Vermögenseinziehung, Geldwäsche, Wohnraumüberwachung – Neue Ansätze zur Prävention und Repression der Mafia*, wistra 1994, S. 176-184

Hild, Eckart C.; Albrecht, Petra: *Zur verfassungsrechtlichen Problematik der Anwendung und Auslegung des § 370a AO*, NJW 2005, S. 336-340

Hillenbrand, Josef; Brosig, Manfred: *Steuerflucht und ihre Bekämpfung – Zum Informationsaustausch zwischen in- und ausländischen Finanzverwaltungen*, BB 1997, S. 445-451

Hillmann-Stadtfeld, Anja: *Die strafrechtlichen Neuerungen nach dem Steuerverkürzungsbekämpfungsgesetz (StVBG)*, NStZ 2002, S. 242-244

Holenstein, Daniel: *Amtshilfe der Schweiz in Steuerstrafsachen*, PStR 2005, S. 67-70

Holenstein, Daniel: *Die neue Amtshilfeklausel im DBA Schweiz-Deutschland*, IWB Fach 5, Gruppe 2 (2004), S. 555-560

Holenstein, Daniel: *Schweiz: Grenzüberschreitender Informationsaustausch nach In-Kraft-Treten der 'Bilateralen II'*, PStR 2005, S. 118-121

Holenstein, Daniel: *Schweiz: Revision des Steuerstrafrechts – Bericht der Expertenkommission*, PStR 2005, S. 190-192

Hopf, Michael J.: *Die internationale Amts- und Rechtshilfe der Schweiz in Fiskalangelegenheiten aufgrund des IRSG, des Rechtshilfevertrages mit den USA und der Doppelbesteuerungsabkommen und das Verhältnis dieser Rechtsquellen zueinander*, Diss. Basel 1986

Hoyer, Petra; Klos, Joachim: *Regelungen zur Bekämpfung der Geldwäsche und ihre Anwendung in der Praxis*, 2. Aufl., Bielefeld 1998

Hufschmid, Daniel: *'Tax fraud and the like' – Die Voraussetzungen der Aufhebung des Bankgeheimnisses im Rahmen der Amtshilfe bei Steuerdelikten gemäss DBA-USA*, ASA 72 (2003/04), S. 433-467

Hund, Horst: *Der Geldwäschetatbestand – mißglückt oder mißverstanden?*, ZRP 1996, S. 163-166

Hund, Thomas; Johnigk, Frank; Wollburg, Eva: *Die Problematik der neuen Regelung zur gewerbsmäßigen Steuerhinterziehung nach § 370a AO – Interview mit Herrn Prof. Dr. Jürgen Meyer am 11.1.2002*, DStR 2002, S. 879-884

Hunsmann, Daniel: *Die Auswirkung des § 370a AO auf die Ermittlungs- und Beratungspraxis*, Stbg 2004, S. 409-413

Hunsmann, Daniel: *Die Tatbestandsmerkmale des § 370a AO – Zugleich eine kritische Bestandsaufnahme bisheriger Restriktionsversuche*, DStR 2004, S. 1154-1159

Hunsmann, Daniel: *Minder schwere Fälle und Selbstanzeige im Kontext des § 370a AO – Auslegungsfragen und Anwendungspraxis*, DStR 2005, S. 318-321

Hunsmann, Daniel: *§ 370a AO – verfassungsrechtlich bedenklich? – Kritische Anmerkung zum BGH, Beschluss vom 22.7.2004 – 5 StR 85/04*, NStZ 2005, S. 72-75

Höche, Thorsten: *Bekämpfung von Geldwäsche und Terrorfinanzierung – Ein Überblick über die aktuelle Rechtslage*, Köln 2003

Höhn, Ernst; Waldburger, Robert: *Steuerrecht*, Bd. 1 (Grundlagen – Grundbegriffe – Steuerarten), 9. Aufl., Bern, Stuttgart, Wien 2001

Höppner, Horst-Dieter: *Steuergeheimnis, Gesetzmäßigkeit der Besteuerung und Legalitätsprinzip – Zur Frage der Zulässigkeit von Offenbarungen im Sinne von § 22 SO für steuerliche Zwecke*, StuW 1969, S. 193-216

Höreth, Ulrike; Schiegl, Brigitte: *Zugriff der Finanzverwaltung auf die EDV-Systeme – Zweifelsfragen*, BB 2001, S. 2509-2513

Hübschmann, Walter; Hepp, Ernst; Spitaler, Armin: *Abgabenordnung, Finanzgerichtsordnung: Kommentar*, Köln (Loseblatt, Stand: 10/2005)

Hütt, Holger: *AEAO: Neuerungen – auch zum Kontenabruf – Anweisungen und Verfahrenshinweise*, AO-StB 2005, S. 173-175

Integrationsbüro EDA/EVD: *Bilaterale Abkommen II Schweiz – Europäische Union*, Bern 2004

Integrationsbüro EDA/EVD: *Die sieben Bilateralen Abkommen Schweiz – Europäische Union von 1999*, Bern 2002

Intemann, Jens; Cöster, Thilo: *Rechte und Pflichten bei der digitalen Außenprüfung – Zugleich Besprechung des sog. Frage-Antwort-Katalogs des BMF*, DStR 2004, S. 1981-1985

Jabornegg, Peter; Strasser, Rudolf; Floretta, Hans: *Das Bankgeheimnis*, Wien 1985

Jahn, Joachim: *Verschärfte Finanzkontrollen nach Terroranschlägen*, ZRP 2002, S. 109-111

Jirousek, Heinz: *Der neue deutsch-österreichische Amtshilfevertrag*, ÖStZ 1999, S. 497-498

Jirousek, Heinz: *Zwischenstaatliche Amtshilfe in Steuersachen*, Wien 2001

Joecks, Wolfgang: *Steuerstrafrechtliche Risiken in der Praxis – Ermittlungsschwerpunkte und Verschärfung der Rechtslage*, DStR 2001, S. 2184-2188

Joecks, Wolfgang: *Strafvorschriften im Steuerverkürzungsbekämpfungsgesetz*, wistra 2002, S. 201-205

Kaligin, Thomas: *Rechts- und Amtshilfe ausländischer Staaten in Steuerstrafsachen*, StraFo 2002, S. 6-12

Kaligin, Thomas: *Zwischenstaatliche Rechts- und Amtshilfe in Steuersachen*, WPg 1982, S. 562-569

Kaminski, Bert; Kerssenbrock, Otto-Ferdinand Graf; Strunk, Günther: *Elektronischer Datenzugriff der Finanzverwaltung gemäß § 147 Abs. 6 AO*, K&R 2002, S. 225-235

Kaspar, Albana: *Rechtshilfe und Auslieferung im Rahmen von Finanzvergehen*, Diss. Innsbruck 2003

Kattau, Thomas: *Strafverfolgung nach dem Wegfall der europäischen Grenzkontrollen*, Pfaffenweiler 1993

Kerssenbrock, Otto-Ferdinand Graf; Riedel, Olaf; Strunk, Günther: *Datenzugriff und kein Ende der Unsicherheit*, StB 2002, S. 263-265

Kerssenbrock, Otto-Ferdinand Graf; Riedel, Olaf; Strunk, Günther: *Zur Verfassungsmäßigkeit des Datenzugriffs der Finanzverwaltung im Rahmen von Betriebsprüfungen nach § 147 Abs. 6 AO*, DB (Beilage 9) 2002, S. 1-24

Kerssenbrock, Otto-Ferdinand Graf; Riedel, Olaf: *Datenzugriff der Finanzverwaltung – Neue Regeln, neue Pflichten, Handlungsmöglichkeiten*, BC 2002, S. 109-112

Kirchhof, Paul: *Grundlinien des Steuerverfassungsrechts in der Rechtsprechung des Bundesverfassungsgerichts*, in: Herzig, Norbert; Günkel, Manfred; Niemann, Ursula (Hrsg.): Steuerberater-Jahrbuch 1994/95, Köln 1995, S. 5-22

Kirchhof, Paul: *Steueranspruch und Informationseingriff*, in: Lang, Joachim (Hrsg.): Die Steuerrechtsordnung in der Diskussion – Festschrift für Klaus Tipke, Köln 1995, S. 27-45

Klein, Franz: *Abgabenordnung: Kommentar*, 8. Aufl., München 2003

Klepper, Steven; Nagin, Daniel: *The Criminal Deterrence Literature: Implications for Research on Taxpayer Compliance*, in: Roth, Jeffrey; Scholz, John T. (Hrsg.): Taxpayer Compliance, Bd. 2 (Social Science Perspectives), Philadelphia 1989, S. 126-155

Klos, Joachim: *Schutzrechte der inländischen Beteiligten bei internationalen Steuerauskünften*, StWa 1991, S. 88-92

Knist, Ralph Ulrich: *Kapitalvermögen und Steuerhinterziehung*, Hamburg 1996

Koch, Karl; Scholtz, Rolf-Detlev: *Abgabenordnung: AO [Kommentar]*, 5. Aufl., Köln [u.a.] 1996

Koch, Karl: *Die EG-Richtlinie zur internationalen Rechts- und Amtshilfe und ihre Auswirkungen im internationalen Recht*, DStZ/A 1979, S. 4-9

Kokemoor, Axel: *Der Automatisierte Abruf von Kontoinformationen nach § 24c KWG*, BKR 2004, S. 135-145

Kolb, Andreas: *Neufassung des Artikels 26 des OECD-Musterabkommens*, ASA 73 (2004/05), S. 193-202

Kolb, Andreas: *Revision des Artikels 26 OECD-MA zum Informationsaustausch*, IWB Fach 10, Gruppe 2 (2004), S. 1801-1806

Krabbe, Helmut: *OECD-Musterabkommen 2000*, IStR 2000, S. 196-201

Krabbe, Helmut: *OECD-Musterabkommen 2003*, IStR 2003, S. 253-258

Kratz, Peter: *Neuorientierung der Schweiz hinsichtlich der internationalen Zusammenarbeit in Steuerangelegenheiten*, StR 1981, S. 333-354

Krause, Peter; Steinbach, Robert: *Steuer- und Sozialgeheimnis im Gewerberecht*, DÖV 1985, S. 549-558

Krauskopf, Lutz: *Das Bankgeheimnis in der Rechtshilfepraxis*, in: Gehrig, Bruno; Schwander, Ivo (Hrsg.): Banken und Bankrecht im Wandel – Festschrift für Beat Kleiner, Zürich 1993, S. 383-393

Kroker, Michael: *Firmen müssen Steuerdaten künftig digital speichern*, Wirtschaftswoche vom 15.11.2001, S. 96

Kromer, Christoph: *Datenzugriff der Finanzverwaltung auf die IT-Systeme des Unternehmens ab 2002: Umfang und Lösungsansätze*, DStR 2001, S. 1017-1020

Kromer, Christoph: *StSenkG: Änderungen der AO zum Datenzugriff der Finanzverwaltung im Rahmen von Außenprüfungen*, DB 2001, S. 67-69

Kruhl, Alfred: *Reichen die Maßnahmen des Steuerverkürzungsbekämpfungsgesetzes zur Betrugsbekämpfung aus oder ist eine Änderung des Umsatzsteuersystems notwendig?*, BB 2002, S. 1018-1026

Kruse, Heinrich Wilhelm: *Lehrbuch des Steuerrechts*, Bd. 1 – Allgemeiner Teil, München 1991

Kruse, Wilhelm: *Über das Steuergeheimnis*, BB 1998, S. 2133-2136

Kubli, Peter: *Der leichte und der schwere Steuerbetrug nach dem Bundesgesetz 1977 über Maßnahmen gegen die Steuerhinterziehung und dem Züricher Steuergesetz: Qualifikation und Strafzumessung*, ASA 52 (1983/84), S. 241-270

Kuhsel, Rainer; Kaeser, Christian: *Bemerkungen zum BMF-Schreiben betreffend den Datenzugriff der Finanzverwaltung ab 1.1.2002*, DB 2001, S. 1583-1585

Kunkel, Peter-Christian: *Kontenabfrage durch das Jugendamt?*, JAmt 2005, S. 216-218

Kurz, Thomas; Leitner, Roman: *Das österreichische Bankgeheimnis im Steuerstrafverfahren*, IStR 1994, S. 506-510

Kühl, Kristian: *Strafgesetzbuch: Kommentar*, 25. Aufl., München 2004

Lang, Michael; Schuch, Josef: *Doppelbesteuerungsabkommen Deutschland/Österreich*, München 1997

Lang, Michael: *Das OECD-Musterabkommen – 2001 und darüber hinaus: Welche Bedeutung haben die nach Abschluss eines Doppelbesteuerungsabkommens erfolgten Änderungen des OECD-Kommentars?*, IStR 2001, S. 536-539

Langrock, Marc: *Das 'große Ausmaß' der schweren Steuerhinterziehung*, wistra 2004, S. 241-246

Lanser, Konrad: *Österreichische Rechtshilfe in Strafsachen, insbesondere im Zusammenhang mit dem Bankgeheimnis*, wistra 1999, S. 213-220

Leise, Horst: *Das Steuergeheimnis*, Neuwied a. Rh., Berlin 1965

Leitner, Werner: *Eine Dekade der Geldwäschegesetzgebung – Eine Zwischenbilanz*, AnwBl 2003, S. 675-678

Lenz, Carl Otto (Hrsg.): *EG-Handbuch Recht im Binnenmarkt*, 2. Aufl., Herne, Berlin 1994

Linke, Robert; Epp, Helmut; Dokoupil, Gertraude; Felsenstein, Gert (Hrsg.): *Internationales Strafrecht*, Wien 1981

Linke, Robert: *Das Europäische Übereinkommen über die Rechtshilfe in Strafsachen*, ÖJZ 1968, S. 286-292

Locher, Kurt; Meier, Walter; Siebenthal, Rudolf von; Kolb, Andreas: *Doppelbesteuerungsabkommen Schweiz-Deutschland 1971 und 1978*, Basel (Loseblatt, Stand: 10/2005)

Locher, Kurt: *Internationale Zusammenarbeit in Fiskalsachen in schweizerischer Sicht, insbesondere die internationale Amts- und Rechtshilfe in Steuer- und Steuerstrafsachen*, ASA 50 (1981/82), S. 97-111

Lotz, Thorsten: *Schweizerische Rechts- und Amtshilfe in Steuerstrafsachen nach der Revision des DBA Deutschland-Schweiz*, RIW 2004, S. 276-285

Loukota, Helmut; Jirousek, Heinz: *Leitfaden – zum revidierten österreichisch-deutschen Doppelbesteuerungsabkommen*, Wien 1994

Lüthi, Daniel: *Entwicklungstendenzen bei der OECD auf dem Gebiet des internationalen Steuerrechts*, IStR 2001, S. 533-535

Manke, Klaus: *BMF-Schreiben = allgemeine Weisungen; basta? Betrachtungen zu einem eigenartigen Gebilde*, DStZ 2002, S. 70-72

Markees, Curt: *Der Geheimnisschutz im Rechtshilfeverfahren in Strafsachen*, SchwZStrR 1976, S. 179-199

Markees, Curt: *Die Verstärkung der zwischenstaatlichen Bekämpfung der Kriminalität im Lichte des Entwurfs für ein Bundesgesetz über Internationale Rechtshilfe in Strafsachen (IRSG)*, in: Walder, Hans; Trechsel, Stefan (Hrsg.): Lebendiges Strafrecht – Festgabe für Hans Schultz, Bern 1977, S. 430-452

Marx, Thomas: *Paradigmenwechsel beim Steuergeheimnis? – Die Einführung eines § 31b AO durch das 4. Finanzmarktförderungsgesetz zur Bekämpfung der Geldwäsche*, DStR 2002, S. 1467-1469

Maunz, Theodor; Dürig, Günter; Herzog, Roman (Hrsg.): Grundgesetz-Kommentar, München (Loseblatt)

Menck, Karl Wolfgang; Mutén, Leif: *Die EU-Politik bezüglich der Besteuerung privater Auslandszinsen – Die Zinsrichtlinie: Ein Durchbruch? (IFSt-Schrift Nr. 418)*, Bonn 2004

Messerli, Beat: *Internationale Rechtshilfe in Strafsachen – eine Standortbestimmung*, SchwZfStrR 111 (1993), S. 121-137

Meyer, Jürgen; Hetzer, Wolfgang: *Neue Gesetze gegen die Organisierte Kriminalität – Geldwäschebekämpfung, Gewinnabschöpfung und Einsatz technischer Mittel zur akustischen Überwachung von Wohnungen für Beweiszwecke im Bereich der Strafverfolgung*, NJW 1998, S. 1017-1029

Michael, Peter Johannes: *Der Steuer- und Abgabebetrug im schweizerischen Recht*, Diss. St. Gallen 1992

Mueller, Peter F.: *Wegleitung zum schweizerischen Bankgeheimnis*, Zürich 1998

Müller, Gerd: *Die Neuregelung der gewerbsmäßigen oder bandenmäßigen Steuerhinterziehung – Auslegungsfragen nach der Gesetzesänderung und Probleme in der Praxis*, DStR 2002, S. 1641-1648

Müller, Jürgen: *Staatliche Überwachung privater Konten – Ein Erfolg für den Datenschutz?*, DuD 2002, S. 601-604

Müller, Rudolf; Wabnitz, Heinz-Bernd; Janovsky, Thomas: *Wirtschaftskriminalität: Eine Darstellung der typischen Erscheinungsformen mit praktischen Hinweisen zur Bekämpfung*, 4. Aufl., München 1997

Münch, Ingo von; Kunig, Philip (Hrsg.): *Grundgesetz-Kommentar*, Bd. 1 (Präambel bis Art. 19), 5. Aufl., München 2000

Münch, Ingo von; Kunig, Philip (Hrsg.): *Grundgesetz-Kommentar*, Bd. 3 (Art. 70 bis Art. 146), 4./5. Aufl., München 2003

Nagel, Karl-Friedrich: *Beweisaufnahme im Ausland: Rechtsgrundlagen und Praxis der internationalen Rechtshilfe für deutsche Strafverfahren*, Freiburg 1988

Nickel, Barbara: *Richtlinienvorschlag zur effektiven Besteuerung von Zinserträgen*, EuZW 1998, S. 686-689

Niederberger, Daniela; Somm, Markus: *Interview mit Hans J. Bär: 'Man arbeitet doch nicht fürs Geld'*, Weltwoche 2004, S. 74-79

Nöcker, Gregor: *Digitale Außenprüfung der Finanzverwaltung 2002*, CR 2001, S. 864-868

OECD / Committee on Fiscal Affairs: *Improving Access to Bank Information for Tax Purposes*, Paris 2000

Oberloskamp, Klaus: *Geldwäsche durch Angehörige der rechts- und steuerberatenden Berufe (§ 261 Abs. 1 S. 3 StGB) in verfassungsrechtlicher Sicht*, StV 2002, S. 611-617

Oberloskamp, Klaus: *Verfassungswidrigkeit des § 370a AO – Verletzung von Rechtsstaatsprinzip, Bestimmtheitsgrundsatz und Berufsausübungsfreiheit*, AO-StB 2004, S. 114-116

Ortner, Johannes: *Das Bankgeheimnis – Rechtsvergleich Österreich, Deutschland, Schweiz, Liechtenstein und Luxemburg*, Wien 1995

Ott, Julian: *Bandenmäßige und gewerbsmäßige Steuerhinterziehung (§ 370a AO)*, PStR 2002, S. 41-46

Pahlke, Armin; Koenig, Ulrich (Hrsg.): *Abgabenordnung §§ 1 bis 368*, München 2004

Paltzer, Edgar H.: *Der Abgabe- und Steuerbetrug im schweizerischen Bundessteuerrecht im Vergleich zu den entsprechenden Regelungen in der BRD und den USA*, Diss. Zürich 1989

Park, Tido: *Die Vereinbarkeit des § 370a AO n.F. mit dem Bestimmtheitsgebot des Art. 103 Abs. 2 GG*, wistra 2003, S. 328-332

Pfaff, Paul: *Das Steuergeheimnis nach der neuen Abgabenordnung*, DStZ/A 1976, S. 355-359

Pfund, Robert: *Das Gestrüpp unseres Steuerstrafrechts – Kritische Bemerkungen zum Wehrsteuer-Strafrecht*, ASA 48 (1979/80), S. 1-40

Pieper, Stephan M.: *Rechts- und Amtshilfe in Steuerangelegenheiten durch die Schweiz insbesondere im Hinblick auf das schweizerische Bankgeheimnis*, Frankfurt a.M., Berlin, Bern (u.a.) 1995

Pieroth, Bodo; Schlink, Bernhard: *Grundrechte – Staatsrecht II*, 20. Aufl., Heidelberg 2004

Pitschas, Rainer: *Grenzen der Bindungswirkung von Verlautbarungen des Bundesaufsichtsamtes für das Kreditwesen – zur Auslegung des § 18 KWG*, WM 2000, S. 1121-1131

Portner, Rosemarie: *Zwei Seiten einer Medaille – unmittelbarer Zugriff auf das DV-System des Unternehmens einerseits und Akteneinsicht in die elektronischen Daten andererseits*, in: Hommelhoff, Peter; Zätzsch, Roger; Erle, Bernd (Hrsg.): Gesellschaftsrecht, Rechnungslegung, Steuerrecht – Festschrift für Welf Müller, München 2001, S. 321-338

Ranft, Otfried: *Verteidigerhonorar und Geldwäsche – die Entscheidung des BVerfG vom 30.3.2004*, Jura 2004, S. 759-765

Reding, Kurt: *Steuerhinterziehung und Geldwäsche als korrespondierende Delikte*, in: Ahlheim, Michael; Wenzel, Heinz-Dieter; Wiegard, Wolfgang (Hrsg.): Steuerpolitik – Von der Theorie zur Praxis – Festschrift für Manfred Rose, Berlin, Heidelberg, New York 2003, S. 101-123

Reich, Markus; Beusch, Michael: *Entwicklungen im Steuerrecht*, SJZ 99 (2003), S. 273-278

Reich, Markus: *Internationale Rechtshilfe der Schweiz in Fiskalstrafsachen*, in: Donatsch, Andreas; Forster, Marc; Schwarzenegger, Christian (Hrsg.): Strafrecht, Strafprozessrecht und Menschenrechte – Festschrift für Stefan Trechsel, Zürich 2002, S. 285-303

Reiß, Wolfram: *Gutachten zur Gesetzgebung zum Umsatzsteuerbetrug*, Stbg 2004, S 113-118

Richner, Felix; Frei, Walter; Kaufmann, Stefan: *Handkommentar zum DBG*, Zürich 2003

Ritter, Wolfgang: *Internationale Steuerauskunft in rechtsstaatlicher Sicht*, DStZ/A 1974, S. 267-276

Ruegenberg, Guido: *Das nationale und internationale Steuergeheimnis im Schnittpunkt von Besteuerungs- und Strafverfahren*, Köln 2001

Runge, Berndt: *Das neue DBA Österreich-Deutschland im Lichte der deutschen Abkommenspolitik*, in: Gassner, Wolfgang; Lang, Michael; Lechner, Eduard (Hrsg.): Das neue Doppelbesteuerungsabkommen Österreich-Deutschland, Wien 1999, S. 15-34

Runge, Berndt: *Entwicklungstendenzen zum DBA Österreich-Deutschland*, SWI 1997, S. 191-203

Runge, Berndt: *Europaratskonvention über die gegenseitige Amtshilfe in Steuersachen*, RIW 1986, S. 704-713

Rüping, Hinrich: *Das Verbrechen der Steuerhinterziehung – Zur Reform des reformbedürftigen § 370a AO n.F. (BGBl I 2002, 2715)*, DStR 2002, S. 1417-1419

Rüping, Hinrich: *Der Steuerberater als 'Organ der Steuerrechtspflege' im System staatlicher Kontrollen*, in: Hirsch, Hans Joachim; Wolter, Jürgen; Brauns, Uwe (Hrsg.): Festschrift für Günter Kohlmann, Köln 2003, S. 499-516

Rüping, Hinrich: *Zur Verfassungsmäßigkeit des § 370a AO*, AO-StB 2004, S. 376-377

Rüping, Hinrich: *Zur Verfassungswidrigkeit des § 370a AO – Anmerkung zu den Beschlüssen des BGH vom 20.4.2004, 5 StR 11/04 und vom 22.7.2004, 5 StR 85/04*, DStR 2004, S. 1780-1781

Salditt, Franz: *Der Bürger zwischen Zuckerbrot und Peitsche – Steuerstrafrecht in Zeiten von Amnestie und Härte*, Stbg 2003, S. 557-564

Salditt, Franz: *Die Schlingen des neuen Steuerstrafrechts*, StV 2002, S. 214-219

Salditt, Franz: *Geldwäsche durch Strafverteidigung – Über Norm und Rolle*, StraFo 2002, S. 181-185

Sass, Gert: *Zur Richtlinie über den Auskunftsaustausch zwischen den Steuerverwaltungen der EG auf dem Gebiet der direkten Steuer*, DB 1978, S. 2236-2241

Schaumburg, Harald: *Der Datenzugriff und andere Kontrollmöglichkeiten der Finanzverwaltung*, DStR 2002, S. 829-838

Schiffer, K. Jan: *Schwere Steuerhinterziehung (§ 370a AO): Reichweite und Konsequenzen*, BB 2002, S. 1174-1178

Schily, Otto: *Gesetze gegen die Geldwäsche und gegen die Finanzierung des Terrorismus – eine stille Verfassungsreform?*, WM 2003, S. 1249-1253

Schmidt-Bleibtreu, Bruno; Klein, Franz: *Kommentar zum Grundgesetz*, 10. Aufl., Neuwied 2004

Schmittmann, Jens M.: *Anmerkungen zu den vom BMF aufgestellten Grundsätzen zum Datenzugriff und zur Prüfbarkeit digitaler Unterlagen*, MMR aktuell 09/2001, S. VI-VIII

Scholz, Rupert: *Zur Kostenerstattungspflicht des Staates für gesetzliche Maßnahmen der Telefonüberwachung*, Archiv PT 1995, S. 169-189

Schomburg, Wolfgang; Lagodny, Otto: *Internationale Rechtshilfe in Strafsachen: Kommentar zum IRG sowie Erläuterungen zu den wichtigsten Europäischen Rechtshilfeübereinkommen*, 3. Aufl., München 1998

Schultz-Söderlund, Rüdiger: *Der Datenzugriff – Anlass zur Sorgfalt, nicht zur Sorge*, BB 2003, S. 1201-1203

Schwaighofer, Klaus: *Auslieferung und Internationales Strafrecht*, Wien 1988

Schwob, Renate: *Ausbau der Amts- und Rechtshilfe in der Schweiz – Sauberer Finanzplatz auf Kosten Einschränkung rechtsstaatlicher Grundsätze*, SJZ 97 (2001), S. 169-176

Schönke, Adolf; Schröder, Horst: *Strafgesetzbuch: Kommentar*, 26. Aufl., München 2001

Schütz, Hannes: *Die Aufhebung des Bankgeheimnisses aufgrund eines ausländischen Rechtshilfeersuchens in Strafsachen*, JBl 1996, S. 502-509

Seelmann, Kurt: *Die schweizerische Rechtshilfe in Strafsachen und der Abgabebetrug*, NJW 1998, S. 732-734

Seiler, Doreen; Lohr, Jörg-Andreas: *Behandlung von Zinsen im deutschen und europäischen Steuerrecht*, StuB 2005, S. 109-115

Seiler, Doreen: *Transparenz bei Zinseinkünften im europäischen Raum – Frühestens ab Juli 2005 greifen die Regelungen der EU-Zinsrichtlinie für Kapitalanlagen*, IStR 2004, S. 781-786

Sell, Michael: *Der Zugriff der Finanzverwaltung auf Kontenstammdaten ab 1.4.2005 unter Berücksichtigung der Entscheidung des BVerfG vom 22. 4. 2005*, DStR 2005, S. 717-722

Selling, Jürgen: *Anhörung und Rechtsschutz im Rahmen des Informationsaustausches mit dem Ausland*, StBp 1988, S. 237-241

Spatscheck, Rainer; Alvermann, Jörg: *Steuerfahndung ohne Grenzen? – Auslandsermittlungen im Steuer- und Steuerstrafverfahren*, IStR 2001, S. 33-39

Spatscheck, Rainer; Wulf, Martin: *'Gewerbsmäßige Steuerhinterziehung' als Vortat zur Geldwäsche*, DB 2001, S. 2572-2575

Spatscheck, Rainer; Wulf, Martin: *'Schwere Steuerhinterziehung' gemäß § 370a AO – Zwischenbilanz und Diskussion über eine mißglückte Strafvorschrift*, NJW 2002, S. 2983-2987

Spatscheck, Rainer; Wulf, Martin: *'Schwere Steuerhinterziehung' und Geldwäsche – Auslegung und Anwendung der neuen §§ 370a AO und 261 Abs. 1 Satz 3 StGB*, DB 2002, S. 392-397

Stahl, Rudolf: *Gesetzeskorrektur der gewerbs- und bandenmäßigen Steuerhinterziehung gem. § 370a AO und der Geldwäsche (§ 261 Abs. 1 Satz 3 StGB)*, KÖSDI 2002, S. 13390-13395

Stahl, Rudolf: *Rechtshilfe in Steuerstrafsachen*, KÖSDI 1993, S. 9300-9306

Stahl, Rudolf: *Steuerverkürzungsbekämpfungsgesetz: Umsatzsteuerhaftung, Nachschau, Steuerhinterziehung als Verbrechenstatbestand*, KÖSDI 2002, S. 13204-13212

Stern, Klaus: *Die Kompetenz der Untersuchungsausschüsse nach Artikel 44 Grundgesetz im Verhältnis zur Exekutive unter besonderer Berücksichtigung des Steuergeheimnisses*, AöR 109 (1984), S. 199-303

Stratenwerth, Günter: *Schweizerisches Strafrecht – Die Straftat (Allgemeiner Teil 1)*, 2. Aufl., Bern 1996

Stratenwerth, Günter: *Schweizerisches Strafrecht – Straftaten gegen Individualinteressen (Besonderer Teil 1)*, 5. Aufl., Bern 1995

Strunk, Günther; Zöllkau, York: *Zugriff der Finanzverwaltung auf Daten des Betriebs bei der Betriebsprüfung – Ärgernis oder Notwendigkeit?*, BB 2001, S. 703-705

Szagunn, Volkhard; Haug, Ulrich; Ergenzinger, Wilhelm: *Gesetz über das Kreditwesen: in der Fassung vom 22. Januar 1996*, 6. Aufl., Stuttgart [u.a.] 1997

Taetzner, Tobias; Büssow, Thomas: *Grundsätze zum Datenzugriff und zur Prüfbarkeit digitaler Unterlagen – Quo vadis?*, BB 2002, S. 69-73

Thielemann, Ulrich; Ulrich, Peter: *Brennpunkt Bankenethik – Der Finanzplatz Schweiz in wirtschaftsethischer Perspektive*, Bern, Stuttgart, Wien 2003

Thunberg Schunke, Malin: *Internationell rättslig hjälp i brottmål inom EU*, Uppsala 2004

Till, Patricia Catherine: *Zwischenstaatliche Amts- und Rechtshilfe: Kapitalertragsteuer im europäischen Vergleich*, Frankfurt a.M., Berlin, Bern [u.a.] 2000

Tipke, Klaus; Kruse, Heinrich Wilhelm: *Abgabenordnung und Finanzgerichtsordnung: Kommentar zur AO und FGO*, Köln (Loseblatt, Stand: 09/2005)

Tipke, Klaus; Lang, Joachim: *Steuerrecht*, 17. Aufl., Köln 2002

Tipke, Klaus: *Die Steuerrechtsordnung*, Bd. 1 (Wissenschaftsorganisatorische, systematische und grundrechtlich-rechtsstaatliche Grundlagen), 2. Aufl., Köln 2000

Tormann, Wolfgang: *Die Anordnungsbefugnisse des Bundesaufsichtsamtes gegenüber den Kreditinstituten*, ZgKW 1977, S. 375-378

Ulrich, Wolfgang: *Überlegungen zum Bankgeheimnis*, in: Ruppe, Hans-Georg (Hrsg.): Geheimnisschutz im Wirtschaftsleben, Wien 1980, S. 283-297

Vater, Hendrik: *Zum Unterschied zwischen Steuerbetrug und Steuerhinterziehung im Schweizer Steuerrecht*, IWB Fach 5, Gruppe 2 (2003), S. 537-540

Vogel, Klaus; Lehner, Moris: *Doppelbesteuerungsabkommen der Bundesrepublik Deutschland auf dem Gebiet der Steuern vom Einkommen und Vermögen: Kommentar auf der Grundlage der Musterabkommen*, 4. Aufl., München 2003

Vogelberg, Claus-Arnold: *Der minder schwere Fall gemäß § 370a AO*, PStR 2002, S. 227-233

Vogler, Theo: *Die Europäischen Übereinkommen über die Auslieferung und die sonstige Rechtshilfe in Strafsachen*, ZStW 1968, S. 480-509

Wachter, Thomas: *Verfassungsmäßigkeit des Haushaltsbegleitgesetzes 2004 - Anmerkung zum BMF-Schreiben vom 12.3.2004 IV D 2-S 0338-13/04*, DB 2004, S. 780-782

Wagner, Beatrice: *Die Voraussetzungen für die Gewährung internationaler Rechtshilfe in Strafsachen*, BJM 1985, S. 113-141

Waldburger, Robert: *Die Revision des schweizerisch-deutschen Doppelbesteuerungsabkommens (DBA) – unter besonderer Berücksichtigung der Neufassung der Amtshilfebestimmung*, FStR 2004, S. 40-47

Waldispühl, Marcus; Blättler, Sibylle: *Neues zur internationalen Amtshilfe der Schweiz*, ST 2005, S. 99-104

Walter, Wolfgang: *Das Europäische Übereinkommen über die Rechtshilfe in Strafsachen*, NJW 1977, S. 983-987

Wegner, Carsten: *Zum Anwendungsbereich des § 370a AO*, wistra 2002, S. 205-208

Widmer, Max: *Die internationale Rechtshilfe bei Abgabebetrug – Kritische Bemerkungen zu Artikel 24 der Rechtshilfeverordnung*, ASA 51 (1982/83), S. 513-528

Wilhelm, Helene: *Schwerpunkte des Doppelbesteuerungsabkommens Deutschland – Österreich ab 1.1.2003*, in: DACH, Europäische Anwaltsvereinigung (Hrsg.), Die Besteuerung auslandsbezogener Einkünfte, Köln, Zürich 2004, S. 81-105

Wisser, Michael: *Zu den Kompetenzen des Vermittlungsausschusses in der Prüfung der Verfassungswidrigkeit des § 370a AO – Zugleich Erwiderung auf Gast-de Haan, DStR 2003, 12*, DStR 2003, S. 1191-1195

Wyss, Rudolf: *Die Revision der Gesetzgebung über die internationale Rechtshilfe in Strafsachen*, SJZ 93 (1997), S. 33-43

Zacherl, Peter: *Der Entwurf des Doppelbesteuerungsabkommens Österreich-Deutschland aus der Sicht der österreichischen Wirtschaft*, SWI 1999, S. 53-58

Zezschwitz, Friedrich von: *Überwachungsexzess im neuen Steuerrecht*, RDV 2002, S. 117-121

Zubrod, Andreas: *Automatisierter Abruf von Kontoinformationen nach § 24c KWG – Rechtliche Voraussetzungen und Grenzen*, WM 2003, S. 1210-1218

Zuppinger, Ferdinand: *Der Steuerbetrug unter Berücksichtigung des zürcherischen Rechts*, SchwZfStrR 91 (1975), S. 113-181

Zuppinger, Ferdinand: *Der Steuerbetrug unter besonderer Berücksichtigung des zürcherischen Rechtes*, ASA 44 (1975/76), S. 81-143

Zuppinger, Ferdinand: *Probleme der internationalen Amts- und Rechtshilfe in Steuer-, insbesondere in Fiskalstrafsachen*, ASA 50 (1981/82), S. 5-42

Zweifel, Martin; Athanas, Peter (Hrsg.): *Kommentar zum schweizerischen Steuerrecht: Bundesgesetz über die Harmonisierung der direkten Steuern der Kantone und Gemeinden (StHG)*, Bd. I/1, 2. Aufl., Basel, Genf, München 2002

Zweifel, Martin; Athanas, Peter (Hrsg.): *Kommentar zum schweizerischen Steuerrecht: Bundesgesetz über die direkte Bundessteuer (DBG)*, Bd. I/2b (Art. 83-222), Basel, Genf, München 2000

Peter Lang · Europäischer Verlag der Wissenschaften

Roman Seer (Hrsg.)

Bochumer Lohnsteuertag

Die Lohnsteuer im Spannungsfeld zwischen Unternehmerfreiheit und Fiskalinteresse

Frankfurt am Main, Berlin, Bern, Bruxelles, New York, Oxford, Wien, 2005.
180 S., 1 Tab., 3 Graf.
Bochumer Schriften zum Steuerrecht. Herausgegeben von Roman Seer. Bd. 2
ISBN 3-631-53233-4 · br. € 32.–*

Die Lohnsteuer steht im Spannungsfeld zwischen Unternehmerfreiheit und Fiskalinteresse. Ihre praktische Relevanz übertrifft die jeder anderen Steuerart. Nahezu jeder Steuerbürger wird von ihr entweder als Arbeitnehmer oder als Arbeitgeber betroffen. Im umgekehrten Verhältnis dazu steht ihre wissenschaftliche Aufarbeitung. Symposien, ja selbst Seminare sind Mangelware. Deshalb bestand ein dringender Bedarf, dieses Vakuum zu füllen. Fachleute aus Wissenschaft und Praxis reflektierten auf dem Bochumer Lohnsteuertag die aktuelle Entwicklung in Gesetzgebung und Rechtsprechung. Zugleich widmete sich die Tagung auch grundlegenden verfassungs- und sozialversicherungsrechtlichen Fragen sowie den Möglichkeiten der Steuervereinfachung.

Aus dem Inhalt: Klaus J. Wagner: Aktuelle Entwicklungen in der Rechtsprechung zum Lohnsteuerrecht · Klaus-Dieter Drüen: Die Inanspruchnahme des Arbeitgebers für Fiskalzwecke der Finanzverwaltung als Verfassungsproblem · Kilian Bizer: Volks- und betriebswirtschaftliche Aspekte der Lohnsteuervereinfachung · Roman Seer: Vereinfachung des Lohnsteuerabzugsverfahrens

Frankfurt am Main · Berlin · Bern · Bruxelles · New York · Oxford · Wien
Auslieferung: Verlag Peter Lang AG
Moosstr. 1, CH-2542 Pieterlen
Telefax 00 41 (0) 32 / 376 17 27

Kolibri 360 GmbH
Ferdinand-Jühlke-Straße 7
99095 Erfurt, Deutschland
produktsicherheit@kolibri360.de

Druck:
CPI Druckdienstleistungen GmbH
im Auftrag der
Kolibri 360 GmbH
Ferdinand-Jühlke-Str. 7
99095 Erfurt